Du und kein anderer

ECON Sachbuch

Zum Buch:

Eine typische Szene in einer Bar: Ein Mann und eine Frau begegnen sich dort zum ersten Mal, und ein Flirt beginnt. Schließlich verläßt das Paar gemeinsam das Lokal. Was geschah in der Zwischenzeit? Wie bahnt sich ein solcher Kontakt an? Und welche Faktoren spielen mit?
Christiane Tramitz läßt einen Verhaltensforscher diese Szene beobachten. Aus dieser Sicht stellt sich die Partnerwahl überraschend anders dar als in unserer unmittelbaren Wahrnehmung: In der Soziobiologie wird der Mensch als ein Glied der Phylogenese, der Entwicklungsgeschichte aller Lebewesen, angesehen. Danach trägt er trotz seiner kulturellen Entwicklung nach wie vor viele Grundmuster des evolutionären Erbes in sich. Für die Wahl eines Partners bedeutet dies, daß bestimmte Grundvoraussetzungen erfüllt sein müssen. So achtet zum Beispiel der Mann stärker auf die Attraktivität einer Frau, während Frauen eher wirtschaftliche Absicherung in den Vordergrund stellen. Es gibt also einen »natürlichen« Hintergrund für die Kompliziertheit der Partnerwahl. Christiane Tramitz führt vor, wie sich Partnerwahl und Werbeverhalten von damals zu heute verändert haben. Am Beispiel einer »Durchschnittsfrau« von heute zeigt sie dann, welche Probleme und Erfahrungen die Partnersuche mit sich bringt. Der Status, das Alter und eine Ähnlichkeit im Aussehen sind Faktoren, die eine entscheidende Rolle spielen. In diesem Zusammenhang untersucht Christiane Tramitz auch die soziobiologischen Aspekte charakteristischer Verhaltensweisen, so zum Beispiel die weibliche Sprödigkeit und das männliche Draufgängertum beim Flirten.
Zahlreiche Fallbeispiele und wissenschaftliche Experimente untermauern die Theorie auf unterhaltsame Weise, und der Leser erfährt, wie unterschiedlich Männer und Frauen die Liebe sehen.

Die Autorin:

Die Verhaltensforscherin und Psycholinguistin Dr. Christiane Tramitz war wissenschaftliche Mitarbeiterin an der Forschungsstelle für Humanethologie, wo unter der Leitung von Konrad-Lorenz-Schüler Irenäus Eibl-Eibesfeldt die biologischen Grundlagen menschlichen Verhaltens erforscht werden. Sie beschäftigt sich seit Jahren mit dem menschlichen Werbeverhalten, der Kontaktanbahnung und der Partnerwahl und hat bereits über 800 aktuelle Fachartikel zu diesem Thema zusammengestellt. Sie hat zwei Kinder und lebt in der Nähe von München.
Ihr 1990 erschienenes Buch »... auf den ersten Blick« fand in allen Medien große Beachtung.

Christiane Tramitz

Du und kein anderer

Wie wir einander suchen und finden

Biologische Aspekte der Partnerwahl

ECON Taschenbuch Verlag

Ökologisch handeln:
Dieses Buch ist gedruckt auf 100% Recyclingpapier, chlorfrei gebleicht

Lizenzausgabe

Veröffentlicht im ECON Taschenbuch Verlag GmbH,
Düsseldorf und Wien, 1994

Umschlaggestaltung: Molesch/Niedertubbesing, Bielefeld
Druck und Bindearbeiten: Ebner Ulm
Printed in Germany
ISBN 3-612-26140-1

Für Antonin und Leonard

Inhaltsverzeichnis

Der Voyeur

Ein Mann betritt die Bar. Breitbeinig verharrt er an der Eingangstür und blickt mit unbewegter Miene in die Menge. Zeit genug, um sich wie auf einer Bühne den Zuschauern zur kritischen Betrachtung zu stellen. Offensichtlich hat der Mann ganz bewußt die schickste Bar der Stadt für diesen Abend gewählt. An einem solchen Ort weiß man zu schätzen, auf was auch er Wert zu legen pflegt. Den Frauen hier werden seine italienischen Schuhe, seine Kaschmirjacke und seine teure Uhr auffallen – und sie werden denken, dieser Mann hat etwas zu bieten. Der angenehme Duft seines Aftershaves vermischt sich mit dem Dunst der Zigaretten – er ist gepflegt und frisch rasiert, das sieht man sofort. Ab und zu lenkt er seinen Blick gezielt in eine bestimmte Richtung, und schaut dann wieder im Kreis herum, um alsbald dieselbe Stelle von neuem zu fixieren.

Ein Beobachter, der unbemerkt an einem kleinen Tisch in der Ecke des Lokals Platz genommen hat, versucht ausfindig zu machen, was den Ankömmling immer wieder in Bann zieht. Aha, es ist jene Dame, die auch ihm schon seit längerer Zeit aufgefallen ist und die, wie es aussieht, hier auf jemanden wartet. Scheinbar gelangweilt nippt sie an einem Glas Sekt und betrachtet sich gelegentlich verstohlen im großen Spiegel an der Wand. Sie kann mit sich zufrieden sein, denkt der Beobachter, Figur, Kleidung und Make-up stimmen. Der Mund ist zwar zu auffällig rot geschminkt, aber in ihrem enganliegenden Kleid, das Brust und Hüfte betont, hat sie durchaus eine starke erotische Anziehungskraft. Kein Wunder also, daß gerade sie zum Blickfang wird.

Der Mann steuert die Bar an und durchkämmt dabei mit einer lässigen Bewegung sein Haar. Die eine Hand in der Hosentasche, bestellt er, nachdem er den Kellner mit einer vertrauten Geste begrüßt hat, einen Martini. Die andere Hand, an der die teure Uhr deutlich funkelt, ergreift das Glas und führt es zum Mund. Er nimmt sich eine Zigarette und zündet sie an. Nun macht er sich an der Theke breit und beginnt ein Gespräch mit dem Barkeeper. Dem aufmerksamen Beobachter am kleinen Ecktisch entgeht nichts. Nach seinen Blicken zu urteilen, konzentriert sich der Mann an der Bar auf alles andere als auf seinen Gesprächspartner.

Obwohl er etwa drei Meter neben ihr steht, scheint die Dame im roten Kleid auf ihn aufmerksam geworden zu sein. Ihre Augen treffen seine. Rasch wirft sie den Kopf nach hinten und wendet sich mit einem verlegenen Lächeln ab.

Jetzt tritt der Beobachter in Aktion. Schnell und eifrig verfolgt er das Geschehen. Die Phase des gegenseitigen Wahrnehmens scheint zu beginnen. Er drückt auf die Aufnahmetaste seines Diktiergerätes und spricht nach einem kurzen Blick auf die Uhr: »20 Uhr 45. Zehn Minuten nachdem er die Bar betreten hat, steht er nun drei Meter von ihr entfernt an der Theke. Blickkontakt hat die Kontaktaufnahme eingeleitet. Sie wissen voneinander . . .«

Während der Mann an der Theke fast wie versteinert wirkt, rutscht die Frau unruhig auf ihrem Hocker hin und her, und ihre Hände durchfahren unentwegt das lange Haar. Das dunkle Licht läßt den Beobachter nur vermuten, daß sich ihre Wangen leicht gerötet haben. Aus ihrem kleinen eleganten Täschchen kramt sie etwas umständlich ein silbernes Etui hervor, aus dem sie mit ihren langen rotlackierten Fingernägeln eine Zigarette zieht. »Wo bleibt das Feuer?« fragt sich der erfahrene Beobachter, »das wäre doch ein guter Einstieg.« Gespannt blickt er auf seinen Kandidaten, der in der Tat hastig nach seinem goldenen Feuerzeug greift. Doch zu spät – ein aufmerksamer Nachbar der Dame war schneller. Dieser fängt sich ein paar verärgerte Blicke des ausgestochenen Kontrahenten an der Theke ein; obwohl er durch seine Existenz die nötige Pufferzone zwischen ihm und der begehrten Frau darstellt. Doch die Situation ist gleich wieder entspannt, Konkurrenz ausgeschlossen. Der Kavalier hat bereits, was unser Mann verzweifelt sucht: eine Frau nämlich.

Die Dame bläst den Rauch in die Luft und wirft abermals einen kurzen provokativ wirkenden Blick auf den Herrn, der sein vergebens hervorgeholtes Feuerzeug vor sich – deutlich sichtbar – auf die Theke legt. Nun streckt er sich und verschränkt beide Hände hinter dem Kopf, als wolle er die Menge überragen.

»HA« (seine Abkürzung für Head Akimbo), spricht der Beobachter in sein Mikrophon und lächelt, denn schließlich soll diese Geste, so meinen zumindest seine Kollegen, Dominanz vermitteln. Die Frau zupft inzwischen an ihrem Ärmel herum und sucht seinen Blick. Er schaut zurück. Endlich darf der Beobachter ein »BL« (beide lächeln sich an) diktieren.

Das Spiel der Annäherung dauert nun bereits dreißig Minuten. Unruhig tritt der Mann von einem Bein auf das andere. Womöglich ärgert er sich über die verpaßte »Feuerchance«.

Plötzlich steht die Dame auf. Bestürzt fragt sich der Beobachter, ob das schon alles gewesen sein soll. Sie wird doch nicht etwa mitten im Spiel die Szene verlassen? Nein, sie schlägt den Weg zur Toilette ein. Der Mann ruft den Kellner und flüstert ihm etwas zu – offenbar hat er eine Entscheidung getroffen, denn an dem verlassenen Platz der Dame stehen plötzlich neben dem leeren Glas nicht nur eine ganze Flasche des edlen Getränks, sondern auch ein zweites Glas. »Wer wagt, gewinnt«, denkt sich der Beobachter, »diese Strategie ist sehr direkt.« Erfahrungsgemäß ist sie oft zum Scheitern verurteilt – Frauen schätzen nun mal Zurückhaltung!

Der Mann jedoch scheint einen goldenen Mittelweg anzutreten. Er bleibt erst einmal an seinem Platz, und die Dame, die sich gerade frischgemacht hat, versteht die Botschaft sofort. Ein kurzer Blick (»B-sie«) genügt – und schon wechselt er mit einem lässigen Lächeln zu ihr hinüber.

Der Beobachter bedauert es, die nun folgende angeregte Unterhaltung nicht mithören zu können. Er kann lediglich registrieren, daß der Gesprächseinstieg des eleganten Mannes humorvoll-

gekonnt ist, denn die Dame bricht in schallendes Gelächter aus. Auch fällt ihm auf, daß hauptsächlich der Mann das Wort führt (»G-er«), die Frau ihn stets dabei lächelnd (»L-sie«) mustert, sich hin und wieder durch die Haare streicht oder sie ruckartig nach hinten über die Schulter wirft (»HF-sie«). Greift er zum Glas, »synchronisiert« (um mit den Worten des Beobachters zu sprechen) sie seine Bewegung, indem sie ebenfalls einen Schluck zu sich nimmt – ein Zeichen von Übereinstimmung! Beim Absetzen der Gläser treffen sich sanft ihre Finger – auffällig unabsichtlich. Der Beobachter ist zufrieden. Seine Geduld wird belohnt.*

Um halb zwei, das Lokal hat sich inzwischen geleert, sitzt er noch immer in seiner Ecke und spricht möglichst unauffällig seine Kommentare in das kleine Gerät. (Die Kassette im Rekorder mußte er bereits einmal wechseln.) Schließlich sind nur noch eine fröhlich betrunkene Männergruppe und das sich sichtlich nähergekommene Paar im Lokal. »Wieder das alte Spiel«, denkt der Beobachter, als der Mann an der Theke seine in einer Goldklammer steckenden Hunderter zückt. »Der Champagner ist bezahlt, die Frau willig, der Mann mit seiner Eroberung sichtlich zufrieden. Beide haben, um sich zu finden, alle Register ihrer Signale gezogen. Die weiblichen Auslöser setzten die männlichen Auslösemechanismen wieder einmal zufriedenstellend in Gang und umgekehrt. Sie entsprachen dem gegenseitigen Sollmuster, biologische Vorhersagen sind eingetroffen«, schließt der Beobachter nüchtern seine Feststellungen, und mit Spannung denkt er an die statistische Auswertung seines voyeuristisch erworbenen Materials. Nicht gänzlich unberührt nimmt er an dem neuen Glück teil, und schmunzelnd sieht er zu, wie »sein« Paar dem Ausgang zusteuert.

Doch, was geschieht jetzt, das paßt doch nicht ins Konzept, warum lächelt sie ihm beim Hinausgehen so seltsam verschwörerisch vertraut zu?

* *»HF« für Hair Flip*

Vorwort

Wie beschwerlich der Weg sein kann, den richtigen Partner zu finden, davon wissen nicht nur die Betroffenen ein Lied zu singen. Auch die Wissenschaftler, die den Vorgang der Partnerwahl erforschen, als da sind Psychologen, Soziologen und nun auch noch (Human-)ethologen und Biologen können diese Aussage bestätigen. Die Vertreter der unterschiedlichen Disziplinen greifen sich je nach Methodik und Forschungsinteresse einen Aspekt heraus und betreiben ihre Studien meist unbemerkt von ihren Objekten – wie eingangs beschrieben. Ihre Beobachtungen, Vermutungen, Konzepte, Skalen, Korrelate und Erkenntnisse werden in unzähligen Fachzeitschriften veröffentlicht und von Fachleuten gelesen, die wiederum publizieren. Den unfreiwilligen »Versuchskaninchen« allerdings steht nur eine unübersichtliche Vielzahl von Büchern zur Verfügung, die in den Buchhandlungen im Regal »Liebe/Psychologie/Partnerschaft« angeboten werden. Sie haben sehr oft Ratgebercharakter und versuchen nicht selten, ihren Lesern mit psychologischem Einmaleins weiterzuhelfen. Inwieweit sie tatsächlich etwas zu leisten imstande sind, geht über unser Urteilsvermögen hinaus.

Das vorliegende Buch jedenfalls ist kein Ratgeber im klassischen Sinn. Es bietet keine Rezepte dafür, wie man eine(n) Partner(in) finden kann. Aber es wird sicherlich den Menschen nützlich sein, die sich mit diesem Problem beschäftigen oder sogar damit zu kämpfen haben. Vielleicht vermag es einige Mißverständnisse aufzuklären oder einfach nur zu eigenen Beobachtungen anregen. Hauptanliegen ist es jedoch, Diskussionen in Gang zu bringen und dazu beizutragen, daß in diese eine Sensibilität für die menschliche Natur eingebracht wird, die von überflüssigen und angstbesetzten Vorurteilen befreit ist. Untersuchungen, die auch die biologischen Aspekte der Partnerwahl angemessen berücksichtigen – wie sie diesem Buch zugrunde liegen –, sind auf dem deutschsprachigen Markt noch Mangelware.

In der Fachwelt und in der Öffentlichkeit wird mit wechselhafter Heftigkeit ein Streit ausgetragen um den Beitrag, den die Biologie bei der Erforschung des menschlichen Verhaltens und gesellschaftlicher Entwicklungen leistet. Neuerdings ist sogar von »Biologismus« die Rede. So erheben vornehmlich Geisteswissenschaftler den Vorwurf, die Biologie trage durch ihre Forschung zu einer Legitimierung sozialer Ungerechtigkeiten bei und unterstütze damit das Ideengut des Sozialdarwinismus. Natürlich ist dies eine Unterstellung, denn die *Bewertung* von Vorgängen und Tatsachen ist eine kulturelle Angelegenheit. Die Biologie kann – so wie alle anderen empirischen Wissenschaften auch – nur beschreiben und analysieren, was tatsächlich vorhanden und vorgegeben ist; Handlungs*normen* zwingend aus ihren Erkenntnissen ableiten zu wollen, wäre fatal und führte tatsächlich zum Biologismus. Damit sind auch schon die grundlegenden Normen einer wissenschaftlichen Ethik angesprochen. Die fast grenzenlose Neugier der Menschen fordert ihren Preis gerade in sensiblen Bereichen, etwa wo durch die moderne Gentechnologie die Gefahr einer neuen Eugenik heraufbeschworen wird, die an die Vorstellungen der nationalsozialistischen Rassenhygiene erinnert.

Biologisches Denken ist seinem Wesen nach an den Gesetzen der Evolution orientiert, auch indem es sie erforscht. Der Gedanke an Fortschritt und allgemeine Entwicklung, die sozusagen die Evolution ausmachen, ist aber viel älter als Darwin, dem die »Entdeckung« der Evolution meist zugeschrieben wird. Vielmehr laufen schon seit dem 17. Jahrhundert, vielleicht seit René Descartes, der 1632 als einer der ersten Philosophen die Unterscheidung von Körper und Geist formulierte, verschiedene Strömungen der menschlichen Selbstdeutung auf einer Art naturwissenschaftlicher Grundlage; bereits Carl von Linné reiht den Menschen ins Reich der Tiere ein. Für ihn steht der Homo sapiens an der Spitze der Primaten. Zwar glaubten die Biologen des 18. Jahrhunderts an eine Konstanz der Arten aus einer begrenzten Zahl von Urformen, doch zum biologischen Entwicklungsgedanken war es nicht mehr allzuweit. Er wurde schließlich im allgemeinen Klima des vor allem in der Soziologie und der Völkerkunde aufkeimenden Entwicklungsdenkens 1869 von Darwin *für die Biologie* formuliert. Darwin war Biologe, kein Soziologe. Zwar ist ihm eine exakte Beschreibung der »natürlichen Auslese« zu verdanken, doch die Begriffe sind älter. Bereits 1815 äußerte der Wirtschaftswissenschaftler Robert Malthus die Idee des »struggle for existence« (Kampf um die Existenz) in seinem *Essay of the Principles of Population.* Gegen Ende des Jahrhunderts begründete der Soziologe Herbert Spencer eine Art naturalistische Soziologie und beerbt, was weit bedeutender ist, die sozialwissenschaftliche Richtung des amerikanischen Sozialdarwinismus um 1920, deren markante Lehrbestandteile dem gesamten Kanon heutiger antibiologischer Argumente im Wortlaut recht ähnlich sind. Die menschliche Gesellschaft sei als ein Teil der Natur zu verstehen, was nichts anderes heißt, als daß die naturgegebene Ungleichheit der Menschen nicht sozialpolitisch ausgeglichen werden dürfe. So sei zum Beispiel das besitzlose Proletariat ein Rückstandsprodukt der natürlichen Auslese. Gleichzeitig gewinnt der alte Rassegedanke (bereits von Kant gedacht) wieder an Aktualität, wobei Rassenmythos und rassische Beschaffenheit gleichgesetzt werden.[1] Was sich die Anhänger der nationalsozialistischen Ideologie zur Begründung ihrer Doktrinen heranzogen, war um 1933 längst wissenschaftlich überholt; der Forschungsstand war aber nicht hinreichend veröffentlicht, um einem Mißbrauch vorzubeugen.[2] Es ist erstaunlich, wie sehr sich solche falsche Auslegung der Wissenschaften gewissermaßen bis heute fortgesetzt hat in einem spiegelbildlichen Mißtrauen gegenüber der Biologie, sobald sie sich dem Menschen zuwendet. Dieser Argwohn beruht aber nach wie vor auf Unkenntnis und nicht auf nachweisbar schlechten Erfahrungen mit der Biologie. Heute stehen sich dennoch zwei Fronten relativ unversöhnlich gegenüber. Auf wissenschaftlicher Ebene werden dem biologischen Denken vor allem Reduktionismus und Ahistorismus vorgeworfen. Wenn aber ein Biologe versucht, Erkenntnisse über die natürlichen Grundlagen des Menschendaseins zu gewinnen, wird er in eine tiefere Ebene als nur die der kulturellen Äußerungen hinabsteigen. Von dort aus kann er auch Einsichten in die kulturellen Systeme haben. Das macht viele Geisteswissenschaftler jedoch bereits mißtrauisch. Sie gehen nämlich von einer autonomen, selektionsunabhängigen Entwicklung des Geistes und der Kultur aus, die den Menschen eben in *jeder* Hinsicht vom Tier unterscheide. Die Auseinandersetzung erinnert ein wenig an einen Glaubenskrieg, mit dem aber niemandem geholfen ist. Kein Biologe würde ernsthaft die Bedeutung der Kultur für das menschliche Zusammenleben im Kleinen wie im Großen bezweifeln. Der Streit entfacht sich jedoch gerade an der Frage nach den Zusammenhängen von Kultur und Natur. Für die Geisteswissenschaftler ist der Mensch die »Krone der Schöpfung«, für die Biologen eben *keine* Schöpfung, sondern ein Lebewesen, dessen Stammesgeschichte ihn mitsamt seiner Kultur als Teil der evolutionären Entwicklung ausweist.

Für den Inhalt dieses Buches bedeutet das: Die biologischen Aspekte allein können die Vorgänge und Bedingungen der Partnerwahl nicht erklären. Aus diesem Grund erscheint es naheliegend, vorab den interessanten Zusammenhang von Kultur und Partnerwahl etwas näher zu betrachten.

1
Die gute Partie

Das wissenschaftliche Interesse für die – im weitesten Sinne – biologischen Aspekte der Partnerwahl ist noch nicht sehr alt. Ein Grund dafür sind die Fachtradition und der Forschungsfortschritt der biologischen Disziplinen. Denn erst die Vereinigung der wissenschaftlich exakten Erforschung der Mechanismen von Selektion (Darwinismus), Mutation (Neo-Darwinismus) und (Populations-)Genetik in der Synthetischen Theorie – der modernen Evolutionstheorie – ermöglichte neue Erkenntnisse über die tieferen Zusammenhänge von Natur und Verhalten und damit auch über die Vorgänge bei der Partnerwahl.

Ein weiterer Grund liegt in der Sache selbst. Da die über Jahrhunderte tradierten und gesellschaftlich verbindlichen Muster der Partnerfindung längst zu verblassen beginnen, ist die Partnerwahl zu einer höchst individuellen Angelegenheit geworden. Es wäre sicherlich eine Untersuchung wert, herauszubekommen, ob durch die neue Unverbindlichkeit in der Partnerwahl (nicht zu verwechseln mit der Partner*schaft!*) etwaige biologisch determinierte Verhaltensprogramme im hintergründigen, unbewußten Entscheidungsablauf wieder an Wichtigkeit gewinnen, indem sie nämlich in der allgemeinen Verunsicherung – Wen suche ich? Wer paßt zu mir? Gibt es einen Partner fürs Leben? – einen verläßlichen Orientierungsrahmen bieten könnten.

Für die neuerdings intensiv betriebene biologische Forschung sind die Aspekte der Partnerwahl insofern von zentraler Bedeutung, da sie – Fortpflanzung vorausgesetzt – ein Mechanismus der Selektion ist und sich somit entscheidend auf den Gang der Evolution auswirkt. Aus gutem Grund können die soziobiologischen Thesen, von denen noch zu sprechen sein wird, nur dann greifen, wenn die Partnerwahl zur Fortpflanzung führt.

Wer vorhat, Kinder in die Welt zu setzen, wird sich seinen Partner, männlich oder weiblich, *mehr* oder *weniger bewußt* nach irgendwelchen Anhaltspunkten auswählen, sprich: *selektieren.*

Nicht wenige dieser Kriterien, so könnte man die These des vorliegenden Buches nennen, haben mehr mit unserem biologischen Erbe zu tun, als wir gemeinhin annehmen. Bringt uns diese Vermutung auf einen Kollisionskurs mit den geschichtlichen Tatsachen? Der Blick zurück in die früheren Verhältnisse läßt ja das Bild entstehen, die Partnerwahl habe stets in einer relativ unauflösbaren Abhängigkeit von den jeweiligen gesellschaftlichen Machtverhältnissen gestanden. Wer wen heiraten durfte, war keine Angelegenheit persönlicher Entscheidung, sondern wurde von außen vorgegeben. Hier bleibt aber die Frage offen, nach welchen Kriterien die Entscheidungsbefugten (in der Regel die Väter) gehandelt haben. Wie läßt es sich beispielsweise erklären, daß Hochzeiten sehr oft aus besitz- oder machtpolitischen Gründen arrangiert wurden oder zwischen einzelnen Mitgliedern unterschiedlicher Schichten zeitweise überhaupt verboten waren?

Zunächst gilt es einmal zu klären, ob auch die überindividuellen, historischen Kriterien der Partnerwahl von ihrer *Struktur* und *Ausrichtung* her eine biologische Grundlage haben, also im großen den Gesetzmäßigkeiten der Evolution folgen. Einige Argumente sprechen für diese Vermutung. Aus den biologisch gegebenen Geschlechtsunterschieden sind für das Sozialverhalten und die kulturelle Existenz des Menschen eine ganze Reihe von Konsequenzen abzuleiten.

Unter biologischen Gesichtspunkten beginnt die menschliche Kultur im Umfeld der Fortpflanzung. Es geht aber nicht nur um die Geburt neuer Kinder, sondern um sämtliche direkt oder indirekt damit verbundenen Verhaltensweisen wie die Wahl des Partners, Ehe, Familie und Verwandtschaft. Die Zusammenhänge sind schon rein biologisch sehr komplex, die Vielseitigkeit der menschlichen Kultur ist jedoch kaum noch analytisch zu durchdringen. Trotzdem ist es einen Versuch wert.

Familienbande

Das Wort Familie ist zwar vom Menschen geschaffen, vom Wesen her jedoch ist die Familie keine Erfindung der Menschen. Zur Familienbindung kommt es auch bei vielen Tieren, dort nur nach anderen Mustern und Regeln.

Ursprünglich war die Familie eine *Solidaritätsgemeinschaft,* in der man sich als einzelner geborgen und sicher fühlen konnte. In der Not durfte man auf Beistand hoffen, war aber selbst auch je nach Fähigkeiten verpflichtet, Hilfestellung zu leisten. Wie du mir, so ich dir. Da man vermuten kann, daß prähistorische Familienmitglieder genetisch untereinander verwandt waren, mußte die Beistandsleistung (Altruismus) evolutionär sinnvoll sein. Denn nach Auffassung der Soziobiologen ist jede Investition in Erbgut, das wahrscheinlich auch einen Teil der eigenen Gene beinhaltet, besser als gar keine.

Die menschliche Familie ist aber auch eine *Besitzgemeinschaft.* Besitz, seien es Güter, Privilegien oder auch nur bestimmte Kenntnisse und Fähigkeiten, muß von Generation zu Generation weitergegeben werden, ist er doch auch im Hinblick auf kommende Zeiten als Sicherheitspolster angesammelt worden. Nur an wen soll er weitergegeben werden? Und nach welchen Regeln? Darüber hinaus scheinen sich die beiden genannten Funktionen, die der Familie zugeschrieben werden, gegenseitig zu behindern. Beistand muß hier und jetzt geleistet werden, Besitz muß die Generationen überdauern können.

Welche Möglichkeiten gibt es also, beides unter einen Hut zu bringen? Ideal wäre es, wenn nur Mitglieder einer Linie heirateten, lineare Verwandte also oder auch Geschwister. Dann bliebe nämlich auch weiterhin alles auf »einer Linie«, und wir hätten es mit einer Gesellschaft aus lauter kleinen Gruppen zu tun, deren blutsverwandte Mitglieder sich gegenseitig unterstützten und beerbten. Doch gerade das wird durch die universale Tabuisierung des Kernfamilieninzests[3] verhindert. Außerdem wäre eine Gesellschaft aus lauter kleinen homogenen Familieneinheiten nicht sonderlich entwicklungsfähig, ihr fehlte ein entscheidendes Wesensmerkmal: der Austausch. »Der Tausch, ein totales Phänomen, ist zunächst ein totaler Tausch, der Nahrungsmittel, hergestellte Gegenstände sowie die Kategorie der kostbarsten Güter umfaßt, nämlich die *Frauen*«, schreibt der Anthropologe Lévi-Strauss[4].

Der Tausch von Frauen zwischen Verwandtschaftsgruppen setzt ein Heiratsverhalten voraus, das man als exogam bezeichnet. Man heiratet nach draußen. Es wäre sicher nicht übertrieben, die ungeheure kulturelle Vielfalt der menschlichen und zwischenmenschlichen Daseinsmöglichkeiten auf die Exogamie zurückzuführen. Ohne sie wäre unsere Kultur undenkbar.

Natürlich gibt es auch eine gegenläufige Tendenz im Heiratsverhalten. Man bezeichnet sie als Endogamie.

Endogamie muß nicht inzestuös sein, aber sie ist Zeichen einer Orientierung hin zum Vertrauten und Bekannten und kann sich etwa darin äußern, daß Heiratspartner nur im selben Dorf oder unter affinen Verwandten, das heißt unter den Angeheirateten und Verschwägerten, gesucht werden.

Wir beobachten in allen menschlichen Kulturen mehr oder weniger verbindliche Regeln für Paarbildung und Fortpflanzung. Sie lassen sich als Kompromißlösungen zwischen den beiden gegensätzlichen Neigungen Exogamie und Endogamie verstehen. Die »eigene« Gesellschaft bewertet und sanktioniert jede Partnerwahl nach einer Auswahl von Distanzfaktoren, die sie für bedeutend erachtet: nach verwandtschaftlichen, aber auch im weiteren Sinne kulturellen, räumlichen und sogar auch physiognomischen Faktoren[5]. Unter kultureller Distanz versteht man Unterschiede in der Sprache, den Wertvorstellungen, der Religionszugehörigkeit, der Bildung oder dem Besitz. Sie spielen bei der Paarbildung eine ganz besondere Rolle. So kann etwa die räumliche Distanz ein Hinderungsgrund für Verbindungen werden, wenn sie ein bestimmtes Maß überschreitet. Und nicht zuletzt hat auch die Physiognomie eines möglichen Partners ihren Anteil bei der Bewertung der Partnerwahl. Je fremder ein Gesicht über bestimmte Rassenmerkmale hinaus bis zum Nichtmehr-Menschlichen erscheint, desto stärker könnte die betreffende Person abgelehnt werden. (Zur Bevorzugung ähnlicher Gesichtstypen siehe Kapitel 6 Gleich und gleich gesellt sich gern.)

Wir haben nun sehr grob geschildert, wie Partnerwahl, noch ehe sie eigentlich beginnt, durch Merkmale, die mit individuellen Vorlieben nichts zu tun haben, beeinflußt wird. Die Verwandtschaft im engeren und die Gesellschaft im weiteren Sinn werden im Rahmen der erwähnten Distanzfaktoren darüber bestimmen, wer wen heiratet oder besser *nicht* heiratet.

Wie sich Kultur entwickelt hat – Ein Exkurs

Der Evolutionstheorie und den Befunden der vergleichenden Verhaltensforschung zufolge ist die menschliche Kultur nicht irgendwann einmal vom Himmel gefallen, sondern hat sich allmählich entwickelt; die Forschung interessiert sich denn auch aus naheliegenden Gründen für die biologischen Vorbedingungen der kulturellen Evolution und sieht sie hauptsächlich in der Verbesserung der geistigen Leistungsfähigkeit der Urmenschen, die nicht nur immer funktionstüchtigere Werkzeuge herzustellen wußten, sondern auch immer komplexere soziale Beziehungen entwickelten.

»Wenn das Gehirn sich durch die natürliche Auslese entwickelt hat, dann sind zwangsläufig auch die Fähigkeiten, sich für bestimmte ästhetische Urteile und religiöse Überzeugungen zu entscheiden, durch diesen mechanistischen Prozeß entstanden«, resümiert Edward Wilson[6], der Nestor der Soziobiologie.

Nun haben diese Fähigkeiten, von denen Wilson spricht – die Weiterentwicklung der menschlichen Kultur betreffend –, einen entscheidenden Haken. Ist der Mensch einmal in die Welt geworfen, so kann er nämlich nicht mehr ins Reich der unbewußten Natur zurück, im Gegenteil: Jetzt muß er lernen, das Beste aus diesen seinen neuen Fähigkeiten zu machen – schließlich haben sie sich ja überhaupt nur entwickeln können, weil sie ihm auf Dauer einen Vorteil im Kampf ums Überleben gebracht haben.

In einem fiktiven Urzeitszenario der Wissenschaftler Lumsden und Wilson heißt es: »Ein Werkzeugmacher der Spezies Homo erectus hockt auf einem Felsvorsprung und beobachtet das sich unter ihm ausbreitende Gelände. In der Nähe sieht er den Rauch vom Lager aufsteigen und erkennt die Gestalten der eben eingetroffenen Mitglieder seines Trupps, wie sie Äste herbeischleppen, die sie als Feuerholz und zum Bau von Hütten verwenden wollen. Er hört das ihm vertraute Geräusch splitternden Holzes, laute Rufe, Gelächter und das Stimmengewirr der primitiven Sprache – emotional ausgestoßene Lautsignale, vielleicht hier und da richtige

Wörter. Sein Blick schweift hin nach Süden ... zum Mittelmeer. Er denkt kurz darüber nach, wie es auf der anderen Seite des riesigen Wassers aussehen könnte. Er weiß, er wird es nie erfahren. Es ist um die Mittagszeit an einem Tag vor einer Million Jahren.«[7]

Die Nachdenklichkeit des Homo erectus ist zweifelsfrei symptomatisch. Der erste Weltschmerz könnte also nach der Schilderung dieser phantasiebegabten Biologen schon vor einer Million Jahren aufgekommen sein. Verwunderlich ist das nicht, muß doch der Mensch irgendwann einmal begonnen haben, sich zu fragen, wo er eigentlich herkommt, wo er hin will und warum er darüber nachdenken kann. Wahrscheinlich hat er sich damals die Fragen anders gestellt, als wir das heute tun, sicher ist jedenfalls, daß er sie sich damals anders beantwortet hat. Die vermutlich wichtigste Auswirkung auf die evolutionäre Weiterbildung des menschlichen Gehirns ist dieses Vermögen, Zeit zu vergegenwärtigen, eine Fähigkeit, die Tiere nicht besitzen, auch nicht unsere nächsten Verwandten, die Schimpansen. Mit dieser Begabung gelingt es uns, vereinfacht gesagt, uns Künftiges und Vergangenes gleichsam als Trockenübung in der Phantasie vorzustellen.[8] Wir können uns ins Gedächtnis rufen, daß wir, obwohl wir jetzt gerade satt sind, in drei Stunden schon wieder Hunger haben werden und uns daher schon jetzt auf die Suche nach neuer Nahrung machen müssen. Dadurch gewinnen wir ungeheuer flexible Möglichkeiten, unsere Antriebe zu steuern, gehen aber gleichzeitig eine Menge bisher unbekannter Risiken ein: »Die neuen kognitiven und Entscheidungseigenschaften waren für den genetisch bedingten Selbstregelungsmechanismus des tierischen Systems Störfaktoren, zu deren immanenter Steuerung das System nicht mehr fähig war. Die Labilität ... dieses Systems konnte nur ... mit der Ausbildung oder Übernahme eines neuen Verhaltens- und Motivationsprogramms wiederum stabilisiert werden.«[9] Was hier im wissenschaftlichen Jargon angedeutet ist, heißt nichts anderes, als daß der Mensch mit seinen technischen Neuerungen und Erfahrungen seine vitalen Bedürfnisse besser und vielleicht rationeller zu befriedigen lernen muß, indem er spezielle Jagdtechniken und eine Vorratshaltung entwickelt. Doch einen ganz anderen »Störfaktor« im System kann er technisch ganz gewiß nicht beseitigen, den nämlich der langsam aufkommenden Ahnung seiner eigenen Sterblichkeit als unausweichlichem Schicksal. Wie schafft es der sinnierende Homo erectus nun, die Angst vor der Einsamkeit, vor dem Ungewissen zu überwinden? Wird er sich in seine Höhle verkriechen und den Tag verwünschen, an dem er geboren wurde? Sicherlich nicht. Im Gegenteil, er wird weit über das Jugendalter hinaus seine Möglichkeiten und Grenzen erproben, aus der Not eine Tugend und sein Leben zum dauerhaften Wagnis machen. Das ist bei weitem nicht alles, denn die Bereitschaft zum Risiko wird das Bedürfnis nach Sicherheit und Geborgenheit auf Dauer nicht verdrängen können. Mit der Zeit wird er begreifen, daß Eigentum beruhigen kann, freilich nur im geringen Maße – zunächst wird er auf seine Werkzeuge und Waffen aufpassen, erst später wird er ein Territorium sein eigen nennen und schließlich immer mehr daran hängen, es gegen Nachbarn verteidigen und an seine Nachkommen weitergeben. Aber noch immer ist das Problem mit dem Bewußtsein der eigenen Sterblichkeit nicht gelöst. Nachdem das Tier, das der Mensch wahrscheinlich auf seiner frühesten Entwicklungsstufe als Totem verehrte (also als Erweiterung seiner selbst, indem er sich mit ihm identifizierte), ausgedient hatte, mußte er auf bessere Methoden sinnen, dem Tod zu entgehen. Recht hilfreich wurde schon bald die Ahnenverehrung, die sich sinnbildlich beispielsweise in der Bestattung von Toten ausdrückt. Der Vielfältigkeit, Identitätsstiftung, die seit mindestens 100 000 Jahren besteht, zu ritualisieren, sind von da an keine Grenzen mehr gesetzt. Bis zur Bildung von großen zusammenhängenden Gesellschaften ist es allerdings noch ein weiter Weg. Die Bevölkerung der Erde muß noch wachsen und vieles lernen.

Die bisher genannten Entwicklungsprozesse des Menschen liefen nicht nacheinander (wie es die Anordnung in diesem Text vermuten lassen könnte), sondern parallel und in wechselseitiger Abhängigkeit voneinander ab. Diese Evolution der spezifisch menschlichen Fähigkeiten – allgemein die Erweiterung des Denkvermögens mit den zuletzt beschriebenen Folgen – war ursprünglich ein Vorgang der *natürlichen Auslese.* Erst auf dieser Grundlage konnte die viel schnellere kulturelle Entwicklung stattfinden. Und auch das, was wir heute im allerweitesten Sinne unter Kultur verstehen, kam letztlich durch einen Ausleseprozeß zustande: »Da sich die siebenden Auslesebedingungen für die biologische und kulturelle Evolution oft ähneln, phänokopiert die kulturelle die biologische in weiten Bereichen.«[10] Um so mehr liegt auch der Analogschluß nahe, daß »die Einfälle und Entdeckungen einzelner funktionell Mutationen gleichzusetzen sind. Sie können auf Einsicht basieren, sind aber oft auch Produkte des Zufalls«.[11]

Vor rund 8000 Jahren entdeckten die Menschen dann den Ackerbau und die Haustierhaltung, was einer kulturellen Revolution gleichkam, denn bis dahin hatten sie immerhin zweieinhalb Millionen Jahre von der Wildbeuterei gelebt. Ab jetzt sollte alles anders werden. Es dauerte im eurasischen Raum dann nur noch fünf- bis sechstausend Jahre bis zu den archaischen Hochkulturen Babyloniens, Ägyptens und anderen, weitere zweitausend bis zur Blüte Athens und Roms und noch einmal eineinhalbtausend Jahre bis zur Erfindung der Atombombe und der Gentechnik.

Bevölkerungswachstum, Völkerwanderungen, schließlich die Urbarmachung und dauerhafte Besiedlung der Landschaften sowie das Wachsen von Städten veränderten die

Lebensweise der Menschen zutiefst. Der Zusammenschluß der Völker in Staatsgebilden, die Erfindung der Schrift, der allgemeine wissenschaftlich-technische Fortschritt, aber auch neue wirtschaftliche Produktionsformen ließen den einzelnen den Überblick verlieren und nach neuen, übergeordneten Instanzen zur Regelung seiner Orientierungsbedürfnisse suchen. Auf diese Weise entstanden Philosophien und Religionen in Fülle, bekämpften sich bis aufs Blut und befruchteten sich doch gegenseitig, verschmolzen miteinander, verschwanden wieder und machten Platz für neues.

2
Partnerwahl im Wandel der Zeit

Nichts ist schädlicher, als seine Frau wie eine Mätresse zu lieben.
Seneca

Vorchristliches Altertum

So bunt und facettenreich sich die kulturelle Landschaft im Laufe der Zeit auch gestaltet hat, die Kriterien bei der Auswahl eines Partners haben nur eine relativ geringe Variationsbreite entwickelt. Das dürfte mit dem Nadelöhr Fortpflanzung zu tun haben. Sie ist in evolutionsbiologischer Sicht ja nicht die Paarung und nachfolgende Geburt eines Kindes, sondern die einzige Möglichkeit, das eigene Erbgut zu verbreiten. Kraß ausgedrückt pflanzen sich also nicht die Menschen fort, sondern ihre Genotypen. Männer und Frauen haben daher aufgrund ihrer biologischen Unterschiede auch ungleiche Voraussetzungen bei der Fortpflanzung.

Die sagenhafte Semiramis, der unsere Aufmerksamkeit als erstes gilt, hat sich durch eine rettende Kriegslist das Wohlwollen des Assyrerkönigs Ninos erworben, seines Zeichens Herrscher über Babylon vor rund viertausend Jahren. Ob ihr eigentlicher Ehemann Onnes damit einverstanden war, wissen wir nicht. Die neue Gemahlin des Königs jedenfalls vermochte die Gunst der Stunde zu nutzen und baute nach dessen Tod in Vertretung ihres Sohnes, des noch unmündigen Prinzen, das Königreich mit nicht gerade friedlichen Mitteln aus. Auch die hängenden Gärten von Babylon, ein riesiger bepflanzter, terrassenförmig angelegter Königspalast, sollen auf ihre Anweisung hin errichtet worden sein. Ihr Sohn fühlte sich um sein Königreich betrogen und stellte

Abb. 1: Nicht nur im 19. Jahrhundert: Lediglich in ihrem ersten Lebensabschnitt sieht man die Frau in Begleitung eines demütig werbenden Mannes, der, sobald der Nachwuchs gesichert ist, von der Bildfläche verschwindet.

dem Leben der Mutter nach, doch diese verwandelte sich, wie die Sage erzählt, im letzten Moment in eine Taube und flog davon.

Semiramis soll sich auch ihrer Liebhaber unsanft entledigt haben, wenn sie ihrer überdrüssig wurde. Eine gewöhnliche Frau mit ihrem Temperament hätte es damals im Alltagsleben sicherlich schwerer gehabt. Dem Codex Hammurabi zufolge, dem berühmtesten Gesetzestext der alten Hochkulturen, wäre sie ins Wasser geworfen worden, es sei denn, sie hätte bei einem Scheidungsprozeß triftige Gründe gegen den unliebsamen Gatten vorbringen können. Immerhin gestand das babylonische Gesetz der Frau ein Recht auf Scheidung zu; wirklich frei war sie aber erst, wenn sie die gemeinsamen Kinder großgezogen hatte. Ein Mann hingegen, der für seine Ehefrau lediglich einen Brautpreis zu zahlen hatte, konnte sie gegen eine Abfindung jederzeit verstoßen. Eine babylonische Frau hatte immer nur einen Mann, aber umgekehrt hing die Anzahl der Nebenfrauen vom Vermögen ab, das der Mann pro Frau aufbringen konnte. Wie von Herodot überliefert wurde, vollzog sich die babylonische Partnerwahl in der Öffentlichkeit: Die schönsten Frauen wurden einfach an den Meistbietenden abgegeben. Nahm man eine weniger hübsche zur Frau, bekam man ein kleines finanzielles Trostpflaster aus einem speziellen Fonds zugewiesen. Die Verpflichtung auf (weibliche) eheliche Treue war eine rechtliche, keine sittliche: Frauen waren schlicht und einfach Handelswaren mit Eheurkunden und Klagerecht, die aus erbrechtlichen Gründen notwendigerweise Kinder in die Welt setzen mußten.

Polygynie, die Ehegemeinschaft eines Mannes mit mehreren Frauen, läßt sich in vielen Gebieten der Welt nachweisen. Sie war auch in anderen archaischen Hochkulturen Vorderasiens sowie im Iran und in weiten Teilen Indiens bis in die Neuzeit selbstverständlich; der Islam importierte sie nach Nordafrika,

Mittelasien und sogar bis nach Indonesien. Die Institution der Polygynie darf jedoch nicht mit der in monogamen Gesellschaften praktizierten Polygynie verwechselt werden. In vielen Ländern war Polygynie zwar offiziell erlaubt, wurde aber aus unterschiedlichen Gründen nicht verwirklicht. Im monogamen Griechenland und auch in Rom war es genau umgekehrt.

Die Verbreitung der Polygynie steht vor allem in einem engen Zusammenhang mit wirtschaftlichen Faktoren. Konnte ein Mann den fälligen Brautpreis für eine Zweit- oder Drittfrau nicht entrichten, ging er leer aus und lebte monogam. Vielleicht hatte er aber auch Glück und konnte eine preiswertere Frau erstehen oder die Mithilfe seiner Verwandtschaft in Anspruch nehmen. Ansonsten blieb ihm nur noch die Möglichkeit, den Brautpreis beim Brautvater abzudienen oder die Braut zu rauben. Oft wurde aber auch der Brautpreis durch eine Mitgift erwidert, die dann mit jenem verrechnet werden konnte.

Legale Polygynie wird jedoch nicht nur durch einen hohen Brautpreis erschwert, sondern auch durch eine Vielzahl anderer demographischer, kultureller oder ethischer Faktoren. Sie ist zwar in der überwiegenden Mehrzahl aller erfaßten Kulturen zu finden[12], wurde aber im tatsächlichen Leben kaum realisiert. Nur selten lag ihr Anteil höher als 20 Prozent.

Es gibt noch eine andere Form der Polygynie, eine Art serielle Monogamie. Der Mann ist dann nicht gleichzeitig, sondern nacheinander mit mehreren Frauen verheiratet. Diese Form nimmt zu, je wirtschaftlich unabhängiger die Frauen sind. Polygynie hat verschiedene Ursachen. Aus biologischer Sicht ist sie ein Zeichen männlicher Rivalität um Fortpflanzungsmöglichkeiten; wenn ein »erfolgreicher« Mann mit mehreren Frauen Kinder haben kann, bringt er die anderen Männer um ihre Fortpflanzungschancen mit ebendiesen Frauen und kann seine eigenen Gene weiter verbreiten.[13]

Darüber hinaus war eine polygyne Familie wirtschaftlich meist besser gestellt. Die Frauen waren Arbeitskräfte und konnten zusammen mehr Kinder gebären. Kindern kam auch aus ökonomischen Gründen eine große Bedeutung zu. Die Söhne mußten mitarbeiten, und für die Töchter durfte man einen Brautpreis erwarten. Außerdem erweiterte sich das ebenfalls in seiner Wichtigkeit nicht zu unterschätzende Verwandtschaftsnetz. In den vorindustriellen Zeiten lief der Großteil der sozialen Beziehungen in und über die Verbindungen, die man zur Verwandtschaft hielt. Sie gewährte Schutz und Beistand in Notlagen. Durch eine geschickte Heiratspolitik, indem sich nämlich zwei Verwandtschaftsgruppen gegenseitig mit Heiratspartnern belieferten, konnten starke Bindungen entstehen. »Die historische Bedeutung solcher Allianzen kann nicht hoch genug eingeschätzt werden: Die wiederholten und unter Umständen mehrere Generationen umfassenden Verbindungen können zu tiefgreifenden sprachlichen und kulturellen Mischungsprozessen führen.«[14]

Ob ästhetische Vorlieben die polygyne Partnerwahl beeinflußt haben, soll nicht ausgeschlossen werden, aber es ist zu vermuten, daß der wirtschaftliche Wert einer Frau höher eingestuft wurde.

Die Polyandrie, Vielmännerei, kann hier vernachlässigt werden. Sie ist geschichtlich völlig unbedeutend und eher von fachwissenschaftlichem Interesse.

In der antiken Welt kursierten je nach Epoche verschiedene Formen der Paarfindung, auf die wir hier nicht im einzelnen eingehen können. Üblicherweise wählte der Mann eine Frau aus und bezahlte dafür einen Preis, der entweder der Brautfamilie oder der Braut selbst in Form von einer Mitgift zugute kam. Die Ehe stand unter dem Primat der Erzeugung von Nachwuchs, darüber hinaus mußte das Haus versorgt werden. Aristoteles schrieb, es sei »als erstes . . . notwendig, daß sich jene Wesen verbinden, die ohneeinander nicht bestehen können, einerseits das Weibliche und das Männliche der Fortpflanzung wegen (und dies nicht aus freier Entscheidung, sondern weil es wie anderswo, bei den Tieren und Pflanzen, ein naturgemäßes Streben ist, ein anderes Wesen zu hinterlassen, das einem gleich ist).«[15] Im siebten Buch seiner *Politik* schlug er bereits vor, der Gesetzgeber solle sich »zuerst um die Ehe kümmern – was für Menschen sich untereinander ehelichen sollen und wann sie das tun sollen«.

Wie es in der Ehe auszusehen habe, das wußte schon Aristoteles' Ziehvater Platon. Er forderte, daß die Frau »das Hauswesen gut verwalten muß, alles im Hause gut in Stande haltend und dem Manne gehorchend«.[16]

Auch hatte man damals bereits eine recht genaue Vorstellung davon, wie eine Traumehefrau beschaffen sein sollte. So läßt im 4. Jahrhundert der griechische Schriftsteller und Geschichtsschreiber Xenophon etwa in seinem *Oikonomikos*, einer Art Hauswirtschaftslehre, den Ischomachos zu seiner Ehefrau sprechen: »Sage mir, Frau, hast du schon darüber nachgedacht, weshalb ich dich genommen und deine Eltern dich mir gegeben haben? Denn daß es nicht an anderen gefehlt hätte, mit denen wir hätten zusammen schlafen können, das, weiß ich, ist auch dir klar. Als aber ich selbst in meinem Interesse und deine Eltern in deinem überlegt haben, mit wem wir wohl den besten Partner für Haus und Kinder bekommen möchten, habe ich dich ausgewählt und deine Eltern aus den in Betracht Kommenden mich.« Wenig später erfährt die Frau den eigentlichen Grund dafür: »Da nun aber beide Arten von Arbeiten, die drinnen und die draußen, getan und angeordnet werden müssen, so hat die Gottheit von vornherein auch die menschliche Natur dafür eingerichtet, nämlich diejenige der Frau für ... drinnen, die des Mannes aber für solche außer Hause; denn Kälte, Hitze, Märsche und Feldzüge besser zu ertragen, dazu hat sie den Körper und die Seele des Mannes eingerichtet.«[17]

Frauen hatten in Griechenland keusch im Hause zu bleiben, während die Männer neben der Ehe noch ein Konkubinat eingehen konnten. Den griechischen Hetären gelang es bisweilen, einen beachtlichen Reichtum anzuhäufen, da sie von ihren Liebhabern stets reich beschenkt wurden. Doch auch sie hatten ihre Probleme mit den »Kunden«, wie das folgende Gespräch zweier Hetären zeigt:

»*Glykera:* Thais, kannst du dich noch auf den Soldaten aus Arkanien besinnen, der vorher die Abrotonon hatte und sich dann in mich vergaffte, weißt du, den mit dem Purpursaum in dem weiten Mantel, oder hast du ihn vergessen?

Thais: Nein, ich entsinne mich seiner recht gut, kleine Glykera, er hat vorm Jahr am Erntefest mit uns gezecht. Was soll's? Anscheinend hast du etwas auf dem Herzen, was ihn betrifft.

Glykera: Gorgona, das Schandweib, die immer so tat, als sei sie meine Freundin, hat sich an ihn herangemacht und ihn mir ausgespannt.

Thais: Und jetzt kommt er nicht mehr zu dir und hat sich Gorgona zur Freundin erkoren?

Glykera: Ja, Thais, die Sache ist mir gehörig nahegegangen.

Thais: Das ist schlimm, kleine Glykera, aber nichts Ungewöhnliches; so etwas kommt unter uns Hetären öfter vor. Das darfst du weder zu tragisch nehmen noch der Gorgona zum Vorwurf machen. Abrotonon hat sich seinetwegen auch nicht über dich beschwert, und dabei wart ihr doch Freundinnen. Aber ich kann nicht begreifen, was dieser Soldat so Begehrenswertes an Gorgona gefunden hat, er müßte denn gänzlich blind sein und nicht gesehen haben, daß sie dünnes Haar hat, das weit von der Stirn absteht, ihre Lippen blau wie bei einer Leiche sind, an ihrem mageren Halse die Adern heraustreten und daß sie eine lange Nase hat. Nur eins muß man zugeben: Sie ist eine Riesin, gerade gewachsen und kann betörend lächeln.

Glykera: Denkst du etwa, Thais, der Arkananier hat sich in ihre Schönheit verguckt? Weißt du nicht, daß ihre Mutter Chrysarion eine Hexe ist, die thessalische Zauberlieder kennt und den Mond herunterholen kann? Es heißt sogar, sie fliege des Nachts. Sie war's, die den Menschen in diesen Wahn versetzt hat; sie hat ihm was von ihren Mittelchen in den Wein geschüttet, und nun schröpfen sie ihn.

Thais: Dafür wirst du, Glykerchen, einen anderen schröpfen, und laß ihn nur gehn.«[18]

Im republikanischen Rom (ab 510 v. Chr.) waren Eheangelegenheiten trotz weitgehender Freiheiten für die Frauen, die sich auch in der Öffentlichkeit zeigen durften, durch strenge Rechtsvorschriften geregelt. Privatrechtlich waren dem Pater familias des römischen Hauses keine Grenzen gezogen. Er konnte über Frau und Kinder frei verfügen. Das galt auch für die Partnerwahl, die vor allem in der römischen Aristokratie sehr sorgfältig zugunsten politischer oder wirtschaftlicher Interessen getroffen wurde. Nach einer oft sehr langen Verlobungszeit wurde durch die Eheschließung die Vormundschaft über die Frau de facto und de jure vom Vater dem Ehemann übertragen. Besitz der Bürgerrechte war Vorbedingung. In den unteren Schichten wurde die Braut gekauft; sie mußte diesem Kauf vor Zeugen zustimmen. Die oberen Schichten gönnten sich ein reichhaltiges Hochzeitsfest. Es wurde durch zahlreiche Bräuche ausgeschmückt und kam den Brautvater oft teuer zu stehen.

Die letzte Strophe eines Hochzeitsliedes des römischen Dichters Catull schildert sehr eindrücklich, in welcher Situation sich eine römische Braut von damals befand:

»(Die Braut erscheint.)

Du aber wehre dich nicht gegen solch einen Gatten,
o Jungfrau.
Nicht ist es recht, sich zu wehren, ihm hat dich der Vater
gegeben.

Vater und Mutter vereint, und ihnen mußt du gehorchen.
Dir nicht allein ist dein Mädchentum, auch den Eltern gehört es:
und ein Drittel gehört dem Vater, ein Drittel der
Mutter, nur ein Drittel ist dein, setz wider zwei nicht zur Wehr dich,
die ihre Rechte mit der Mitgift dem Schwiegersohn gaben.
Hymen, o Hymenaeus, Hymen komm, Hymenaeus!«[19]

Gegen Ende der römischen Republik ließ die Strenge in der Ehegesetzgebung nach; die Ehe konnte den Frauen vom Vormund nicht mehr aufgezwungen werden. O tempora, o mores! Auch Kaiser Augustus vermochte nicht, den Verfall der alten Sitten und der Staatsreligion zu verhindern. Den Schlußpunkt setzte Ovid mit seiner *Ars armandi,* einem Fachbuch für Verführer und zu Verführende: Rom war sittlich am Ende.

Schon ist das Christentum im Begriff, sich durchzusetzen. 64 n. Chr. läßt Kaiser Nero in Rom die Christen verfolgen. 98 n. Chr. beschreibt der Römer Tacitus in seiner berühmten *Germania* Sitten und Bräuche der Germanen. 312 n. Chr. tritt Kaiser Konstantin zum christlichen Glauben über, und 391 erhebt Theodosius das Christentum zur Staatsreligion. Etwa zeitgleich entstanden im Zusammenhang mit den germanischen Völkerwanderungen die ersten Germanenreiche auf provinzialrömischem Boden, und im 8. Jahrhundert n. Chr. ist das ehemalige Römische Reich praktisch erloschen.

Bei den Germanen

Bei den Germanen war die Eheschließung ein wirtschaftlich begründeter Rechtsakt zwischen zwei Sippen. Die Werbung erfolgte durch den Mann, der dem Brautvater seine Wahl mit Geschenken für die Braut kundtat. Es handelte sich um Rinder und ein gezäumtes Pferd sowie ein Schild und Waffen. Die Braut revanchierte sich bei ihrem Zukünftigen ebenfalls mit einem Waffengeschenk.[20] Dieser Tausch sollte den neuen Ehebund weihen. Es herrschte auch hier Polygynie, doch nur die Kinder der Hauptfrau waren erbberechtigt. Die Frau war Eigentum ihres Mannes und mußte ihm treu sein. Da der erbliche Grundbesitz eine zentrale Rolle spielte, war den Germanen die Geburt eines Sohnes sehr wichtig. War die Hauptfrau aber unfruchtbar, dann konnten auch die Söhne aus der sogenannten Friedelehe mit der Nebenfrau erbberechtigt sein.

Die germanischen Sippen kann man sich als eine Art Interessenverband erwachsener blutsverwandter Männer vorstellen, der mehrere Kleinfamilien umfaßte. Der Sippengedanke hat mit der Zeit zu einer deutlichen Schichtung der Bevölkerung geführt. »Die Partnerwahl zwischen gleichgebürtigen und gleichvermögenden Freien, die Ebenbürtigkeit in diesem materiellen und aristokratischen Sinne, wie sie viele frühgeschichtliche Volksrechte überliefern, wurde auf Jahrhunderte im germanisch-deutschen Raum zur bestimmenden Vorbedingung für die Eheschließung und hat sich bei den Freibauern und im Adel noch lange bewahrt. Es blieb einer mühsamen Entwicklung während des christlichen Mittelalters vorbehalten, bis sich die Auffassungen von der Ehe allmählich änderten und humanisierten.«[21]

Im Mittelalter

Tatsächlich dauerte es bis ungefähr 1300, bis sich der Einfluß der römischen Amtskirche in fast allen öffentlichen und sozialen Belangen konkurrenzlos hatte durchsetzen können. Dieser allmähliche Prozeß war von zwei wesentlichen Begleiterscheinungen geprägt. Zum einen wurde der Einflußbereich der alten Personalverbände (Sippen) bis zur Bedeutungslosigkeit zurückgestutzt, und zum anderen wurde dadurch die Staatenbildung gefördert. Eine nicht minder wichtige Sonderentwicklung dieser Zeit waren die aufblühenden Städte.

In der mittelalterlichen Gesellschaft um 1200 waren Partnerwahl und Eheanbahnung in den adeligen Oberschichten vor allem eine Sache der Familienvertreter, das heißt also in der Regel der Väter. In den städtischen und ländlichen Gebieten oblag diese Aufgabe neben dem Familienvorstand selbst auch noch dem unmittelbaren sozialen Umfeld: Hierzu zählten die persönlichen, verwandtschaftlichen und nachbarschaftlichen Bezugsgruppen. Bei den Abhängigen hatte der Grundherr das letzte Wort. Die Gesellschaft kannte damals noch keine obrigkeitliche Ordnung in dem Sinn, wie wir sie heute verstehen. Es gab schlicht und einfach keine staatlichen oder gesamtgesellschaftlichen Regulative, an denen der einzelne sich hätte orientieren sollen. Die Verfahrensweisen bei der Partnerwahl waren daher mitunter sehr flexibel; sie richteten sich nach den aktuellen Gegebenheiten. Entscheidend war der soziale Status eines Mannes, der seine Kinder verheiraten wollte. Diplomatisches Geschick wurde um so wichtiger, je mehr Prestige und Besitz eine Rolle spielten.

Ab dem 13. Jahrhundert begannen kirchliche Amtsträger allmählich verstärkt Einfluß auf die Eheschließungsrituale zu nehmen – zunächst in den hochadligen und höfischen Kreisen. Die alten Personalverbände wurden entmachtet, und die Kirche übernahm deren ursprüngliche Funktionen als eine übergeordnete Instanz. Dazu bediente sie sich zunehmend auch der staatlichen Autorität, die zur gleichen Zeit im Aufbau begriffen war. Ein Beispiel für die stärker werdende Formalisierung der Eheanbahnung ist die Einführung des Konsensprinzips bei der Eheschließung. Da die Ehe ja aus christlicher Sicht ein Sakrament ist und kein Kaufakt mehr sein durfte, war es der Kirche letztlich egal, wer wen heiratete, solange die Aufgebotspflicht erfüllt wurde. Erst später konnten die im kanonischen Recht präzisierten Ehehindernisse angewendet werden.

In dem Maß, wie die Personalverbände überflüssig wurden, lockerten sich auch die Spielregeln bei der Partnerwahl. Immerhin konnten die Frauen die ihnen bestimmten Männer vor dem Abschluß des Ehevertrages kennenlernen und bei Nichtgefallen auch manchmal zurückweisen.[22]

Die Aristokratie

Der Adel ist ein universalgeschichtliches Phänomen, über dessen Entstehung man nur spekulieren kann. Die Vorlieben seiner Mitglieder bei der Auswahl der Heiratspartner sind hinreichend bekannt: Man bleibt unter sich.

Im Mittelalter hatte der Adel vor allem mit der christlichen Vorschrift der lebenslangen Monogamie zu kämpfen. Sie widersprach der noch aus der Antike in Herrscherkreisen üblichen Gewohnheit, mit einer rechtmäßigen Ehefrau einen Nachfolger zu zeugen und mit einer relativ beliebigen Zahl von Konkubinen ein Verhältnis einzugehen. Den unehelichen Nachwuchs wußte man meist gut in der Wirtschaft und Verwaltung unterzubringen. Blutsverwandtschaft blieb Blutsverwandtschaft.

Welche Mühen bereits ein frühmittelalterlicher Herrscher haben konnte, sich scheiden zu lassen, zeigt der vergebliche Versuch von Lothar II.: Er wollte sich von seiner Frau Theutberga trennen, um seine Konkubine Waltrada zu ehelichen. Aus diesem Grund bezichtigte er sie der Blutschande mit ihrem Bruder Hucbert, wohl wissend, daß Inzest Frauen rechtlich eheunfähig machte und zur Annullierung der bestehenden Ehe führte. Doch Theutberga konnte den Verdacht von sich abwenden. Darauf schloß ihr Mann sie in den Kerker und erpreßte ihr ein Schuldbekenntnis, das die Bischöfe anerkannten. Papst Nicolaus wiederum annullierte das Urteil. Lothar beugte sich nun der höchsten Instanz, versuchte aber weiterhin, wenigstens die Anerkennung seiner Kinder mit Waltrada durchzusetzen. Die Verhandlungen waren bis zu seinem Tod 869 noch nicht abgeschlossen.

Im Laufe der Zeit konnten Konkubinen größeren Einfluß auf die Herrscher ausüben. Berühmtestes Beispiel aus der frühen Neuzeit ist Heinrich VIII. von England, der es auf die Hofdame Anna Boleyn abgesehen hatte, welche ihm aber ihre Gunst nur um den Preis der Ehe gewähren wollte. Bekanntlich folgte dem Streit mit dem Papst die Gründung der Anglikanischen Kirche in England.

Staatsheiraten

Am Hof von König Ludwig XV. hatten die Mätressen Seiner Majestät bei politischen Angelegenheiten mehr mitzureden als die beamteten Ratgeber. Königinnen wurden sie jedoch nie. Das alte Prinzip blieb unumstößlich.

Mesalliancen wurden nicht geduldet, da es um die Reinhaltung des blauen Blutes ging. So wurde die arme Agnes Bernauer auf Betreiben ihres Schwiegervaters als Hexe in der Donau ertränkt, weil sie – nicht ebenbürtig – seinen Heiratsplänen im Wege stand. Sein Sohn Albrecht hatte sich nämlich mit ihr vermählt und sollte nun anderweitig verfügbar sein. Um Mesalliancen grundsätzlich vorzubeugen, lag das heiratsfähige Alter in Herrscherhäusern und beim Adel sehr niedrig, manchmal wurden Ehen schon im frühen Kindesalter geschlossen.

Die Auswahl eines Partners wurde in erster Linie nach ganz pragmatischen Gesichtspunkten vorgenommen. Im Vordergrund standen der Erhalt der Dynastie und die Ausweitung des Machtbereichs. So wurde einer guten Mitgift große Bedeutung beigemessen – es konnte schon einmal vorkommen, daß sie ganze Provinzen umfaßte. Bekanntermaßen erwies sich das Haus Habsburg bei der Wahl seiner Bräute als besonders erfolgreich. Man achtete insbesondere auch darauf, daß sie aus fruchtbaren Familien stammten. Für das Zustandekommen der Heirat zwischen der österreichischen Erzherzogin Marie Louise und Napoleon I. war diese Überlegung einer der Hauptgründe.

Wie sehr politische Interessen des Adels bei der Partnerwahl ausschlaggebend waren, zeigen die zahlreichen »Staatsheiraten« vom ausgehenden Mittelalter bis zum Anfang des 20. Jahrhunderts, dem Ende der Monarchien. Ehen wurden in der Hauptsache geschlossen, um Macht und Landbesitz zu erweitern, Beziehungen zu stabilisieren und Frieden zu garantieren.

Der Jahrhundertzwist zwischen den Häusern Habsburg und Bourbon etwa wurde durch die Verkuppelung der gerade erst pubertierenden Kinder Marie Antoinette und dem französischen Thronfolger beigelegt. Beide waren selbstverständlich nicht um ihre Zustimmung gebeten worden. Marie Antoinettes Mutter Maria Theresia hatte zwar selbst aus Liebe geheiratet, doch Politik war jetzt wichtiger. Bei der Hochzeit in Wien wurde der Bräutigam von Marie Antoinettes Bruder Ferdinand vertreten, eine solche Heirat *per procurationem* war seinerzeit nicht unüblich. Nach der Hochzeit verließ Marie Antoinette für immer ihre Familie und fuhr gen Frankreich. Auf einer bei Straßburg gelegenen Rheininsel mußte sie in einem französisch-deutschen Pavillon ihre Kleider und Bediensteten zurücklassen. Sie reiste dann in französischer Kleidung weiter nach Versailles. Dort traf sie auf ihre neue Familie. König Ludwig XV. war von ihr entzückt, sein Enkel, Marie Antoinettes Mann, gerade 16 Jahre alt, sehr verschüchtert. Das frischvermählte Paar sah sich ja zum ersten Mal. Nach einer zweiten Trauung samt Zeremonie zog der Hofstaat, streng nach Geschlechtern getrennt, ins Brautgemach, wo die beiden Kinder bis aufs Hemd entkleidet wurden und vor den Augen aller das Bett besteigen mußten. Dann wurden sie sich selbst überlassen.

Die Achtung der Privatsphäre wurde im aristokratischen Alltag nicht gewahrt. Der Hofstaat war auch bei der Geburt eines Kindes zugegen, um die heimliche Unterschiebung eines fremden zu verhindern. Dabei wurden Frauen schon fast zu Gebärmaschinen degradiert. So weiß Katharina die

Große zu berichten, daß man sie unmittelbar nach der Geburt ihres Kindes einfach liegen ließ, dem kleinen Thronfolger hingegen solche Aufmerksamkeit schenkte, daß er »aus lauter Sorgfalt . . . buchstäblich erstickt wäre.« An ihr hatte man kein Interesse mehr, sie sah »den ganzen Tag keine lebende Seele, ebensowenig erkundigte sich jemand nach (ihrem) Befinden.«[23]

Daß es in Adelskreisen, wenn es sich als Vorteil erwies, nicht verpönt war, Verbindungen mit Blutsverwandten einzugehen, zeigt, wie weit es mit der Heiratspolitik getrieben wurde. Hämophile und andere Erbkrankheiten waren in manchen Dynastien die Folge dieser inzestuösen Verhältnisse.

»Gut gefrühstückt hält den ganzen Tag,
gut geschlachtet hält das ganze Jahr,
gut geheiratet aber das ganze Leben.«

Die übrige Bevölkerung

Konnte sich die Kirche in Adelskreisen mit ihren Vorstellungen insgesamt nicht so recht durchsetzen, so war ihr Einfluß in politischer und sozialer Hinsicht bei der übrigen Bevölkerung zeitweise fast grenzenlos. Die kirchliche Gesetzgebung hatte im Laufe des Mittelalters einen Katalog der Ehehindernisse entwickelt, an den sich alle halten mußten, auch wenn die eigentlichen Belange der Partnerwahl weiterhin in der Hand der Familienvorstände verblieben. Rechtlich ausgeschlossen war die Ehelichung von Priestern, Mönchen, Nonnen, Nichtkatholiken (wir schreiben die Zeit nach der Reformation), Verheirateten, eigenen Patenkindern, Blutsverwandten, Exverlobten und Personen, mit denen man ein ehebrecherisches Verhältnis hatte. Interessant ist die Präzision der Inzestverbote im kanonischen Recht. So war die Ehe unter Blutsverwandten bis zum vierten Grad der Seitenlinie verboten. Außerdem setzte die Kirche das frühestmögliche Heiratsalter für Mädchen auf 12 Jahre und für Knaben auf 14 Jahre fest. Die Ehe diente allein der Fortpflanzung und konnte wegen Kinderlosigkeit wieder aufgelöst werden.

Diese Vorschriften erzwangen vor allem im ländlichen Bereich ein exogames Heiratsverhalten. Waren alle Bedingungen erfüllt, bedurfte es nur noch einer gemeinsamen Willenserklärung der Brautleute vor dem Priester, um die Ehe rechtskräftig werden zu lassen. Nicht selten kam es dadurch zu einem Konflikt mit der weltlichen Obrigkeit, die andere Aspekte bei der Partnerwahl vorschrieb. So mußten sich Ehewillige bestimmter Bevölkerungsgruppen aus Gründen der Staatsraison auch die Zustimmung beim Staat einholen, beispielsweise Beamte, Militärangehörige, Handwerker, Witwen, Invalide, Kranke, Studenten, Mittel- und Wohnsitzlose. Der Staat konnte im Rahmen seiner Bevölkerungspolitik auch generelle Heiratsverbote erlassen. In der Regel sollten die mittellosen Menschen an der Fortpflanzung gehindert werden, damit sie und ihre Nachkommen dem Staat nicht zur Last fielen.

Die Menschen befanden sich angesichts der kanonischen Inzestbestimmungen und der weltlichen Einkommensvorschriften in einer Zwickmühle, da auch die Erwerbsmöglichkeiten sehr beschränkt waren. Entweder hatte man selbst die Aussicht auf das Erbe eines Hofes, dann war die Eheschließung rechtlich kein Problem, oder aber man konnte woanders einheiraten, wozu aber Heiratsgut notwendig war. Wer das nötige Geld hatte, konnte sich auch ein Gut kaufen. Allen anderen blieb nur die Aussicht auf eine Tagelöhnerstelle bei einem Grundherrn oder Bauern. Kein Geld – keine Heiratserlaubnis, so einfach war das.

Die kirchlichen und staatlichen Vorschriften galten gewissermaßen für jeden. In der Praxis kamen noch weitere, vor allem rechtliche Probleme hinzu. Jemand, der Aussicht auf einen Hof hatte, mußte ihn erst einmal erben. Diese Übergabe konnte zu einem recht komplizierten Verfahren ausarten, bei dem bis zum 19. Jahrhundert auch der Grundherr noch ein Wörtchen mitzureden hatte. Der Besitzer eines Hofes mußte seinen Erben bestimmen. Das geschah oft sehr spät; manchmal gar nicht oder auch unter dem Einfluß des Grundherrn. Der designierte Erbe, in der Regel der älteste Sohn, hatte dann seine Geschwister auszuzahlen, die Versorgung der Eltern zu gewährleisten und Besitzwechselgebühren an den Grundherrn zu entrichten. Dazu brauchte er eine Braut mit einer entsprechenden Mitgift. Ein Rechenexempel aus einer bayrischen Pfarrei kann die Partnerwahl unter den finanziellen Gesichtspunkten recht überzeugend darstellen: »Nehmen wir an, er suchte eine Braut aus dem Amt, deren Alter zwischen 20 und 40 Jahre betragen sollte. Von den 95 Kindern weiblichen Geschlechts der Jahrgänge 1745 bis 1764, die in der Pfarrei geboren worden waren, blieben nach Abzug derer, die das Erwachsenenalter nicht erreichten, das Dorf verließen, schon verheiratet waren oder deren Heirat mit ihm eines der kirchlichen Ehehindernisse erfüllt hätte oder selbst den Hof übernahmen nur 31 Heiratskandidatinnen übrig. Davon schieden 12 aus, weil sie ein Heiratsgut unter 100 Gulden aufwiesen. 10 weitere waren mit einem Heiratsgut zwischen 100 und 200 Gulden bei den Zahlungsverpflichtungen des Hofübernehmers [300 Gulden] ebenfalls indiskutabel. Es blieben also nur neun Kandidatinnen mit einem Heiratsgut über 200 Gulden. Zwei davon hatten mit 400 Gulden die höchste Heiratssumme. Eine davon ... heiratete er schließlich.«[24] Die Mitgift konnte aber auch die Grundlage für eine Besitzvermehrung sein.

Die Partnerwahl der bäuerlichen Bevölkerung stand jedoch nicht nur im Zeichen der wirtschaftlich notwendigen Besitzweitergabe. Eine nicht weniger bedeutende Rolle spielten die Arbeitsfähigkeit und die Gesundheit, sprich Fruchtbarkeit. Hof- und Hauswirtschaft bildeten eine Einheit und machten eine Menge Arbeit, zu der auch die Kinder herangezogen wurden. Die Gebärfreudigkeit einer Frau war daher sehr wichtig, auch für die Altersversorgung. Nicht wenige der damaligen Werbebräuche waren letztlich danach ausgerichtet, die Fruchtbarkeit einer Frau zu prüfen.

Die Kopplung der Heirat an eine Hofübergabe hatte bei der ländlichen Bevölkerung ein vergleichsweise hohes Heiratsalter zur Folge. Viele mußten ihr Leben lang auf den Geschlechtsverkehr verzichten, da sie keine Aussicht auf eine Heirat hatten. Noch vor dem Durchgreifen der restriktiven Familienpolitik des Staates und der reformierten katholischen Moral galt vorehelicher Geschlechtsverkehr nicht unbedingt als Sünde, sondern war in einen Eheanbahnungsprozeß eingebettet, der auch durch verschiedene Traditionen wie das »Kammerfensterln« und den »Heimgarten« durch die Dorfgemeinschaft kontrolliert wurde. »Leichtfertigkeitsvergehen« wurden nur dann wirklich geahndet, wenn die Partner keine Voraussetzungen für eine Ehe schaffen konnten.

Auch bei den Handwerkern, die sich in Zünften organisierten, war die der Heirat vorangehende Partnerwahl nach ganz klaren Anhaltspunkten ausgerichtet. Die Selbständigkeit eines Meisters konnte oft nur eine angemessene Mitgift der Frau garantieren. Darüber hinaus sollte die Ehefrau häuslich, sparsam, fleißig, gesund und gebärfähig sein. Sehr wichtig waren in den strengen Zunftordnungen die »eheliche« Geburt und ein untadliger Lebenswandel, getreu dem Spruch: »Der Männer Ehre ist auch der Frauen Ehre, doch der Weiber Schande ist auch der Männer Schande.«

Das aufkommende Bürgertum

Die Geschichte lehrt, daß nicht immer alles beim alten bleibt. Es tat sich was in Europa, und im 18. und 19. Jahrhundert überschlugen sich die Ereignisse. Eine neue soziale und gesellschaftliche Klasse etablierte sich neben dem Adel und der Kirche: das Bürgertum. Ihre Vertreter kümmerten sich um Verwaltung und Handel und hatten so im Laufe der Jahre einiges an Vermögen angesammelt und an Einfluß gewonnen – die einen mehr, die anderen weniger.

In dieser Zeit nun, das heißt zum Ende des 18. Jahrhunderts, wurde ein gänzlich neues Bild von Ehe und Familie entworfen und kultiviert: die Aufwertung der Liebe. Dieses Ideal wurde von Jean-Jacques Rousseau inspiriert, dem aufgeklärten Propagandisten eines natürlichen Lebens, der, als in Paris die *chronique scandaleuse* der französischen Aristokratie noch in vollem Gange war, seine Einsichten über das Wesen der Frau niederschrieb. In seinem berühmten Roman *Emile ou l'Education* ist zu lesen: »Von welcher Frau habt ihr einen besseren Eindruck und welcher nähert ihr euch mit größerer Ehrfurcht, wenn ihr das Zimmer betretet, wenn ihr sie mit Arbeiten ihres Geschlechts, mit den Sorgen ihres Haushalts und beim Flicken der Kindersachen beschäftigt seht oder wenn sie auf ihrem Putztisch Verse schreibt, umgeben von allen möglichen Drucksachen und von Briefchen in allen Farben? Wenn es nur vernünftige Männer auf der Welt gäbe, so bliebe jedes gelehrte Mädchen ihr Leben lang alte Jungfer.«[25]

Der adligen Gesellschaft, die sich in seinen Augen im Geschlechts- und Familienleben weit von der Natürlichkeit entfernt hatte, stellte er ein Idealbild von Partnerschaft gegenüber, in dem echtes, natürliches Gefühl füreinander in gegenseitige Liebe und Vertrauen münden sollte. Auch die Kinder sollten sich in einer liebevollen Atmosphäre entfalten können, für die nach seiner Vorstellung die liebende Frau und Mutter zu sorgen hatte. Sie konnte dann auch schlecht eine elegante, gebildete Dame sein, die im seidenen Kleid am Sonntag promenieren geht. Das Ideal war eine aufopferungsbereite Frau wie Lotte, die Goethe in seinem Roman *Die Leiden des jungen Werther* beschrieben hat.

Abb. 2: Nähstunde (Johann Michael Voltz, 1784–1885) Immer fleißig und tätig sein! Der Wert einer Frau wurde u. a. an ihren hausfraulichen Qualitäten gemessen.

Für das Bürgertum war Familie eine intime Ehebeziehung aus Liebe, die eine gute und angemessene Erziehung der Kinder und ein friedliches Privatleben garantieren sollte. Ganz so, wie wir es auch heute noch kennen. Für die Bauern und Handwerker hingegen war Heirat aus Liebe schon von den Umständen her nicht denkbar.

Die Eheschließung war jetzt, viel wesentlicher noch als zu früheren Zeiten, vom Konsens der Brautleute abhängig. Kinder, die verheiratet werden sollten, konnten also ein Vetorecht gegen die Vorschläge einlegen.

Neben Liebe und Gefühl sollte bei der Partnerwahl jedoch in erster Linie Vernunft vorherrschen. Waren Gefühle füreinander vorhanden und auch Geld verfügbar, so sprach nichts dagegen, sich das Jawort zu geben. Wie aber konnten Gefühle füreinander entwickelt werden?

Dem Thema der ehelichen Zuneigung wurde große Aufmerksamkeit geschenkt. In »Moralischen Wochenzeitschriften« wurde heiß diskutiert, wie das Verhältnis der Geschlechter zu definieren sei und wie sich Liebe der Vernunft unterzuordnen habe. Es gab aber auch noch ganz andere Strömungen.

In Deutschland etwa propagierte eine kleine Gruppe Intellektueller, heute werden sie Romantiker genannt, das freiwillige Zusammenleben zweier gleichberechtigter Partner in geistiger, seelischer und sexueller Harmonie. Sie lehnten die übliche Konvenienzehe heftig ab. War es nun Friedrich Schlegel, der 1799 in seinem Roman *Lucinde* fast unverhüllt seine Beziehung mit der Philosophentochter Dorothea Mendelssohn-Veit schilderte, die sich seinetwegen hatte scheiden lassen, war es die Frau seines Bruders August Wilhelm, die noch mit ihrem Mann zusammenlebend ein Verhältnis mit Schelling hatte und diesen auch später heiratete, oder waren es Frauen wie Rahel Levin, Henriette Herz oder Bettina von Brentano, die – stark intellektuell und selbständig – diesen jungen Männern alles bedeuteten – sie alle hatten eine Vorstellung von Liebe und Partnerschaft, die bei der breiten Mehrheit auf Unverständnis, ja sogar Empörung stieß.

Das öffentliche Gerede über Liebe und Vernunft reflektierte in einer Art positiver Rückkopplung ein Bild vom Wesen der Geschlechter, wie es auch heute noch häufig kursiert. Es schien, als ließen sich die biologischen Unterschiede in Verbindung mit gesellschaftlich und wirtschaftlich festgeschriebenen Rollenzuweisungen ganz einfach zu *natürlichen Kategorien* ummünzen. Die Frau steht den ganzen Tag im Haus und tut nichts, also ist die Frau häuslich und faul. Der Mann muß sich im Berufsleben bewähren, also ist er von Natur aus dazu befähigt. So überspitzt es hier formuliert sein mag, die Richtung stimmt. Das Bürgertum fand daran nichts Verwerfliches, im Gegenteil, diese Vorstellungen wurden noch verstärkt und immer wieder bestätigt.

In der zweiten Hälfte des 19. Jahrhunderts nahm das Bürgertum immer deutlichere Konturen an. Risikobereitschaft brachte den Unternehmern einen enormen wirtschaftlichen Machtzuwachs. Man lebte mit und von der Industrialisierung.

Was früher sinnvoll war – nämlich Heiratsverbindungen so anzulegen, daß sie auch als Geschäftsverbindungen genutzt werden konnten –, war jetzt durch die neuen Rechtsformen der Unternehmen und die Bildung von Kapitalmärkten nicht mehr von so ausschlaggebender Bedeutung. Dennoch verzichtete auch das Unternehmertum bei der Wahl eines Ehepartners nicht aufs Kalkül, vor allem, wenn eine Frau verheiratet werden sollte.

Die bürgerlichen Beamten des Staates hatten ständig Probleme, die hohen Statuserwartungen, die man in der Öffentlichkeit in sie setzte, zu erfüllen bzw. zu finanzieren. Oft mußte die gelungene Repräsentation nach außen durch ein karges Leben in den eigenen vier Wänden erkauft werden. Kandidatinnen mit hoher Mitgift wurden folglich bevorzugt. Alle versuchten, eine möglichst gute Partie mindestens innerhalb des eigenen Standes zu machen.

Heiratsfähige Frauen befanden sich nicht selten in einem Dilemma. Sie waren schließlich darauf angewiesen, geheiratet zu werden. Ohne Möglichkeiten, sich selbst zu versorgen, ohne eine sinnvolle Aufgabe im Elternhaus und ohne jegliche berufliche Ausbildung, ausgestattet bestenfalls mit Höherem-Töchterwissen, war für sie die Ehe oft die einzige Lebensperspektive.

Sie hatten Mutter und liebende Ehefrau zu sein, die Hauswirtschaft zu delegieren und ansonsten zu repräsentieren. Auch weniger bemittelte bürgerliche Haushalte leisteten sich immer wenigstens eine Magd, die offiziell alle Hausarbeit zu verrichten hatte. In Wahrheit mußte die Ehefrau oft mithelfen – hinter verschlossenen Türen, versteht sich. Armut durfte auf keinen Fall preisgegeben werden.

Ernst Bloch hat die Lage treffend charakterisiert: »Das Weib liegt unten, es wird seit langem dazu abgerichtet. Ist immer greifbar, immer gebrauchsfähig, ist die Schwächere und ans Haus gefesselt. Dienen und der Zwang zu gefallen sind im weiblichen Wesen verwandt, denn das Gefallen macht gleichfalls dienstbar. Das Mädchen muß durch Ehe versorgt werden, so saß es auf der Stange, hatte den Mann zu erwarten. Oder fing mit List und sich selber als Köder Männer ein, blieb auch dann unmündig, ohne Jagdschein. Gelang der Fang nicht oder war die Jungfrau zu wählerisch, dann kam zum Schaden ein dürrer Spott: das Weib rangierte als alte Jungfer. Sexuelles Leben, wenn vorhanden, wie meist, durfte nicht gezeigt werden. Beruf galt bis in untere kleinbürgerliche Schichten als anstößig.«[26]

Die Männer bewegten sich außer Hauses und gingen ihrem Beruf nach. Außerhalb wie innerhalb des Hauses waren sie bei aller Liebe die Autorität schlechthin. Selbst über ihr eigenes Vermögen hatte die Frau keine Verfügungsgewalt. Die einzigen Lebensbereiche, die sie möglicherweise gleichberechtigt mit ihrem Mann teilen konnte, waren die Erziehung der Kinder und kulturelle oder religiöse Interessen.

Das Bürgertum hatte mit der Liebe auch die Sexualität aufgewertet und, wie alles andere auch, in den Bereich des Häuslichen hineingezogen. Vor- oder außereheliche Beziehungen waren für Frauen selbstverständlich unmöglich. Eine sexuelle Aufklärung gab es weder im Elternhaus noch sonstwo. An dieser Stelle greift die Tücke der bürgerlichen Doppelmoral, denn auch Männer hatten offiziell keusch in die Ehe zu gehen. Die nötigen Erfahrungen sammelte ein junger Mann dann eben in Kreisen, die für eine Heirat ausgeschlossen waren: im Elternhaus bei den Dienstmädchen und in Bordellen. Trafen dann unaufgeklärte Ehefrau und falsch aufgeklärter Ehemann aufeinander, war das Ergebnis meist unheilvoll für sie, unbefriedigend für ihn. Viele Frauen suchten Trost in der Mutterschaft und bestätigten damit unfrei-

Abb. 3: Annäherungsversuch (Knut Ekwall, 1843–1912) Was damals zählte, gilt zum großen Teil auch heute noch! Weibliche Zurückhaltung und männliche Initiative.

willig die Rolle, die das Bürgertum ihnen insgeheim oder offen ausgesprochen zugewiesen hatte, viele Männer suchten ihr Glück in außerehelichen Verhältnissen, die mit einem Augenzwinkern hingenommen wurden, obwohl sie offiziell verpönt waren.

In der Bevölkerungsschicht, die im 19. Jahrhundert am wenigsten zu lachen hatte, bei den Arbeitern nämlich, waren frühe sexuelle Erfahrungen keineswegs ungewöhnlich. Die beengten Wohnverhältnisse, aber auch eine gewisse soziale Verwahrlosung legten es den einzelnen nahe, sich nicht auf Dauer der Sexualität zu verwehren, da sie ja oft nur das einzige Vergnügen war, das man sich leisten konnte. Eine Heirat bot die Möglichkeit, aus dem Schlafgänger- und Untermieterdasein, das für viele die einzige Lebensform darstellte, herauszukommen und eine eigene Familie zu gründen, wovon man sich etwas Glück und Zufriedenheit erhoffte. Doch oft wurde wegen einer Schwangerschaft geheiratet. Da die Frauen weniger verdienten und ihren Lebensunterhalt nicht allein bestreiten konnten, mußten sie entweder bei den Eltern wohnen oder eine Ehe mit jemandem anstreben, der sie versorgen konnte.[27]

1918 brach das Kaiserreich zusammen und mit ihm auch die Gesellschaft, deren Kriterien bei der Partnerwahl wir kurz beschrieben haben.

Der allgemeine gesellschaftliche Liberalisierungsschub wurde durch die erbhygienischen Vorstellungen der Nationalsozialisten abrupt gestoppt, als Eheverbote gegen jüdische Menschen errichtet wurden. Die Barbarei jener Zeit wird auf unfreiwillig treffende Weise in einem kleinen Ehebüchlein deutlich. Da heißt es: »Die Gesundung des erkrankten Volkslebens aller abendländischer Völker wird nur durch die Gesundung der Familie möglich sein. Achten die Heiratswilligen in Zukunft mehr auf die erblichen Beschaffenheiten derjenigen Menschen, mit denen sie sich erblich binden wollen, so können Ehen vermieden werden, denen kränkliche oder abartige Kinder entstammen würden.«[28]

Das ausgehende 20. Jahrhundert

> *»Wir wollen uns lieben,*
> *aber wir wissen nicht wie . . .«*

Dieser Spruch ist in vieler Hinsicht symptomatisch. Im ausgehenden 20. Jahrhundert ist von den alten Zwängen, die doch letztendlich immer dieselben waren, nichts mehr zu spüren. »Noch in den sechziger Jahren besaßen Familie, Ehe und Beruf als Bündelung von Lebensplänen, Lebenslagen und Biographien weitgehend Verbindlichkeit. Inzwischen sind in allen Bezugspunkten Wahlmöglichkeiten und -zwänge aufgebrochen. Es ist nicht mehr klar, ob man heiratet und nicht zusammenlebt, ob man das Kind innerhalb oder außerhalb der Familie empfängt oder aufzieht, mit dem, mit dem man zusammenlebt, oder mit dem, den man liebt, der aber mit einer anderen zusammenlebt, vor oder nach der Karriere oder mittendrin.«[29]

Im Rückblick fällt auf, daß mit dem Entstehen der bürgerlichen Gesellschaft im 18. Jahrhundert das ganze »Kriterienbündel« im Umfeld der Partnerwahl allmählich auf den *einzelnen* Menschen zutreibt und ihn sozusagen aus der Sippenhaft der Traditionen befreit. Erste Anzeichen waren das Aufkommen der Liebesheirat, die sich freilich noch den materiellen Interessen aus Vernunftsgründen unterzuordnen hatte. Es war ein Verdienst des Bürgertums, zumindest die Liebe zwischen zwei Menschen zum Inbegriff höchster Vollkommenheit zu erheben. Uns ist dieses Ideal inzwischen so selbstverständlich, daß wir kaum noch über diese »irdische Religion«[30] nachdenken können. Aber es bereitet uns auch eine Menge Kopfzerbrechen. Denn wenn wir die Liebe idealisieren (was unser gutes Recht ist), dann neigen wir dazu, den Partner zu idealisieren, mit dem wir unsere Liebe teilen wollen.

Die Realität sieht zumeist ganz anders aus. Für den einzelnen kann das – in einer Abwandlung des obigen Spruches – heißen: Ich will jemanden lieben, aber ich weiß nicht wie!

Der kulturhistorische Rückblick ist hiermit abgeschlossen. Bleibt jetzt der Frage nachzugehen: Was hat das denn noch mit Biologie zu tun?

Die Antwort ist ganz einfach: Der Mensch besitzt, wie bereits angesprochen, im Gegensatz zu anderen Lebewesen die Fähigkeit, über sich selbst nachdenken zu können und sein Leben in bestimmten Grenzen frei zu gestalten. Dies beweist die ungeheure Vielfalt seiner kulturellen Leistungen. Daß er damit nicht immer zurechtkommt, zeigt seine globale Selbstgefährdung auf. Und daß er bei alledem auch ein biologisches Wesen ist, will dieses Buch nahelegen.

Nochmals einen Blick zurück. Ist es nicht auffällig, daß schon zu frühesten Zeiten Männer und Frauen unterschiedlich behandelt und bewertet wurden? Daß Frauen immer wieder zu Gebärmaschinen erniedrigt und, wie Katharina die Große, nach ihrer »Pflichterfüllung« einfach achtlos liegengelassen wurden? Daß man lieber eine Mutter im Kindbett sterben ließ, als das Leben eines neugeborenen Thronfolgers zu gefährden? Daß man die Schuld für eine kinderlose Ehe grundsätzlich den Frauen in die Schuhe schob? Daß man ihnen fast überall und zu allen Zeiten sexuelle Freuden vorenthielt oder sie zu rechtlosen Prostituierten herabwürdigte? Daß man ihnen den ehelichen Seitensprung aufs strengste verbot, ihnen aber auch in der Ehe keine Zuwendung schenkte?

Ist es nicht ebenfalls, beinahe möchte man sagen *verdächtig*, daß sich die Männer in der Geschichte in Vielweiberei übten, aber stets eine keuschgebliebene Jungfrau als Gemahlin vorzogen? Daß ein Philosoph wie Nietzsche zu folgender

Überzeugung gelangen konnte: »Das Glück des Mannes heißt: Ich will. Das Glück des Weibes heißt: Er will.«[31]

Eine Kette historischer Zufälle muß als Erklärung wohl ausgeschlossen werden. Diese Verhaltensweisen haben etwas mit Biologie zu tun.

Es liegt also nahe, auch und gerade bei den heutigen Menschen danach zu suchen, wo die Biologie ihre Hand im Spiel hat. Auffälligkeiten gibt es ja genug.

3
Die heimliche Erbschaft

Charles Darwin war es, der 1859 mit seinem Aufsehen erregenden Werk *»Über die Entstehung der Arten durch die natürliche Selektion«* der Evolutionstheorie, also der Lehre der stammesgeschichtlichen Entwicklung der Lebewesen, zum Durchbruch verhalf. Seiner Deszendenztheorie zufolge hat sich die Vielfalt der Arten in den Hunderten von Jahrmillionen der Erdgeschichte durch einen Entwicklungsprozeß vollzogen, bei dem alle Lebewesen aus einem Verwandtschaftsverhältnis zueinander hervorgegangen sind.

Oberstes Gebot für diesen Prozeß ist die Anpassung, die Adaption an die Umwelt, damit die Arterhaltung garantiert und optimiert wird. Bereits im 17. Jahrhundert wies der französische Naturforscher Jean-Baptiste de Lamarck auf den Vervollkommnungstrieb hin, der allen Organismen innewohnt. Jede Veränderung, die sich als positiv erwiesen habe, werde weitervererbt. Um möglichst effektiv zu sein, sollten sich demnach Verhaltensweisen herauskristallisieren, die sich den Umweltbedingungen als am besten angepaßt erweisen und somit folgerichtig die meisten mit diesem bewährten Erbgut ausgestatteten Nachkommen hinterlassen.

Heute steht fest, daß sich de Lamarck geirrt hat: Es gibt keine Vererbung *erworbener* Eigenschaften. Nach Charles Darwin beruht die Evolution auf dem natürlichen Ausleseprinzip (Selektionsprinzip).

Dabei spielt neben der erblichen Variation, die alle Individuen voneinander unterscheidet, auch die Überproduktion

Abb. 4: Verhaltensforscher und Soziobiologen betrachten den Menschen vor allem als Bestandteil der Evolution.

der Nachkommenschaft eine Rolle. Das Verhältnis zwei Elternteile und zwei Kinder ist bekanntlich nicht stabil. Im Kampf um das Dasein werden nun jeweils solche Erbanlagen genetisch weitergegeben, die sich als besonders anpassungsfähig herausgestellt haben, dem Selektionsdruck also am ehesten gerecht werden. Die Weiterentwicklung der Evolution in der sich ständig wandelnden Umwelt mußte auf diese Weise garantiert werden.

Wie jedoch die unter dem Selektionsdruck entstandenen erblichen Veränderungen ablaufen, wußte damals noch keiner zu sagen. Erst Gregor Mendel konnte 1865 darüber Aufschluß geben. Es ist die sexuelle Fortpflanzung, die Zweigeschlechtlichkeit, die durch das Kombinieren unterschiedlicher Erbmasse von Genen und Chromosomen neues Erbgut entstehen läßt. Die auf den Chromosomen verankerten Gene können sich verändern (mutieren), ein Prozeß, der allerdings zufällig abläuft. Er steht somit in keiner Verbindung zu irgendwelchen Umweltbedingungen. Erst durch die sogenannte Selektion werden die Genmutanten bevorzugt weitervererbt, die für den Organismus einen arterhaltenden Wert haben. Für Mißverständnisse sorgen häufig die einseitigen Vorstellungen von Selektion. Die klassische Theorie richtet ihr Augenmerk auf die arterhaltende Funktion der Selektion, während sich neuerdings die Soziobiologie verstärkt dem Aspekt der individuellen Auslese widmet. Wie dem auch sei, in jedem Individuum ist nur ein Bruchteil der Gene einer Population kurzfristig vorhanden. Man kann vereinfachend sagen: Durch die zufällige Mutation der Gene wird die Evolution ermöglicht, durch die Selektion erhält sie ihre Richtung. Mit der Fortpflanzung liefern Individuen also einen Beitrag zum Genbestand der nächsten Generation. Statistisch werden bei der Selektion Genotypen begünstigt, die einen höheren Anteil an Genen in den Genpool der nächsten Generation einbringen können. Dieses Vermögen wird an der Fähigkeit von Individuen deutlich, die insgesamt bessere Anpassungsleistungen vollbringen, also etwa besser in der Lage sind, Gegner abzuwehren, Krankheiten zu überwinden oder Nahrung zu finden als andere. Mit anderen Worten: Steigt das Vorkommen bestimmter Gene wegen dieser natürlichen Auslese in der nächsten Generation an, dann nur durch den erhöhten Fortpflanzungserfolg der »besseren« Genotypenträger.

Die Fortpflanzung führt demnach nicht nur zur Vermehrung, sondern – durch die mit ihr direkt verbundenen sexuellen Selektion – auch zur genetischen Verbesserung des Anpassungswertes, indem sie ständig elterliches Erbgut variiert und neu kombiniert. Gleichzeitig können Genschäden ausgesondert werden.

Auf den Spuren biologischen Erbes

Die kausale Evolutionsforschung versucht, von momentanen Umständen und Bedingungen Rückschlüsse auf mögliche evolutive Vorgänge zu ziehen. Dabei wird unter anderem in der sogenannten Homologieforschung nach genetisch übertragenen Gemeinsamkeiten unterschiedlicher Arten gesucht, indem Lage, kontinuierliche Entwicklung und Qualität verschiedener Organe miteinander verglichen werden.

Stellt man etwa den Aufbau des menschlichen Beines dem eines Pferdes oder Affen gegenüber, so wird man leicht feststellen können, daß das Lagegefüge (Oberarm, Elle, Speiche) trotz der äußerlichen Unterschiedlichkeiten denselben Bauplan aufweist. Neben morphologischen gibt es auch noch physiologische Homologien (Stoffwechsel und chemische Homologien) sowie Homologien der Verhaltensweisen, die für die Verhaltensforschung von besonderem Interesse sind.

Der vor allem für den Homo sapiens relevante Begriff der Traditionshomologien wurde von Wolfang Wickler[32] geprägt. Traditionshomologien entstehen nicht wie die phyletischen Homologien durch genetische Übertragung, sondern erfolgen über das Gedächtnis. Sie sind jeweils auf einzelne Menschengruppen beschränkt. Ein Beispiel sind die unterschiedlichen Sprachbereiche.

Wesentliches Erkennungsmerkmal phyletischer Homologien von Verhaltensweisen ist ihr häufiges Auftreten bei nahverwandten Arten. Das von dem im 18. Jahrhundert lebenden französischen Naturforscher Georges Baron de Cuvier aufgestellte Korrelationsgesetz beinhaltet daher folgende Regel: Je mehr homologe Eigenschaften zwei Organismen aufweisen, desto enger ist ihre phyletische Verwandtschaft. Sie können darüber hinaus Aufschluß über gemeinsame Vorfahren geben.

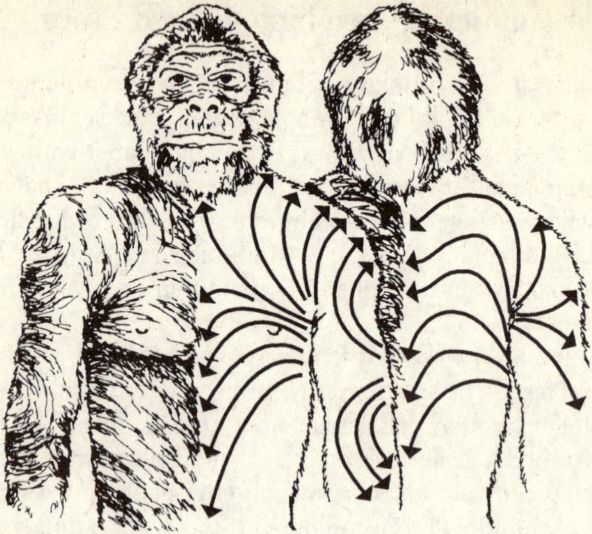

Abb. 5: Das Haarkleid als Rudiment.

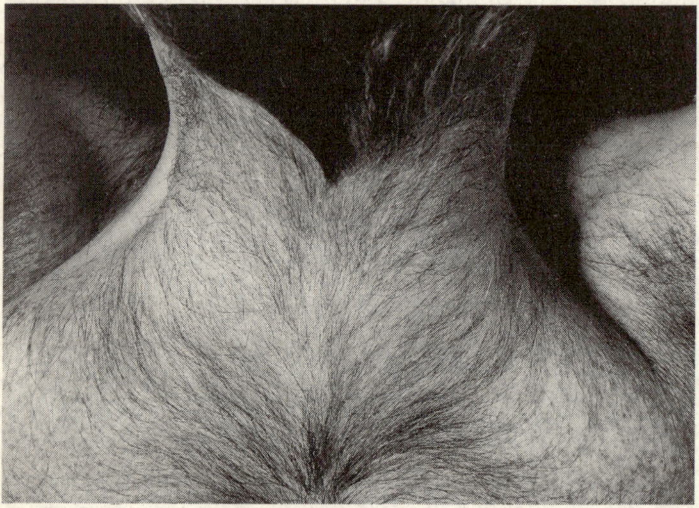

Abb. 6: Stellt man sich die dichte Körperbehaarung eines Mannes aufgestellt vor, gewinnt dieser deutlich an Größe.

Rudimente, das heißt Organe beispielsweise, die sich im Laufe der Zeit zurückgebildet haben, da sie nicht mehr gebraucht wurden, dienen Evolutionsforschern gleichermaßen, um sich ein Bild von der Entwicklung der Lebewesen machen zu können. So interpretierte Darwin etwa den am Innenrand des menschlichen Ohrs befindlichen Höcker als eine verkümmerte Form der Spitze eines Säugetierohres.

Eibl-Eibesfeldt nimmt an, daß auch die menschliche Körperbehaarung als Rudiment eines ursprünglichen Haarkleides anzusehen ist. Stellt man sich dieses nämlich hochgestellt vor, so gewinnt ein reichbehaarter Mann deutlich an Größe und vermittelt dadurch einen bedrohenderen Eindruck auf den Gegner.

Homologien sind von den sogenannten Analogien zu unterscheiden. Analogien sind Merkmale beziehungsweise Verhaltensweisen, die sich bei mehreren unterschiedlichen Arten dem äußeren Anschein nach zwar ähneln, deren Entstehungsgeschichte jedoch keine systematische, genetische Zusammengehörigkeit aufweist. So ist beispielsweise die ritualisierte Futterübergabe als beschwichtigende Geste sowohl bei Insekten als auch bei Vögeln und Schimpansen anzusehen. Der Mensch in analoger Weise bringt, so will es die Etikette, Geschenke mit, wenn er auf fremdem Territorium einen Besuch abstattet. Diese dem äußeren Anschein nach gleiche Verhaltensweise geht auf eine unterschiedliche Entstehungsgeschichte zurück. Bei Vögeln, Schimpansen und dem Menschen bildete sie sich ursprünglich aus der Brutpflege über die Mund-zu-Mund-Fütterung heraus. Da Insekten bekanntermaßen keine Brutpflege betreiben, hat sich die Überreichung von Geschenken schlicht als beste Annäherungsstrategie bei der Paarung entwickelt.

Homologie- und Analogieforschung stellen auf dem im folgenden beschriebenen Gebiet der Verhaltensforschung einen wichtigen methodischen Ansatz dar.

Die Verhaltensforschung

Biologische Aspekte der Partnerwahl zu erforschen sowie deren Gesetzmäßigkeiten, Regelmäßigkeiten und Voraussagbarkeit zu beschreiben, zählt auch zu dem Interessensgebiet der vergleichenden Verhaltensforschung, Ethologie genannt. Aus der Taufe gehoben wurde diese Forschungsdisziplin vor allem von den drei Naturwissenschaftlern Konrad Lorenz, Niko Tinbergen und Karl von Frisch. Verhaltensweisen, die bislang vorwiegend behavioristisch als angelernt interpretiert wurden, führten diese Wissenschaftler zum Teil auf stammesgeschichtlich erworbenes und auf Anpassung beruhendes Erbe zurück. Alle drei erhielten für ihre wissenschaftlichen Beiträge 1973 den Nobelpreis, ein Zeichen dafür, welch große Bedeutung der Ethologie zuzuschreiben ist.

Gegenstand der Verhaltensforschung ist nicht nur die Untersuchung der Zusammenhänge von Verhalten und Selektionswert, sondern auch die Erforschung der stammes- und individualgeschichtlichen Entwicklung der jeweiligen Verhaltensweisen. Indem die Ethologie ökologische, physiologische, genetische, aber auch morphologische Aspekte berücksichtigt, ist sie als interdisziplinär anzusehen.

Der Vergleich von Verhaltensweisen unterschiedlicher Arten hat zwar eine lange Tradition, die Bedeutung dieser Vorgehensweise wurde jedoch erst von Lorenz und Tinbergen erkannt. Wie wichtig es ist, ethologische Erkenntnisse aus dem Reich der Tiere auf den Menschen zu übertragen, darauf hat Lorenz zwar bereits mehrfach hingewiesen, in erster Linie ist es aber seinem Schüler Irenäus Eibl-Eibesfeldt zu verdanken, daß sich die Disziplin der biologischen Grundlagen *menschlichen* Verhaltens, die Humanethologie, anläßlich eines Kongresses 1969 etablieren konnte.

Die Kernfragen dieser Forschungsrichtung lauten: Warum verhält sich der Mensch so und nicht anders, welchen Selektionswert birgt dieses Verhalten in sich, aus welchem phyletischen Werdegang hat es sich herausgebildet und wie hat sich das Individuum diese Verhaltensweise angeeignet. Den alten Streit darüber, ob Verhaltensweisen angeboren oder erworben sind, löste Lorenz[33], indem er selbst *erlernte* Verhaltensweisen auf eine genetische Basis zurückführte. Der Begriff »angeboren« wird heute daher nicht mehr negativ als das »Nicht-Gelernte« definiert, sondern positiv »nach der Herkunft der Angepaßtheit bestimmt«[34], um mit Eibl-Eibesfeldts Worten zu sprechen. Sowohl der berühmte Behaviorist und Lerntheoretiker B. F. Skinner als auch Lorenz betonen – trotz ihrer völlig entgegengesetzten Forschungsansätze –, daß zwischen den Faktoren »angeboren« und »erworben« ein schwer auszumachender, schleichender Übergang besteht.

Eibl-Eibesfeldt begann vor über zwanzig Jahren weltweit über 25 verschiedene Kulturen zu bereisen, um ihr Verhalten in natürlicher Umgebung zu filmen. Zum Zeitpunkt der zweiten Auflage seines Werkes *Die biologischen Grundlagen menschlichen Verhaltens* im Jahre 1986 hat Eibl-Eibesfeldt genau 1568 Tage bei fremden Kulturen verbracht und rund 200 Kilometer an 16-mm Filmdokumenten erstellt. In seinem einmaligen Filmarchiv steht somit den Mitarbeitern der Forschungsstelle für Humanethologie, deren Leiter er ist, genügend Material zur Verfügung. Da die Erforschung der biologischen Grundlagen menschlichen Verhaltens zahlreiche Fragestellungen aufwirft, die zwingend nur von unterschiedlichen Disziplinen beantwortet werden können, gehören zu den Mitarbeitern dieser Forschungsstelle Mediziner, Linguisten, Anthropologen, Völkerkundler, Zoologen und Kunsthistoriker. Die enge Zusammenarbeit ermöglicht optimale Voraussetzungen für ihre Forschungstätigkeit.

Kernstück der Humanethologie ist es, wie in der Ehtologie allgemein, Verhaltensweisen herauszukristallisieren, die sich den momentanen Umweltbedingungen am besten angepaßt haben und deren Träger somit folgerichtig die meisten mit diesem bewährten Erbgut ausgestatteten Nachkommen hinterlassen.

Hierzu müssen die Individuen ein reales Abbild ihrer Umweltbedingungen verinnerlicht haben. Diese Informationen sind im Laufe der Phylogenese durch die Auseinandersetzung mit der Umwelt gewonnen worden. Nach Lorenz ist die Art und Weise, wie Umwelt gesehen wird, stammesgeschichtlich erworben und in Abhängigkeit des Überlebenswertes genetisch weitergegeben worden.

Diese Erkenntnis stellt den Verhaltensforscher nun freilich vor ein großes Problem, dreht er sich doch bei seinen Beobachtungen, Beschreibungen und Erklärungen, vor allem wenn sie den Menschen betreffen, im Kreise. Er wird nur auf Dinge aufmerksam, die auch für ihn selbst eine stammesgeschichtliche Bedeutung haben, und durch die Beschreibung gewinnt das Beobachtete wiederum an Wichtigkeit. Ihm geht es da nicht anders als dem Sprachwissenschaftler, der das Phänomen Sprache mittels Sprache untersucht.

Dazu ein kurioses Beispiel: Völkerkundler bereisten eine Kultur, die mit dem sogenannten zivilisierten Westen bislang noch kaum in Berührung gekommen war. Um unter anderem auch die Reaktion der dort wohnenden Menschen auf die Vielfalt fremder Eindrücke zu testen, führten sie ihnen einen Film vor, der die gängige Atmosphäre einer hiesigen größeren Ortschaft zeigte. Da fuhren Autos, wanderten Menschen durch das Bild, sah man Geschäfte und vieles mehr. Der anschließenden Frage, was sie denn nun eigentlich in dem Film gesehen hätten, standen die Ureinwohner etwas ratlos gegenüber, bis eine zaghafte Antwort auf ein Huhn verwies. Das war alles, sie bemerkten nur ein Huhn, das den Forschern selbst bei ihren Dreharbeiten nicht aufgefallen war. Bei mehrmaligem Zurückspulen des Films wurden auch sie des Huhns fündig, das am unteren Bildrand kurz entlangspazierte.

Jede ethologische Unterschung beginnt mit der Erstellung eines Ethogramms, so nennt man die Verhaltenskataloge, in denen die Verhaltensweisen, die von Interesse sind, zunächst einmal dokumentiert und beschrieben werden. In einem weiteren Schritt werden die Beobachtungen in Kategorien je nach Fragestellung zusammengefaßt und definiert, indem Kontext und Zeit sowie die Kommunikationspartner mit berücksichtigt werden.

Findet man diese Verhaltensweisen in gleicher Form und Funktion vielerorts, unabhängig von Kultur und Rasse, halten sie gar einem zwischenartlichen Vergleich stand, so wird der Verhaltensforscher sie nach den oben genannten Gesichtspunkten »Nutzen, Ursache und Werdegang« untersuchen.

Die Soziobiologie

Organismen, die nicht für die Verbreitung ihrer Gene sorgen, sterben aus. Das Bestreben eines jeden Organismus sollte es daher sein, neben dem eigenen Überleben die bestmöglichen Chancen zur Fortpflanzung zu ergreifen und/oder über Verwandtschaftsbeziehungen für die Ausweitung eigener Gene zu sorgen – diese Annahme ist für Soziobiologen Ausgangspunkt der Forschungstätigkeit. Ihr Fachbereich, die Soziobiologie, ist im letzten Jahrzehnt aus der Ethologie hervorgegangen. Sie verbindet Erkenntnisse aus der Verhaltensforschung, der Ökologie, also dem Ineinanderwirken von Organismen und Umwelt, sowie der Genetik und bewegt sich dabei jedoch eher im theoretischen Rahmen, indem sie Modellbildungen vornimmt. Es sind vor allem rechnerische Modelle, mit deren Hilfe unser Sozialverhalten schlicht als eine einfache Kosten-Nutzen-Rechnung entlarvt werden soll. Meßlatte ist hierbei immer der Grad der Energie, den ein Organismus für das Überleben der eigenen

Gene aufwenden muß. Sobald eine erfolgreiche Nachkommenschaft die Energiekosten übersteigt, zahlt sich die Rechnung in der Natur nicht mehr aus. Das gilt für alle Lebewesen, dafür hat die Evolution gesorgt.

Als Edward Wilson mit seinem Buch *Soziobiology* 1975 die Soziobiologie zur eigenen Disziplin erhob, schlugen vor allem Sozialwissenschaftler Alarm. Neben zahlreichen anderen Lebewesen würde auch der Mensch hier schlichtweg als eine biologische Population betrachtet, dies sei nicht gerechtfertigt. Wir seien schließlich in erster Linie Produkte unserer Kultur und könnten uns so über unsere biologischen Erbmassen hinwegsetzen. Was die Kritiker so herausforderte, war nicht zuletzt die Tatsache, daß sich Soziobiologen auch in scheinbar rein sozialwissenschaftliche und psychologische Themen wie Altruismus, Territorialverhalten, Kindesmord, ja sogar in Religionstheorien einmischten. Sie konnten hierbei äußerst einleuchtende Erklärungssätze bieten, die aufzeigen, wie sehr wir noch mit unseren stam-

Abb. 7a: Flirt einst . . .
Die biologischen Wurzeln unseres Sozialverhaltens liegen weit zurück.

mesgeschichtlichen Anpassungsprozessen behaftet sind. Das heißt jedoch nicht, Soziobiologen würden die kulturelle Entwicklung vernachlässigen. Im Gegenteil, sie tun es Humanethologen gleich, indem sie das enge Zusammenspiel von kulturellem und genetischem Gut betonen. Nach Wilson hat sich die genetische Evolution des menschlichen Sozialverhaltens weitgehend während der fünf Millionen Jahre *vor* der eigentlichen Zivilisation vollzogen, als unsere Vorfahren noch überwiegend Sammler und Jäger waren. Erst mit Beginn des Ackerbaues vor ungefähr 5000 bis 10 000 Jahren setzte die kulturelle Evolution ein.[35]

Unser Sozialverhalten hat sich somit vor langer, langer Zeit entwickelt – und nicht erst mit der kulturellen Evolution. Auch in genetischer Hinsicht haben wir uns, so gibt Wilson an, während unserer fünf Millionen Jahre alten Geschichte kaum verändert. Zu unserem Sozialverhalten gehört selbstverständlich auch die Partnerwahl. Im Sinne Wilsons verfahren wir daher bei unserer Partnerwahl nach Strategien, die sich schon dem Australopithecus, dem Rampithecus und

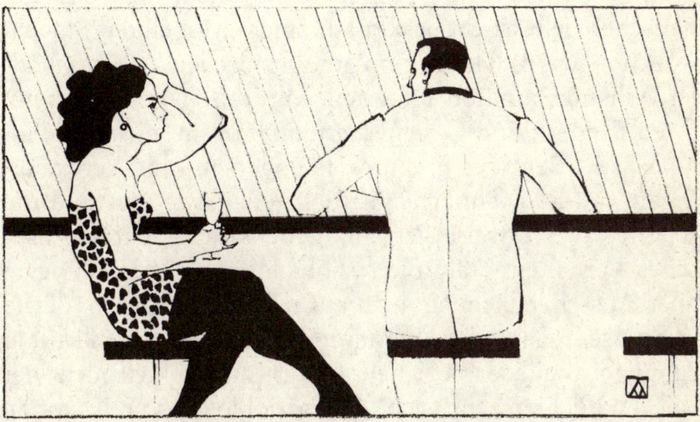

Abb. 7b: . . . und jetzt
Nichts hat sich geändert.

dem Homo erectus als nützlich erwiesen haben. Das klingt, so kraß formuliert, freilich absurd. Diese Überlegung umfaßt jedoch die enorme Tragweite soziobiologischer Denkweise.

Liebe deinen Nächsten

Es wird uns bestürzen, aber selbst unser »menschlichstes« Verhalten, die Nächstenliebe, Altruismus genannt, fiel soziobiologischen Rechenmodellen zum Opfer. Wir helfen nicht uneigennützig, sondern weil sich aus der guten Tat durchaus Profit ziehen läßt, meinen Soziobiologen. Zur Erklärung dieser zunächst fraglich anmutenden Aussage muß ich weiter ausholen:

Neben der direkten Selektion, die sich an der Zahl der unmittelbaren Nachkommen orientiert *(inclusive fitness)*, gibt es auch die indirekte Selektion. Mittels ihrer vermag ein Individuum, sollte seine eigene Kosten-Nutzung-Rechnung, etwa aus Alters- oder Krankheitsgründen, nicht aufgehen, seinen Genen, die es bekanntlich mit seinen Verwandten teilt, dadurch zur Verbreitung verhelfen, daß es die Verwandten unterstützt. In der Soziobiologie spricht man daher von der *Kin selection**. Die Definition der Nächstenliebe als »genetische« Selbstsucht basiert auf einem Modell der Sippenselektion, das 1964 von dem amerikanischen Wissenschaftler William Hamilton aufgestellt wurde. So teilen Eltern mit ihren Kindern und Geschwistern 50 Prozent, mit ihren Enkeln 25 Prozent des Erbgutes. Je enger nun die Verwandtschaft ist, desto ähnlicher ist das genetische Gut und um so effektiver erweist sich aus genetischer Sicht altruistisches Verhalten. Träfe die soziobiologische Vorstellung in aller Ausschließlichkeit auch auf uns Menschen zu, dürfte sich unsere Gabe der Selbstaufopferung ausschließlich auf Familienmitglieder beziehen. Das ist zum Glück nicht der Fall – und hier zeigt sich, daß soziobiologische Theorien

* kinship = engl. Verwandtschaft

durchaus kritisch zu sehen sind. Eibl-Eibesfeldt stellt sich gegen eine reine Individual- und Verwandtschaftsselektion, indem er darauf hinweist, wie wichtig für uns die soziale Einbettung in das Gruppenleben ist. Dafür haben wir, so der Verhaltensforscher, bestimmte Umgangsformen entwickelt, die ein harmonisches Zusammenleben ermöglichen. Neben den Strategien der Aggressionsabblockung ist aus dem Brutpflegeverhalten heraus auch die Fähigkeit der Nächstenliebe hervorgegangen. Sie erlaubt es ihm, »auch Nichtblutsverwandte in Gruppen so eng an sich zu binden, daß diese nunmehr als Einheiten auftreten, selbst wenn dies gegen die Interessen vieler Individuen geht«.[36] Des weiteren habe die stammesgeschichtlich-emotionelle Basis des Familiensinns durch die kulturelle Entwicklung eine Erweiterung zum Gruppenethos erfahren. Empirische Nachweise für altruistische Handlungen beim Menschen, die in einer Ausschließlichkeit auf Verwandtschaftsbasis bezogen sind, seien bislang gescheitert. Gefunden wurde eher der enge Zusammenhalt innerhalb einer festen Gruppe, egal, ob deren Mitglieder biologisch verwandt sind oder sich sozial nahestehen, merkt Eibl-Eibesfeldt kritisch an.

Haben Mächtige mehr Kinder?

In der Natur kann man allgemein von folgendem Zusammenhang ausgehen: Je stärker ein Individuum ist, desto mehr Nachkommen hat es. Das soll nun auch, überträgt man diese Grundannahme uneingeschränkt, für uns Menschen gelten. Der Wissenschaftler Daniel Vining von der University of Pennsylvania ist da völlig anderer Meinung. Dieses Verhältnis habe sich, so sein berechtigter Einwand, seit dem Zweiten Weltkrieg irreversibel geändert. Je reicher und mächtiger eine Gesellschaft sei, desto weniger Nachkommenschaft könne sie aufweisen. Mit dieser Äußerung löste er im soziobiologischen Lager verständlicherweise eine heftige Debatte aus. Daly und Wilson[37] halten ihm entgegen, der

Mensch habe sich mit einer neuen Umgebung nun vor allem auf psychologischer Ebene auseinanderzusetzen, in der die optimale Anpassung nicht mehr unbedingt einen größtmöglichen Kinderreichtum erfordere. Eine vorübergehende Abnahme der Geburten hält auch Eibl-Eibesfeldt[38] durchaus für eine angemessene Anpassung an die momentanen Bedingungen, vor allem im übervölkerten Westeuropa. Vielmehr sei hier in die Qualität der Nachkommen zu investieren, ihnen beispielsweise eine gute Ausbildung zu ermöglichen und so einen guten Status zu bewirken. Die Reproduktion erfolgt demzufolge nach zwei Kriterien: nach der Quantität, der sogenannten r-Strategie (r = *reproductive rate*), und der Qualität, der K-Strategie (K leitet sich ab von *capacity*). Kommt die r-Strategie zum Zuge, bemüht sich jedes Individuum um möglichst viele Nachkommen. Das ist dann der Fall, wenn, wie etwa bei Wasserschildkröten, die Menge des Nachwuchses durch natürliche Umstände, hier durch Freßfeinde, gebremst wird.

Sollen wenige und möglichst gute Nachkommen den Genen das Überleben ermöglichen, ist die K-Strategie bestimmend. Ganz allgemein kann man davon ausgehen, daß höhere Lebewesen eher zu K-, niedrigere eher zu r-Strategien neigen.

Überträgt man diese Annahme auf den Menschen, kann dies unter Umständen zu schweren Mißverständnissen führen. In einer Studie, die der durchaus umstrittene kanadische Wissenschaftler Philippe Rushton mit seinem Kollegen Anthony Bogaert durchführte, wurde die Reproduktionsrate Weißer mit der von Schwarzen verglichen. Den Wissenschaftlern zufolge tendieren Weiße eher zur K-Strategie, während Schwarze mehr in die Menge der Nachkommenschaft investieren. In Anbetracht der oben erwähnten Klassifizierung schürt ein solches Untersuchungsergebnis nur weiter die Rassendiskriminierung an. Selbst wenn es wissenschaftlich noch so überzeugend klingen mag, die Anwendung soziobiologischer Theorien auf den Menschen darf nur mit allergrößter Vorsicht geschehen.

Kehren wir nun zurück zum Gelehrtenstreit, den Vining ausgelöst hat. Es gibt zwei amerikanische Wissenschaftler, Jerome Barkow und Nancy Burley, die allen Ernstes behaupten, die weibliche Intelligenz sei für die sinkenden Geburtenziffer verantwortlich. So habe die Einsicht des weiblichen Geschlechts in den Zusammenhang Eisprung–Fruchtbarkeit–Empfängnis dazu geführt, daß Frauen zur Vermeidung der Strapazen, die eine Geburt, das Austragen und Großziehen von Kindern mit sich bringen, bewußt Schwangerschaften verhindern und damit Nachkommenschaft streng kontrollieren. Intelligenz sei daher, so die besagten Wissenschaftler, zumindest bei Frauen ein großer Nachteil – sie strebten nicht ausreichend danach, die Tradierung ihrer Gene fortzusetzen.

Dies impliziert jedoch auch, daß mehrere Jahrhunderte vergehen mußten, bis die »große Erleuchtung« kam – denn erst seit Ende des Zweiten Weltkrieges geht die Geburtenzahl zurück. Weitaus plausibler klingt es dann schon, wenn Barkow[39] später meint, Frauen genössen in fortschrittlichen Gesellschaften mehr Freiheit, erlangten überdies wirtschaftlich eine größere Unabhängigkeit und könnten sich somit dem männlichen Druck, möglichst viele Kinder zu bekommen, immer mehr widersetzen. William Irons widerspricht hier: Die Anpassung an die Natur würde niemals einen Weg einschlagen, der zur Ausrottung führt. Der Kinderwunsch sei bei Frauen allgemein vorhanden, gleichgültig wie intelligent sie seien. In diesem Zusammenhang verweist er auf das ansprechende Kindchenschema, welches den unmittelbaren Wunsch hervorrufe, Kinder zu bekommen. Barkow und Burley wiederum vertreten jedoch die Ansicht, der Kinderwunsch sei spätestens nach zwei Kindern weitgehend befriedigt. Irons argumentiert dagegen: Es handele sich bei der sinkenden Geburtenziffer nicht um mangelnden Kinderwunsch, vielmehr würde der Mensch in den westlichen Industrieländern neuerdings mehr in »Qualität« als in »Quantität« investieren – ein Wandel also von der r- zur K-Strategie sei zu verzeichnen. Nach Dawkins[40] entbehre die heutige Umgebung sämtlicher Natürlichkeit, eine klassisch darwinistische Ansichtsweise – der Stärkere überlebt – sei somit nicht mehr »up to date«. Der Mensch könne heute seinen phänotypischen (äußerlichen) Interessen nachgehen und müsse nicht mehr allzusehr auf genotypische (biologische, also innerliche) Interessen Rücksicht nehmen, meinen die beiden prominenten Anthropologen. Phänotypische, äußerliche Veränderungen vollziehen sich schnell. Wollen wir uns diesem schnellen Wechsel möglichst effektiv anpassen, so sind wir gezwungen, unsere genotypische Entwicklung dabei etwas zu vernachlässigen. Das gilt – so denke ich – hauptsächlich für das weibliche Geschlecht. Immer mehr Frauen absolvieren eine längere Ausbildung und streben anschließend wirtschaftliche Unabhängigkeit an, indem sie arbeiten. Ich mache die Einspannung in das Berufsleben im wesentlichen für den Rückgang der Geburtenziffer verantwortlich. Frauen opfern somit unter anderem aus zeitlichen und beruflichen Gründen (phänotypischen Interessen) ihre »maximale« Gentradierung (genotypische).

Dawkins betont noch einen weiteren Faktor, der für den vermeintlichen Widerspruch soziobiologischer Grundannahmen verantwortlich sein mag: die durch das Gesetz vor allem im Christentum vorgeschriebene Einehe, die der konsequenten Praktizierung der menschlichen Reproduktionsstrategie (vor allem der des Mannes) nicht gerade entgegenkommt. Bei Lebewesen, die zahlreiche Partnerschaften eingehen, hat sich indes gezeigt, daß der jeweils Stärkste und über alle Dominierende die meisten Nachkommen hat. So konnten die im 19. Jahrhundert lebenden Mormonenführer stolz auf durchschnittlich 25 Kinder blicken, selbstverständlich mit unterschiedlichen Frauen. Wie sähe also unser Kinderreichtum aus, erlaubten unsere an das Christentum angelehnten Gesetze die Mehrehe? Aus diesem Grund schlägt Dawkins dem Kritiker Vining vor, seine Studien bei Kulturen zu replizieren, die polygam leben.

Mit Recht fragt sich nun der Leser, warum in aller Welt eine derart umstrittene Wissenschaft gerade bei dem Thema Partnerwahl so gebührend zu Wort kommen soll. Bereits ein kleiner oberflächlicher Einblick in das Gebiet scheint für das Urteil zu genügen: So schön und plausibel die Soziobiologen ihre Modelle auch ausgefeilt haben, geltend machen können sie sie gerne überall im Tierreich, nicht aber bei uns Menschen!

Der obige Auszug der Streitfrage über das Verhältnis von Macht und Nachkommenschaft beim Menschen hat jedoch auch verdeutlicht, daß Soziobiologen durchaus einsehen, wie unabdingbar sie unsere kulturelle Entwicklung in ihre Überlegungen miteinbeziehen müssen. Auf die Thematik der Partnerwahl bezogen, vertritt die Soziobiologie jedoch Theorien, die auch empirisch vor allem von Sozialpsychologen bestätigt wurden.

Die Kommunikation

Die zwischenmenschliche Kommunikation ist wichtiger Gegenstand der Verhaltensforschung. Ihr sei im folgenden nun besondere Aufmerksamkeit gewidmet, da sich Partnerwahl doch letztlich mittels ihr vollzieht.

Wir können uns mit Sprache mitteilen, aber auch über den Körper durch Mimik und Gestik. Was sich zwischen uns über das Auge abspielt, wird visuelle Kommunikation genannt. Darüber hinaus verfügen wir über die geruchliche Kommunikationsform, die sich aus Gerüchen, und die taktile Kommunikationsform, die sich aus körperlichen Berührungen ergibt. Letztere spielt bei der Partner*wahl* zunächst keine Rolle und wird daher in diesem Kapitel vernachlässigt.

Kommunikation beinhaltet unter anderem einen Austausch unterschiedlicher Signale zwischen Menschen, die im Idealfall in ihrer Interpretation aufeinander abgestimmt sind – andernfalls sind keine Verständigungsmöglichkeiten gegeben.

Bei sooft gestellten Fragen wie: »Was hat sie/er, was ich selbst nicht habe?«, »Warum übt sie/er einen so großen Reiz auf das andere Geschlecht aus?«, »Warum finde ich ausgerechnet diesen Menschen so anziehend, beziehungsweise abstoßend?«, ist eine Antwort nicht zuletzt im Zusammenwirken aller Aspekte der eben genannten Kommunikationsformen zu finden.

Die visuelle Kommunikation

Wir sprechen bekanntlich nicht nur mit Worten, sondern auch mit unserem Körper. Die Körpersprache ist dabei nicht als bloße Begleiterscheinung der gesprochenen Sprache anzusehen – im Gegenteil: Da sie zum Teil nur schwer kontrollierbar ist, vermittelt sie sich oftmals unmittelbarer und erhält damit eine ehrlichere Aussagekraft. Die Zeichen bzw. Signale, die der Körper ausstrahlt und die mit den Augen wahrgenommen werden, spielen bei der Partnerwahl nicht nur überall im Tierreich, sondern auch bei uns Menschen eine außerordentlich wichtige Rolle.

Zu den stammesgeschichtlichen Anpassungen zählen unter anderem angeborene Reaktionen auf Schlüsselreize, die sogenannten angeborenen Auslösemechanismen (AAM)*. Der menschliche Organismus filtert hierzu aus der Unsumme aller Reize diejenigen heraus, die für ihn von besonderer Relevanz sind. Auf die für ihn wichtigen Reize rea-

* Signale, die speziell der sozialen Kommunikation dienen, bezeichnen Biologen als »Auslöser«.

giert er in stets ähnlicher Weise – auf manche, etwa auf das Lächeln, sogar beinahe reflexhaft. Aufgrund der angeborenen Fähigkeit, Signale zu entschlüsseln – ganz gleich, ob wir von Geburt an auf sie reagieren (wie auf das Lächeln) oder ob wir im Laufe unseres Lebens ihre Bedeutung erkennen lernen (etwa die der Signale der Flirtbereitschaft) –, stellen sie eine Brücke zu Menschen unterschiedlicher Kulturen dar.

Damit verschiedenartige Verhaltensweisen Signalcharakter erhalten können und in ihrer Bedeutung sofort erkannt werden, erfahren sie im Rahmen eines Ritualisierungsprozesses eine starke Vereinfachung. Einhergehend ist eine rhythmische Wiederholung in Verbindung mit Übertreibungen. Ritualisierung beinhaltet unter Berücksichtigung der oben genannten Faktoren »Vereinfachung«, »Betonung« und »Wiederholung« die Abwandlung einer Verhaltensweise zu einer Symbolhandlung. Eibl-Eibesfeldt, um ein Beispiel zu nennen, beobachtete kulturunabhängig, daß das Verbergen des Gesichtes hinter der Hand – ursprünglich eine Versteckbewegung – durch eine leichte Abwandlung zum Ausdruck von Verlegenheit geworden ist. Daß bei Kindern häufig zu beobachtende Zungezeigen als Zeichen der Ablehnung oder Verspottung hat sich, so Eibl-Eibesfeldt, ursprünglich aus einer Geste der Nahrungsverweigerung herausgebildet. Säuglinge und Kleinkinder weisen nämlich dargebotene Nahrung zurück, indem sie sie mit der Zunge wieder herausschieben. Das spielerische, in Flirtsituationen neckisch wirkende »Züngeln«, bei dem die Zunge nur andeutungsweise aus dem Mund, meist auf die Oberlippe geschoben wird, führt der Verhaltensforscher auf das »Lecken« zurück, einer Verhaltensweise, die sich ursprünglich aus der Brutpflege ableiten läßt.[41]

Wie unser Organismus, stammesgeschichtlich angepaßt und neuronal angelegt, auf die jeweiligen Signale im Rahmen des Auslösemechanismus reagiert, wird von Ethologen unter dem Begriff »Sollmuster« behandelt. In ihnen wurden sämtliche im Laufe der Phylogenese gesammelten Erfahrungswerte, die sich für unser Überleben als nützlich erwiesen haben, vereint. Aber auch die Erfahrungen, die wir individuell im Leben gemacht haben, führen zu neuronalen Verkettungen. Diese stammesgeschichtlichen und individuellen Sollmuster werden »Templates« genannt.

Sehen wir einen Menschen zum ersten Mal, so werden wir seine Erscheinung mit den eben genannten Mechanismen beurteilen – wie eigene Untersuchungen gezeigt haben, vollzieht sich dieses Abchecken durch die »Vermittlung« der Templates in nur wenigen Sekunden. Signale, die das Gegenüber bewußt oder unbewußt sendet, fallen bei uns sozusagen in ein Raster – je auffälliger sie sind und je besser wir sie aufgrund unserer individuellen Erfahrung oder auch unserer angeborenen Disposition einschätzen können, desto schneller machen wir uns ein Bild von der betreffenden Person.

Signale können bedrohen und abschrecken. Beim sogenannten Drohstarren wird das Gegenüber solange mit den Augen fixiert, bis es dem »visuellen« Angriff nicht mehr standhalten kann. Experimenten zufolge senkt bei einem Gespräch jeweils der Rangniedrigere als erster den Blick. Diese Wirkungskraft von Augen können sich auch Tiere zunutze machen, auf deren Haarkleid oder Fell zur Abschrekkung von Feinden Augenmuster abgebildet sind. Selbst wir Menschen versuchen mit der Darstellung von Augenmustern Feinde abzuschrecken (beispielsweise vor Tempeleingängen oder auf Besitz- und Gebrauchsgegenständen wie auf Booten oder Tongefäßen).

Der Wissenschaftler E. H. Hess legte Versuchspersonen zwei Fotografien von ein und derselben Frau vor. Auf einer Abbildung waren die Pupillen der Frau künstlich verkleinert, auf der anderen künstlich vergrößert. Das Ergebnis: Verengte Pupillen wirken, das gaben die Testteilnehmer übereinstimmend an, unsympathischer und kälter.

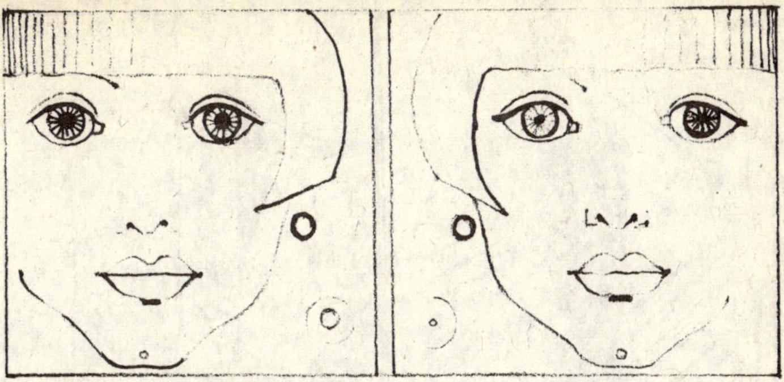

Abb. 8: Pupillenerweiterung
Allein die Größe der Pupillen übt einen erheblichen Einfluß auf die gegenseitige Einschätzung aus: Große Pupillen führen eher zur Sympathie als kleine.

»Zeig ihm die Zähne«, ein aggressiv anspornender Ausspruch weist auf ein anderes Signal der Abschreckung hin: die Zähne. Vor allem deutlich hervorstehende, spitze Eckzähne haben einen einschüchternden Effekt. Johanna Uher bestätigte die beunruhigende Wirkung zackiger Formen beziehungsweise Muster als Ableitung spitzer Eckzähne. Wellenmuster werden, ihren Untersuchungen zufolge, wesentlich angenehmer empfunden als Zickzackformen.

Als weiteres Signal der Abschreckung dient allen Primaten, also auch uns Menschen, der erigierte Penis. In verschiedenen Völkern Neuguineas beispielsweise wird der Penis mit Hilfe einer Hülle, der Calebasse, optisch vergrößert. In Schreckens- oder Überraschungsmomenten klicken die Männer dann mit dem Daumennagel gegen die Penishülle, um dadurch die Gefahr zu bannen. Der Phallus als Kunstobjekt, wie man ihn vor Tempelbauten oft sehen kann, galt ursprünglich als reines Symbol der Fruchtbarkeit. Die Kunsthistorikerin Christa Sütterlin weist jedoch darauf hin, daß der erigierte Penis als kulturelle Umsetzung angeborener Dispositionen durchaus auch als Abschreckungssignal vor dem Bösen zu interpretieren ist.

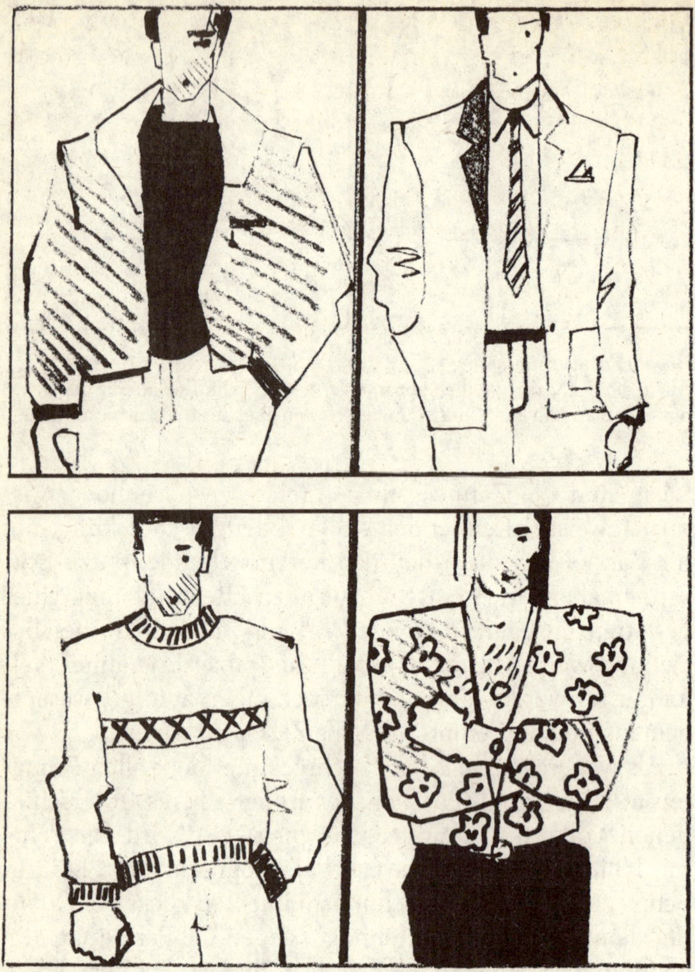

Abb. 9a–d: Unser Urteil – am Outfit gemessen. Wie würden Sie entscheiden? Wer ist ehrlich, konservativ, humorvoll, seriös, verspielt, künstlerisch orientiert, alternativ ...?

Von den »Äußerlichkeiten«, das heißt von visuell wahrnehmbaren Signalen, geraten wir, die zunächst unentdeckte Persönlichkeit des Gegenübers betreffend, schnell zu Vorurteilen. In ihnen spiegeln sich selbstverständlich auch gesellschaftliche Klischees wider: Träger von Gesundheitssandalen gelten gemeinhin als alternativ, Brillenträger halten wir eher für intellektuell, kahlgeschorene Skinheads mit Lederkluft schließlich für brutal.

Der Soziobiologe R. H. Wiley geht davon aus, daß sich Signale vor allem durch Manipulation, also durch die Vortäuschung »falscher Tatsachen«, herausgebildet haben.

Dies trifft insbesondere auf das Tierreich zu. Bis zum äußersten hat hier die Evolution das Täuschungsmanöver getrieben: So behindert manch Vogelmännchens schmuckes Gefieder, das es sich zugelegt hat, um dem Weibchen möglichst effektvoll imponieren zu können, erheblich beim Fliegen. Effekthascherei, durch die das andere Geschlecht verführt werden soll, hat auch oft bei uns Menschen Unannehmlichkeiten zur Folge. Man denke nur an die Wespentaille, welche die als Maßstab für Weiblichkeit geltende Hüfte um so ausgeprägter erscheinen läßt, oder an die geschnürten Füße, mit denen sich Chinesinnen plagten, um mit »Kindlichkeit« dem männlichen Geschmack gerecht zu werden. Die langen, das Gesäß betonenden Reifenröcke waren zu Rokokozeiten bestimmt genauso unbequem wie unsere knappen Miniröcke heute, deren Enge ein normales Gehen oft nicht zuläßt, von knallengen Hosen, die Hinterbacken hervorstechen lassen, ganz abgesehen.

Auch das Gesicht kann einer manipulativen Schönerung unterzogen werden. Gesunden Teint und jugendliche Frische erwirbt dann so manche Frau erst durch Make-up und Rouge. Täuschend echt werden die Lippen vergrößert, und mit Lidstrich und Wimperntusche wird die Signalwirkung der Augen erhöht.

Auch die Industrie weiß zur Verbreitung ihrer Produkte, in

Abb. 10: Die enge Taille – mühsame Verschönerung im Dienste der Manipulation.

manipulativer Weise, die Wirkung von Signalen einzusetzen. Oftmals stehen sie in keinem direkten Zusammenhang mit dem eigentlich angebotenen Produkt, fördern aber die Kauflust beträchtlich. Nicht zuletzt sind es zumeist Auslöser weiblicher sexueller Art, die vor allem dem männlichen Kunden den entscheidenden Anreiz geben sollen. Da rekelt sich auf dem Autoreifen eine kurvenreiche Dame. Oder ein Sekthersteller verspricht in einem Werbespot gelungene Feste und zeigt dazu eine Frau mit tiefausgeschnittenem Dekolleté. Der so muskulöse wie häßliche Meister Propper, dessen Körpermerkmale jedoch Kraft und Energie verheißen, ent-

Abb. 11: Reifenröcke betonen das Gesäß zu Rokokozeiten.
© (11+12) Mode-Woche-München

Abb. 12: Der knallenge Minirock gewährt den Blick auf wohlgeformte Beine.

puppt sich als Idealpartner für die Hausfrau im Kampf gegen Schmutz und Dreck. Eine ansprechende Männerbrust wird Frauen, die ein bestimmtes Parfüm benutzen, erfolgreich in Aussicht gestellt. Und auch das so effektive Kindchenschema weiß die Werbebranche einzusetzen. Ein Automobilhersteller beispielsweise appelliert an Herz und Geldbeutel, indem er die Geborgenheit eines kleinen schlafenden Kindes im sicheren Auto mit schöner Musik untermalt. Oder eine Geschirrspülmaschine wird als die »stille Kraft« angeboten. Auf ihr sitzt – die eigentlichen Signale ausstrahlend – ein nur mit Unterhose bekleideter Mann, selbstverständlich muskulös (als Zeichen von Kraft), der in seinen Armen ein kleines schlafendes Kind hält. Freude schließlich und allerhöchste Zufriedenheit mit einem Produkt vermitteln die Signale »Lachen« und »Lächeln«.

Mit Hilfe von Signalen versuchen alle Lebewesen vor allem aber auch Konkurrenten des eigenen Geschlechts zu überbieten, um so beim anderen begehrten Geschlecht Eindruck zu erwecken. Signale stehen daher insbesondere im Dienst der Partnerwahl.

Der Duft

Gerüche lassen Lebewesen einander erkennen und verraten, etwa bei Ratten und Hausmäusen, die Gruppenzugehörigkeit. Sie dienen manchen Vögeln zur Kursbestimmung. Brieftauben, so vermuten Wissenschaftler, erriechen ihren heimatlichen Standort. Auch Fische, wie den Lachs, lotst ein ausgeprägter Geruchssinn in ihre ursprünglichen Gewässer zurück. Und mit Duftstoffen markieren Tiere ihr Territorium, alarmieren sie, legen sie Spuren, blocken sie Aggressionen ab – und locken sie den Partner herbei.

Gerüche, die bestimmte Botschaften beinhalten, nennt man Pheromone. Eibl-Eibesfeldt[42] zufolge entwickelten sie sich nach dem Auslöser-Prinzip (AAM) und stehen somit, in wechselseitiger Anpassung, im Dienste der Kommunikation.

Der Einfluß von Gerüchen im zwischenmenschlichen Bereich ist bei weitem bedeutsamer als gemeinhin angenommen. Die Kommunikation über die Nase, so Wissenschaftler, spielt sich auf eher unbewußter Ebene ab. Gerüche stehen nämlich in engster Verbindung mit unseren emotionalen Empfindungen und verweilen daher besonders intensiv in unserem Langzeitgedächtnis.[43]

Über geruchliche Barrieren können wir uns im zwischenmenschlichen Bereich daher nur selten hinwegsetzen. Einem Menschen, »den wir nicht riechen können«, bringen wir wohl kaum uneingeschränkte Sympathie entgegen. Guter Geruch hingegen steigert die Erfolgsaussicht, vor allem beim anderen Geschlecht. Nicht zuletzt aus diesem Grund erfreuen sich Parfümhersteller seit eh und je eines derart reißenden Absatzes ihrer Produkte. Die Düfte für die Frau werden mit Assoziationen wie blumig, geheimnisvoll, frisch und süß angepriesen, die für den Mann mit Vorstellungen wie Verwegenheit und wilder Frische. Bis noch vor nicht allzu langer Zeit waren es in der Hauptsache Frauen, die sich parfümierten, um den eigenen Körpergeruch zu verdecken. Bereits in der Renaissance sollen reiche Adelsherren ihren Boten aufgetragen haben, Geruch und Atem der Auserwählten auf »Qualität« zu überprüfen. Schlechte Ausdünstung galt damals zu Recht als Hinweis auf versteckte Krankheiten.

Männer hingegen verließen sich bislang überwiegend auf ihren eigenen Geruch und kosteten dessen erotische Wirkung aus. In einigen Gebieten Österreichs sowie im Mittelmeerraum wedeln Männer beim Tanz, laut Eibl-Eibesfeldt[44], Frauen Tücher vor der Nase hin und her, die sie zuvor in der Achselhöhle getragen haben. Männerdüfte aus der Spraydose oder Flasche haben, so meint er weiter, erst in den letzten Jahren einen erheblichen Aufschwung erzielen können, um eine »geruchliche« Tarnung in einer anonymen Gesellschaft zu erreichen.

Jeder von uns trägt seine eigene genetisch bedingte Duftnote. Hauptquelle des Odeurs sind die Achselhöhlen, was aller Vermutung nach mit dem aufrechten Gang des Menschen zu tun hat.[45]

Die Schweißdrüsen (vor allem apokrine Drüsen) unter den Achseln sind verhältnismäßig groß und sondern eine milchige, geruchliche Substanz direkt als Sekret durch entsprechende Ausfuhrgänge der Haut ab. Die Haare verstärken die geruchliche Wirkung, ein Entfernen der Haare vermindert dementsprechend die Intensität.

Duftdrüsen befinden sich in allen körperlichen Regionen, die für uns auch in sexuell-erotischer Hinsicht von Bedeutung sind, das heißt in den erogenen Zonen. Hierzu gehören die Brustwarzen, dic Lippen, die Ohren, die Augen und der Schamberg.

Sogenannte ekkrine Drüsen hingegen geben eine wäßrige Substanz durch die Zellmembran hindurch ab und sind für die Regulierung der Körpertemperatur verantwortlich.

Der aus den apokrinen Drüsen frisch ausgetretene Schweiß ist zunächst geruchlos. Erst durch die Bakterien, die sich auf unserer Hautoberfläche befinden, sowie durch die Verbindung mit Sauerstoff kommt der Schweißgeruch zustande.

Die Ausbildung der Duftdrüsen vollzieht sich kurz vor der Pubertät, für die Wissenschaft ein weiteres Indiz dafür, daß sie im Dienste der zwischengeschlechtlichen Kommunikation stehen.

Darüber hinaus erfährt die geruchliche Beschaffenheit der Schweißdrüsenabsonderung bei Frauen während der Menstruation und der Schwangerschaft eine Veränderung. Aktiviert werden die apokrinen Drüsen weniger bei körperlicher Leistung und in Streßsituationen, sondern vielmehr durch sexuelle Erregung. Die beiden Wissenschaftler Harrison und Montagna gehen sogar davon aus, daß sie ausschließlich dadurch zur Sekretabsonderung angeregt werden.

Abb. 13: Die Kunst des sich Darbietens ...
zeigt das Verschränken der Arme hinter dem Kopf. Eine wichtige Quelle der körpereigenen Duftnote liegt somit frei.

So läßt sich dann auch eine Erklärung dafür finden, daß viele Menschen in Flirtsituationen die Arme hinter dem Kopf verschränken, denn diese Verhaltensweise, so hat mir Scheidt mitgeteilt, kann schlicht als das »Senden der eigenen Duftnote« gedeutet werden.

Der Wissenschaftler Russell berichtet von einer jungen Frau, der aufgefallen war, daß sie und ihre engsten Freundinnen sich im Laufe der Zeit in ihren Menstruationszyklen angepaßt hatten.

Um diesem Phänomen nachzugehen, entnahm er ihr Achselschweiß, der sich innerhalb von 24 Stunden angesammelt hatte. Er verdünnte ihn mit Alkohol und bat anschließend eine Reihe weiblicher Versuchspersonen, sich jeden Morgen ein paar Tropfen dieser Lösung mit einem Wattebausch auf die Oberlippe zu tupfen. Eine Kontrollgruppe erhielt täglich einen Tupfer ohne Schweißsubstanz. Die mit Schweiß »präparierte« Frauengruppe glich sich tatsächlich innerhalb von vier Monaten einander im Zyklus weitgehend an, nicht so die Kontrollgruppe.

Dieser eindrückliche Versuch erhellt auch McClintocks Beobachtung, daß Schülerinnen eines reinen Mädcheninternats, die keinen Kontakt zum anderen Geschlecht unterhielten, nahezu alle zur gleichen Zeit ihre Tage hatten. Sobald sie Beziehungen zu Männern eingegangen waren, spielte sich wieder ihr individueller Rhythmus ein.

Menschen vermögen sich anhand des Geruchs zu erkennen. Wir können mit Leichtigkeit unser T-Shirt[46], nachdem wir es 24 Stunden getragen haben, aus anderen herausriechen. Ebenso sind wir generell in der Lage, männlichen Körpergeruch von weiblichem zu unterscheiden (natürlich unter Ausschluß künstlicher Duftkomponenten). Die Fähigkeit geruchlicher Identifizierung ist bereits bei Säuglingen vorhanden – ungefähr im Alter von sechs Wochen erkennen sie am Geruch die Mutterbrust und können sie von einer fremden unterscheiden.[47]

Haben Männer und Frauen einen Lockduft?

Im Fettgewebe, Urin und Schweiß des Mannes läßt sich eine Substanz, Androstenol genannt, nachweisen, die zunächst angenehm moschusartig riecht und dann in Verbindung mit Bakterien und Sauerstoff zu Androstenon wird, was einen unangenehmen urinartigen Geruch aufweist. Ob der Sexualduftstoff Androstenon bzw. Androstenol nun tatsächlich Auswirkungen auf die Partnerwahl hat, ist wissenschaftlich umstritten. Als relativ gesichert gilt jedoch, daß Frauen in Abhängigkeit ihres Zyklus diesen Duftstoff unterschiedlich wahrnehmen. Vor allem zum Zeitpunkt ihrer Ovulation kann er eine stimulierende Wirkung haben.

Auch wir erzielten anläßlich einer von uns durchgeführten Umfrage ähnliche Ergebnisse. Wir ließen dazu über dreihundert Frauen und Männer an einem mit Androstenon besprühten Papier riechen – selbstverständlich ohne ihnen mitzuteilen, um welchen Geruch es sich handelte. Etwa 20 Prozent der Befragten rochen überhaupt nichts. Die Fähigkeit, Androstenon geruchlich wahrzunehmen, besitzen demnach nicht alle Menschen.

Interessanterweise vermuteten weder unsere männlichen noch unsere weiblichen Schnüffler jemals *weiblichen* Schweißgeruch auf dem Papier, die überwiegende Mehrheit assoziierte mit dem Geruch Männerschweiß. Nur Frauen, bei denen der Eisprung kurz bevorstand, empfanden den Duft tatsächlich als verlockend. Manche von ihnen assoziierten ihn mit Männerparfüm, Räucherstäbchen, Patchouli, Obstgarten, Kölnisch Wasser, Erdbeeren, Blumen, Wildkatzen (!), Reinlichkeit, Hygiene oder unauffälliger Frische. Andere schätzten ihn zu frisch für einen weiblichen, andere wiederum zu leicht für einen männlichen Geruch ein oder beschrieben ihn als zitronenartig, einer billigen Handcreme ähnlich. Sogar das Duftbäumchen fürs Auto wurde mit Androstenon in Verbindung gebracht.

Eine Frau machte folgende Angabe: »Stark parfümiertes

Rasierwasser, Männer auf Partnersuche, um interessanter zu wirken und Unsicherheit zu überbrücken.«

Als ein »Idealparfüm für beide Geschlechter«, bezeichnete den Geruch eine 19jährige Angestellte, »er wäre ein gutes Parfüm, daß niemanden stört, aufregt oder übermäßig anzieht«.

Ich persönlich schließe mich, zyklusunabhängig, in meinem Urteil all den restlichen Aussagen an, die negativ ausfielen: Mit dem Geruch assoziiere ich Urin, Männerschweiß, Turnhallenmief, Käsefüße, Männertoiletten, leicht angefaulte Früchte, Tier, Schmutz oder ganz allgemein Unangenehmes.

Auch bei den männlichen Versuchspersonen fiel die Beurteilung recht unterschiedlich aus. Alles mögliche war zu hören, von: »Es riecht wie bestimmte weibliche Parfüme, Fruchttee oder Wäsche, die mit Seife im Schrank gelegen hat«, bis hin zu: »Es ruft Erinnerungen an die Kindheit hervor, angenehm oder weniger angenehm.« »Erregend«, beurteilte keiner unserer Duftprobanden die »männliche Waffe«, was wohl auch an der Art und Konzentration des Duftstoffes gelegen haben mag.

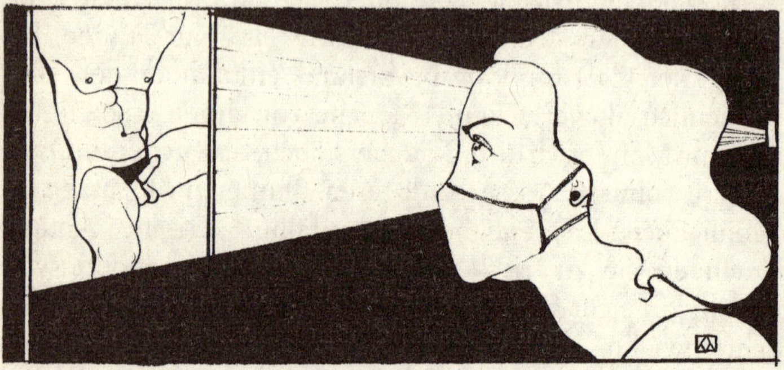

Abb. 14: Der Maskenversuch des Wissenschaftlers Kirk-Smith zeigte, daß Frauen, die eine mit dem männlichen Pheromon »Androstenol« besprühte Maske tragen, schneller erregbar sind.

In einem anderen Versuch bat der Wissenschaftler Kirk-Smith mehrere Frauen und Männer, sich unterschiedliche – unter anderem auch erotische – Fotografien anzuschauen. Vorher wurden die Versuchspersonen unter einem Vorwand darum gebeten, ihr Gesicht mit einer Arztmaske zu verdecken. Eine Gruppe erhielt mit Androstenon präparierte Masken, die Masken der anderen waren unbehandelt. Frauen, deren Masken geruchlich manipuliert worden waren, stuften die Bilder erotischer ein als die Kontrollgruppe. Männer reagierten hingegen leicht aggressiv auf den von ihnen selbst produzierten Lockduft – aus Konkurrenzgründen, wie die Wissenschaftler vermuten.[48]

Ein anderes Forscherteam wiederum besprühte einige Stühle im Wartezimmer eines Frauenarztes mit dem männlichen Pheromon. Interessanterweise wurden diese von Frauen häufiger aufgesucht.[49]

Unabhängig von der geruchlichen Qualität scheint Androstenon eine zyklusregulierende Wirkung auszuüben. Frauen, die ständig mit einem Partner zusammenleben, weisen eine kürzere und regelmäßigere Periode auf als alleinstehende, hat die Wissenschaftlerin McClintock herausgefunden. Das Pendant zum männlichen Androstenon (obwohl dieses in geringen Mengen auch von Frauen produziert wird) sind die sogenannten Copuline, die in der Vagina vorkommen.[50]

Doty ließ zusammen mit seinem Forscherteam Männer und Frauen an Tampons riechen, die jeweils zu unterschiedlichen Zykluszeitpunkten das vaginale Sekret aufgenommen hatten. Obwohl beide Geschlechter diesen Geruch allgemein als eher unangenehm einstuften, zeigten sich hier, zyklusabhängig, leichte Unterschiede. Am wenigsten abstoßend empfanden beide Geschlechter den weiblichen Geruch, der kurz vor und während des Eisprungs abgenommen worden war. (Durch das Tampon jedoch dürfte der Duft abgeändert oder verfälscht worden sein.)

Steven Black und Colette Biron haben die Wirkung von Pheromon – und darin unterscheidet sich ihr Experiment wesentlich von den bisher beschriebenen – in einer annähernd »natürlichen« Situation getestet. Sie baten dazu jeweils einen Mann und eine Frau, in einem Raum auf zwei nebeneinanderstehenden Stühlen Platz zu nehmen und sich Dias anzusehen. Einer der beiden, das heißt entweder die Frau oder der Mann, war ein Lockvogel und hatte sich vor dem Treffen mit einer synthetisch hergestellten Lösung Androstenol besprüht. Bevor die Diashow begann – es wurden belanglose Aufnahmen von Blumen und Tieren gezeigt, um bewußt von dem eigentlichen Versuchsvorhaben abzulenken –, fragte der Lockvogel nach der Uhrzeit und brachte so ein kurzes Gespräch in Gang. Nach der Vorstellung wurde den Testpersonen ein Fragebogen ausgehändigt, in dem sie unter anderem auch die Attraktivität ihres Testpartners einschätzen sollten. Zum Abschluß wurde gefragt, ob sie denn irgendeinen Geruch wahrgenommen hätten und ob sie diesen unter zehn auf Papierblättchen gesprühten Duftmarken erkennen könnten. Obwohl die überwiegende Mehrzahl der Versuchsteilnehmer Androstenol riechen konnte, hatte dies keinerlei Auswirkung auf die von ihnen vorgenommene Beurteilung des Testpartners. Black und Biron schlußfolgerten daher, Androstenol wirke sich in keiner Weise auf die zwischengeschlechtliche Begegnung aus.

Ich denke, sie sind da ein wenig zu voreilig gewesen. War doch einzig und allein eine Frage ausschlaggebend, um zu diesem Ergebnis zu kommen – nämlich die Frage nach der Attraktivitätseinschätzung. Bei weitem interessanter und aufschlußreicher wäre eine exakte Verhaltensanalyse der Versuchspersonen während einer längeren Begegnung mit dem besprühten Lockvogel gewesen. Zudem lenken Dias, von denen man weiß, daß man sie später beurteilen soll, viel zu sehr von dem Versuchspartner ab. Fraglich ist es daher, ob unter solchen Bedingungen die Wirkung von Androstenol überhaupt hervortreten kann. Selbst wenn die Rahmenbedingungen des Maskenversuchs von Kirk-Smith weniger optimal waren (da zu künstlich), so stand doch letztlich die erotisierende Wirkung von Androstenol stärker im Vordergrund, da sich die Frauen Abbildungen von Männern ansahen und umgekehrt.

Die geruchliche Beeinflussung zwischenmenschlicher Begegnungen zu erforschen, ist sicherlich ein aufregendes und interessantes, aber methodisch schwieriges Gebiet. Gerade weil die Wahrnehmung von Gerüchen meist nur unterschwellig abläuft, also kaum ins Bewußtsein dringt – es sei denn, es handelt sich um auffallende, künstlich hergestellte Gerüche –, wird die Forschung noch einiges an Zeit und Mühe aufwenden müssen, bis sie hier klare und eindeutige Aussagen bringen kann.

Wie entstand das Phänomen »Partnerschaft« – und unsere Fähigkeit zu lieben?

Es gibt viele Gründe, warum wir Menschen, wie andere Lebewesen auch, danach streben, enge Beziehungen mit anderen einzugehen, selbst wenn sie bei weitem nicht nur Freude und Glück in sich bergen.

Liebt, wer erregt ist?

Da wäre zunächst die Bindung aus Angst bzw. allgemeiner Erregung zu nennen. In Angstsituationen suchen Kinder Schutz bei ihren Eltern, vor allem aber bei der Mutter, und können hier die ersehnte Geborgenheit finden. Ängste – beziehungsweise Unsicherheitsgefühle – vermögen den Bindungsdrang zu verstärken. Psychologen und Psychiater wissen zu berichten, daß Kinder, die von ihren Eltern schlecht oder gar brutal behandelt werden, zu diesen eine besonders intensive Bindung verspüren.

Der erwachsene Mensch verhält sich nicht anders. In relativ komplizierten Experimenten, die zuweilen die eigentlich interessanten Motive weitgehend verschleiern, versuchen Verhaltensforscher diese Zusammenhänge aufzuzeigen. Die Wissenschaftlerin Elaine Walster[51] etwa führte Versuche mit Frauen durch, die gerade eine Art Examen geschrieben hatten. Sie teilte einigen Frauen mit, sie hätten die Prüfung leider nicht bestanden, und arrangierte, ohne daß die Betroffenen davon vorher unterrichtet wurden, ein »zufälliges« Treffen mit einem Mann, der sie zu einem Drink einladen sollte. Die in ihrem Selbstbewußtsein getroffenen Studentinnen neigten viel eher dazu, der männlichen Einladung Folge zu leisten, als jene Frauen, denen ein hervorragendes Prüfungsergebnis bescheinigt worden war.

Allgemeine Erregungszustände steigern im übrigen oft auch die sexuelle Bereitschaft. So können unter Umständen zwischenmenschliche Anziehungskraft und Bindung in aufregenden Lebensumständen deutlich verstärkt werden. Der Wissenschaftler Dutton nahm sich mit zwei interessanten Experimenten der Erforschung dieses Zusammenhanges an.

In seinem ersten Versuch[52] bat er zusammen mit seinem Kollegen Aron männliche Probanden, über zwei unterschiedliche Brücken zu gehen, über eine gefährlich anmutende Hängebrücke und eine normale Betonbrücke. Auf halbem Wege begegneten die Versuchsteilnehmer einer attraktiven Frau (einem Lockvogel), deren Aufgabe es war, mit geschickten Fragen den Erregungsgrad der betreffenden festzustellen. Wie zu erwarten, zeigten die mutigen und gleichsam allgemein erregten Männer nach ihrer riskanten Brückenüberquerung wesentlich größeres Interesse an dem Lockvogel als die Männer, die über die Betonbrücke gegangen waren und weniger Aufregendes erlebt hatten.

In seinem zweiten Versuch arbeitete Dutton[53] mit härteren Mitteln: mit Elektroschocks – einer Methode, die seit dem legendären Milgram-Experiment[54] bekanntgeworden

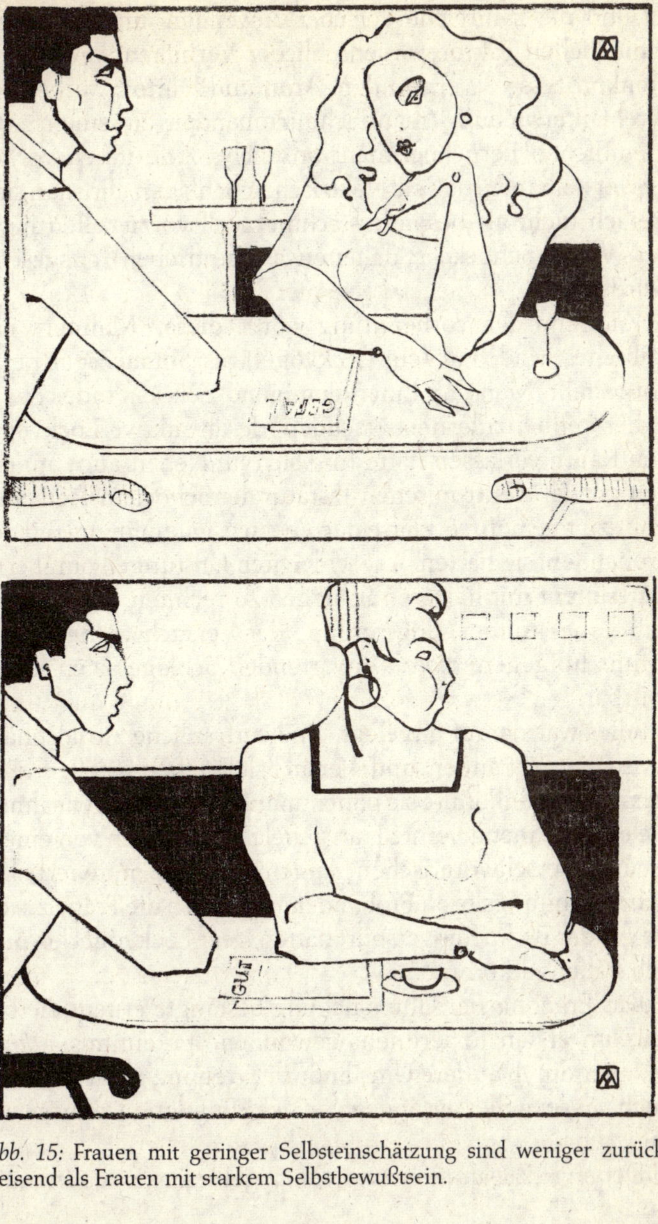

Abb. 15: Frauen mit geringer Selbsteinschätzung sind weniger zurückweisend als Frauen mit starkem Selbstbewußtsein.

ist und die zahlreiche Forscher anwenden, um die unterschiedlichen Faktoren menschlicher Verhaltensweisen und Denkprozesse zu ergründen. Aron und Dutton warben für ihre Untersuchung männliche Probanden zu einem vermeintlichen Lernexperiment an, nicht ohne ihnen vorher gesagt zu haben, daß sie elektrischen Schlägen, die man sich freilich nicht als besonders schmerzvoll vorzustellen hätte (das Wort »Schock« ist daher etwas übertrieben), ausgesetzt würden.

Während der Vorbereitung wurde diesen Männern ein hübsches Mädchen (ein Lockvogel) als Versuchspartnerin vorgestellt. Man gab ihnen genügend Zeit, einander etwas näher kennenzulernen. Nachdem der attraktive Lockvogel den Raum verlassen hatte (um sich im Nebenraum angeblich mit der elektronischen Tastatur der Schockauslöser vertraut zu machen), erklärte der Versuchsleiter einem Teil der Probanden, sie hätten bei »schlechten Leistungen« im Lernexperiment mit härteren Schlägen zu rechnen. Ein anderer Teil – die »milde« Angstgruppe der Versuchsteilnehmer – erfuhr hingegen, die zu erwartenden Schläge seien kaum spürbar.

Alles war darauf angelegt, eine vertrauliche Atmosphäre zwischen Probanden und Versuchsleiter herzustellen. Der Versuchsleiter konnte sie daher unauffällig fragen, wie ihnen die eben kennengelernte Frau gefiele. Womöglich von einem kleinen verschwörerischen Augenzwinkern motiviert, ließen die ahnungslosen Probanden auch noch die Frage zu, ob sie gar das Bedürfnis verspürt hätten, dem Lockvogel körperlich näher zu kommen.

Das Ergebnis der Untersuchung bestätigte erneut die bereits im ersten Experiment gewonnene Erkenntnis: Wenn Männer durch äußere Umstände in Erregung geraten, bleibt auch das sexuelle Verlangen von der Stimulation keineswegs unberührt.

Der enge Zusammenhang von allgemeiner Erregung und

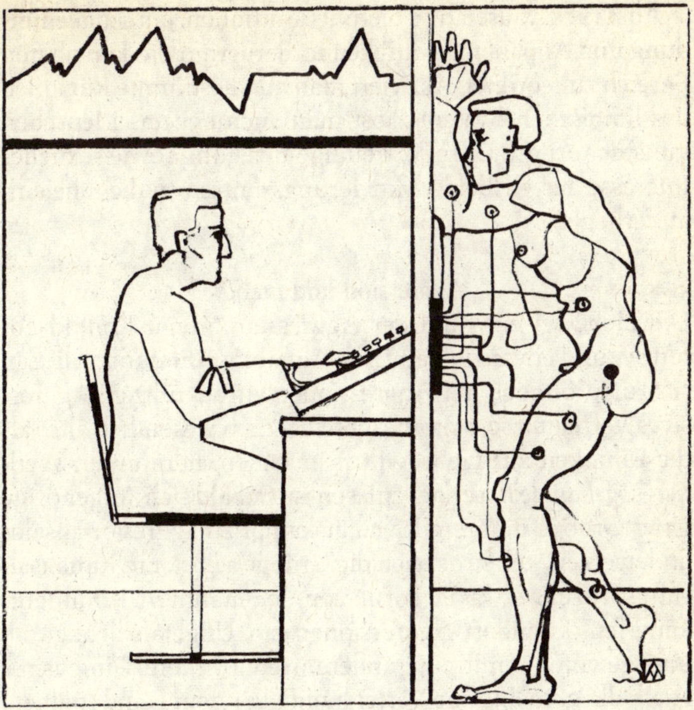

Abb. 16: Mit vermeintlichen »Schock«- experimenten ließen sich die Zusammenhänge von emotionaler Erregung und Sexualität feststellen.

Sexualität läßt sich nach Ansicht einiger Forscher auch neurophysiologisch erklären.[55] Unser limbisches System, das heißt das Randgebiet zwischen Großhirn und Gehirnstamm, das die hormonale Steuerung und das vegetative Nervensystem beeinflußt und von dem gefühlsmäßige Reaktionen auf Umweltreize ausgehen, ist paarig angelegt und hat unter anderem auch die Aufgabe der Selbst- und Arterhaltung. Forschungsarbeiten an Tieren haben ergeben, daß der untere Teil des limbischen Rings in erster Linie für die Bereiche Flucht, Kampf und Kopulation zuständig ist.

Ausdrucksweisen und Gefühlsreaktionen, die soziale Bindung und Anpassungsfähigkeit fördern, werden dem oberen Bereich zugeordnet. Aktiviert man nun bestimmte Regionen des limbischen Systems, löst man auch bei uns Menschen künstlich Angst, Unruhe, freudige Erregung sowie sexuelles Interesse aus, da beide Aktivierungszentren so dicht beieinanderliegen.[56]

Aggression und Liebe

Die Liebe sei ein Kind der Aggression, meint Konrad Lorenz[57], und er vertritt damit die Annahme, Bindungen ließen sich ursprünglich auf Aggressionen zurückführen. Aggressives Verhalten sei stammesgeschichtlich wesentlich älter als die Fähigkcit zur Liebe, wie es in seinem berühmten Werk *Das sogenannte Böse* nachzulesen ist. Sobald sich Angehörige einer Gruppe in ihrem Rivalitätskampf zu aggressiv auseinandersetzen, gefährdet sich die Gruppe selbst. Ein Ritualisierungsprozeß, etwa in Form von sogenannten Kommentkämpfen[58], mildert Aggressionen zur Ungefährlichkeit ab und gewinnt somit eine andere, freundlichere Dimension. Auch die gemeinsame Verteidigung vor dem Feind stellt ein verbindendes Element im sozialen Leben dar. Genauso lassen sich auch andere beziehungsstiftende, freundliche Rituale von Drohgebärden ableiten, so beispielsweise laut Lorenz das Lächeln als Umformung des Lachens. Das Lachen war ursprünglich ein bedrohlich wirkendes Zähnezeigen und erhielt in seiner Umbildung zum Lächeln (durch den Wegfall des Zähnezeigens und der Lautäußerung) eine beschwichtigende, freundliche Funktion.[59]

Liebe und Kindlichkeit

Enge Bindungen beziehungsweise Liebe kommen auch insbesondere aus der Motivation der Brutpflege zustande. Erst die Notwendigkeit der zeitlichen und energetischen Investition in das Großziehen der Nachkommen führte im Tierreich zu dem Phänomen Freundlichkeit, der »Sternstunde in der Verhaltensevolution«, wie Eibl-Eibesfeldt bemerkt.

Investiert nun eine Mutter besonders viel Zeit und Kraft in das Großziehen ihrer Jungen, muß sie dafür sorgen, daß ihre Aufopferungsbereitschaft auch wirklich dem eigenen Kinde zugute kommt. Indem sie eine starke persönliche Bindung zu ihren Kindern eingeht und sie auch anhand bestimmter Merkmale von anderen zu unterscheiden weiß, vermeidet sie, in ein fremdes zu investieren. Diese individualisierte Bindung schließlich bewirkte das Phänomen der Liebe, die zweite Sternstunde in der Phylogenese der Lebewesen. Unsere Fähigkeit, zu lieben und längere Beziehungen einzugehen, wurzelt demnach nicht nur in der Notwendigkeit schlichter Fortpflanzung, sondern hat sich im Laufe der Phylogenese vor allem aus dem Brutpflegeverhalten herausgebildet.[60]

Beobachten wir ein verliebtes Paar auf einer einsamen Parkbank. Sie sitzen dicht aneinander – er hat seinen Arm um sie gelegt –, ihr Kopf ruht auf seiner Schulter. Ihre Hände fassen und drücken sich, lassen einander los und gleiten über Gesicht, Schulter und Arm. Schließlich nähert er sein Gesicht dem ihrigen . . .

Solche Beschreibungen wissen Gefühle wachzurufen, die die unmittelbare, zärtliche Nähe eines geliebten Menschen in uns auszulösen vermag – Geborgenheit, Zufriedenheit und Glück. Womöglich werden wir uns nicht an unsere allerersten Erfahrungen dieser Art erinnern, schließlich liegen sie weit in unserer Kindheit zurück.

Umarmt, gestreichelt, geherzt und geküßt werden Säuglinge und Kleinkinder in jeder Kultur. Mutter-Kind-Beziehungen weisen beinahe überall auf der Welt vergleichbare Umgangsformen auf, die wiederum allesamt im Verhaltensrepertoire von Liebenden zu finden sind.

Ganz besonders deutlich erkennbar ist der Zusammenhang von Brutpflegeverhalten und Liebe beim Küssen. »Wir

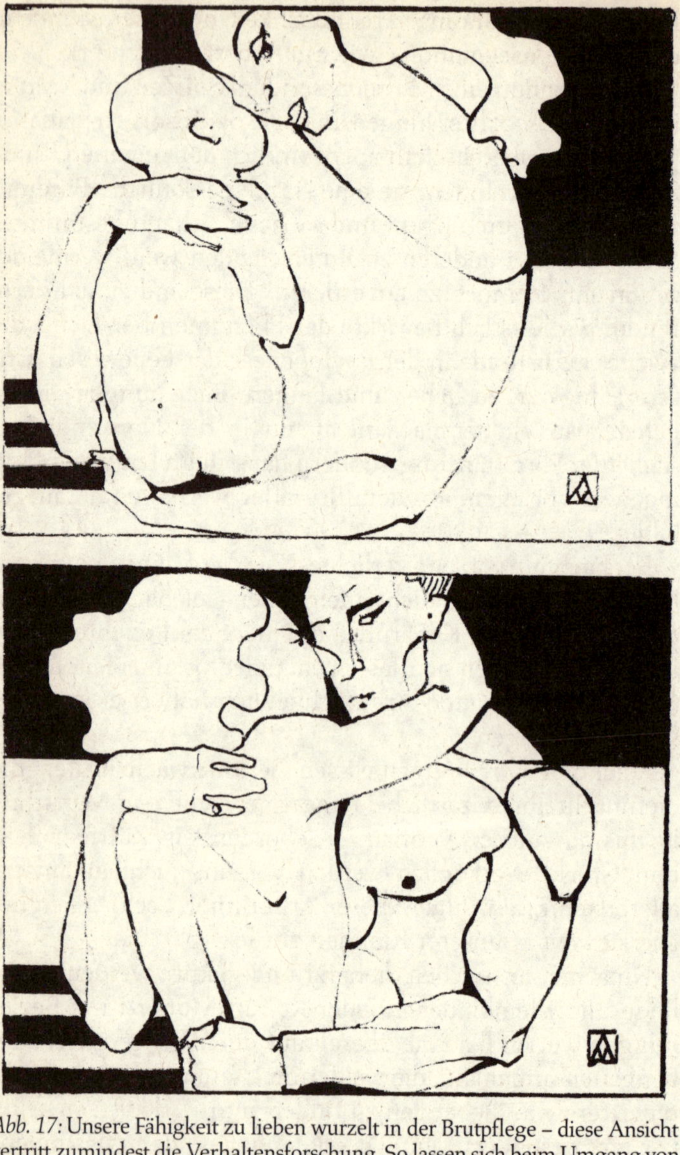

Abb. 17: Unsere Fähigkeit zu lieben wurzelt in der Brutpflege – diese Ansicht vertritt zumindest die Verhaltensforschung. So lassen sich beim Umgang von Mutter und Kind viele ähnliche Verhaltensweisen finden wie bei Liebenden.

können beim Menschen mehrere Kußformen unterscheiden, die wahrscheinlich einen verschiedenen Ursprung haben«, schreibt Eibl-Eibesfeldt, der Stammesgeschichte des Kusses auf der Spur. »Der Beißkuß kommt als rhythmisch wiederholtes Beknabbern oder als gehemmtes Zubeißen vor. Berührt werden größere freie Hautflächen des Partners, gerne die Wangen, seltener der Mund. Eine formal ähnliche Verhaltensweise kennen wir von Schimpansen . . . Das Maul ist dabei weit geöffnet, aber es wird nicht wirklich zugebissen.«[61] Bei Schimpansen stellt der »Beißkuß« eine Aufforderung zum Lausen dar. Diese Kußart hat jedoch noch eine zweite Motivationswurzel: die Aggression – man denke, so Eibl-Eibesfeldt, an das Liebesvorspiel, bei dem ein festeres Zubeißen die weibliche neckische Antwort auf männlich draufgängerisches Handeln ist.

Eine zweite Kußform, der Lippen- und Zungenkuß, entwickelte sich mit großer Wahrscheinlichkeit aus der Mund-zu-Mund-Fütterung, bei der Eltern die vorgekaute Nahrung auf direktestem Wege in den Mund ihrer Kleinen weitergeben.

Wie sehr wir auf das Kindchenschema ansprechen, bestätigte Hückstedt in einem Versuch. Er zeigte Probanden Bilder, auf denen unterschiedliche Kopfformen (siehe Abb. 18) dargestellt waren. So wird eine mäßige Steigerung der Oberkopfhöhe sowie des Stirnbeinkrümmungswinkels (Merkmale von Kinderköpfen) gegenüber einer normalen Kopfform bevorzugt. Die Fähigkeit, positiv auf die äußeren Merkmale eines Kindes zu reagieren, ist uns angeboren.

Nicht nur unsere Reaktion auf Äußeres und unser körperliches Verhalten weisen, was Liebe, Partnerschaft und Beziehungen betrifft, auf stammesgeschichtliches Erbe und Brutpflegeverhalten hin. Sogar die Sprache, in der sich Liebende oft zu unterhalten pflegen, erinnert an die Babysprache, in der Erwachsene mit ihren Kindern reden. Sie sprechen sich bevorzugt mit »Baby« an und rufen sich mit verniedlichten

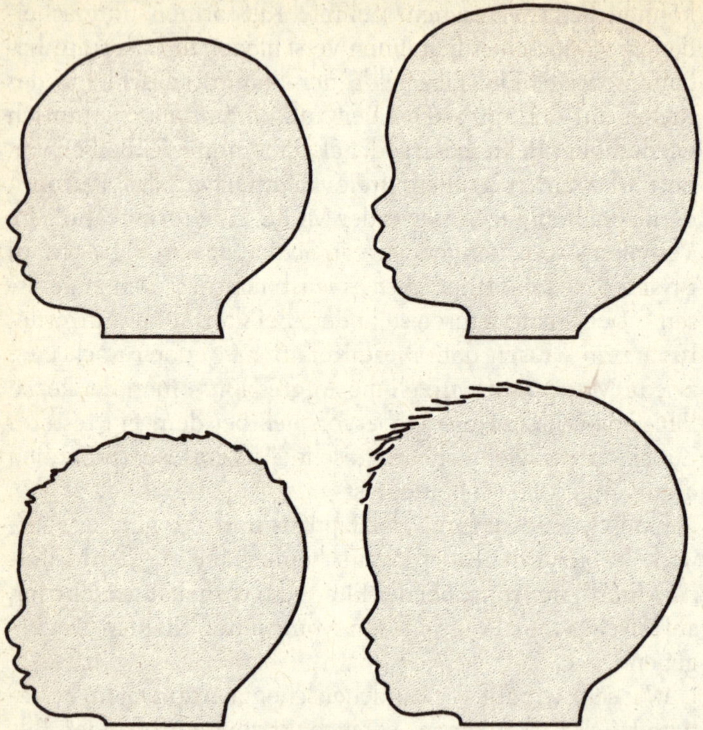

Abb. 18: Kinderköpfe nach Hückstedt
Auf Kopfformen, deren Merkmale an das Kindchenschema erinnern, reagieren wir angeborenermaßen positiv.

Tiernamen, die auch bei Kindern großes Gefallen finden – da gibt es Häschen oder Hasi, Mäuschen, Bärchen, Mausebär usw. –, keiner würde seine Zuneigung mit etwas Grobschlächtigem, wie mein geliebter Büffel, erklären.

Auch wenn sich unsere Fähigkeit zu lieben aus dem Brutpflegeverhalten und nicht aus der Sexualität herausgebildet hat, so besteht zwischen beiden Bindungsformen durchaus ein enger Zusammenhang, wie im nun folgenden Kapitel zu lesen sein wird.

Die sexuelle Abhängigkeit

Neben allgemeiner Erregung, respektive der Suche nach Schutz und Geborgenheit, Aggression und Brutpflegeverhalten, ist auch der Geschlechtstrieb ein Motiv, Bindungen einzugehen. In der Tierwelt sprechen Wissenschaftler vor allem dann von sexueller Bindung, wenn die Natur ein örtliches Zusammentreffen von Männchen und Weibchen dem Zufall überläßt, etwa bei bestimmten Tiefseefischen, die tagelang umherschwimmen müssen, um endlich in der Weite des Meeres den ersehnten Partner zu finden. Wenngleich wir bei unserer Partnerwahl zum Glück nicht diesem Zufallsprinzip folgen müssen, so gehen wir dennoch auch Beziehungen ein, die rein sexueller Natur sind.

Unter sexueller Abhängigkeit versteht man die Bindung zweier Menschen, die in erster Linie auf Lustgefühle aufbaut, die durch den anderen sexuell ausgelöst werden. In der Verhaltensforschung ist man nun dabei, Hinweise zumindest darüber zu finden, wodurch weibliche sexuelle Abhängigkeit zustande kommt. Ein Anhaltspunkt für Eibl-Eibesfeldt ist das Hormon Oxytocin. Dieses wird während des Geburtsvorgangs in dem Moment ausgeschüttet, in dem das Kind den Gebärmutterhals dehnt. Auch eine künstliche Dehnung des Gebärmutterhalses, wie sie der Wissenschaftler Klopfer bei Ziegen vorgenommen hat, löst Brutpflegeverhalten aus, welches wiederum Bindungsbedürfnisse hervorruft. Keverne zufolge genügt bei Schafen eine vaginal-zervikale Reizung nach einer zusätzlichen hormonellen Gabe von Östrogen und Progesteron, um ebenfalls mütterliches Verhalten in Gang zu setzen.

Daß sexuelle Anhänglichkeit in enger Beziehung zum Brutpflegeverhalten steht, wird durch Kinseys Ergebnisse erhärtet. Beim Orgasmus richten sich die Brustwarzen – wie beim Stillen – auf. Gleichzeitig kommt es – sowohl beim Stillen als auch beim Orgasmus – zu Kontraktionen der Gebärmutter – und somit zur Ausschüttung von Oxytocin.

Ein Kreislauf der Gefühle, der sich selbst verstärkt. »Es scheint mir«, so Eibl-Eibesfeldt, »als würde der Zustand der Verliebtheit bei der Frau oft über den Orgasmus getriggert, als erfolgte mit ihm oft ein reflektorisches Einklinken in den physiologisch-psychologischen Ausnahmezustand, in dem eine fast irrationale Bindung an einen und nur an diesen Geschlechtspartner *(von mir hier als sexuelle Abhängigkeit bezeichnet)* stattfindet. Ich möchte das als Hypothese äußern. Käme es beim vollen vaginal-zervikalen Orgasmus zu einer Oxytocinausschüttung, dann wäre dies wohl ein starkes Indiz für die Gültigkeit meiner Hypothese.«[62] Darüber hinaus gelangen Frauen im Vergleich zu Männern seltener zum Orgasmus. Trifft eine Frau nun auf einen Partner, der ihr dieses Gefühl zu geben weiß, dürfte die enorme Bedeutung der sexuellen Bindung bei ihr schon beinahe vorprogrammiert sein.

4
Kampf der Geschlechter

Weibchen gegen Männchen – Männchen gegen Weibchen

Die Frage nach möglichen Gesetzmäßigkeiten bei der Partnerwahl wird von vielen Menschen gerne mit Hinweisen auf gesellschaftlich-kulturelle oder psychologische Gegebenheiten beantwortet. So gelten noch heute vielerorts, mehr oder weniger versteckt, Normen, die beispielsweise vorschreiben, sich bei der Partnerwahl an Mitglieder der eigenen gesellschaftlichen Schicht zu halten. Eine Frau Gräfin, die sich mit einem »Mann aus dem Volke« liiert, ist der Regenbogenpresse oft noch eine Schlagzeile wert. Darüber hinaus sollen auch Prägungen im frühen Mutter-Kind-Verhältnis Einfluß auf bestimmte (meist unbewußte) Vorlieben bei der Partnerwahl haben.

Alles in allem mögen diese Erklärungsversuche im Einzelfall ausreichen. Doch so sehr die Menschen auch kulturelle und psychische Wesen sind, es gibt dennoch berechtigte Gründe, die Fragen der Partnerwahl unter soziobiologischen Aspekten zu beleuchten. Die biologischen Unterschiede zwischen den Geschlechtern sind so augenfällig, daß sich der Gedanke an spezifische Funktionen dieser Unterschiede förmlich aufdrängt. Wenn nun auf den folgenden Seiten hauptsächlich die Soziobiologie zu Wort kommen soll, geschieht dies im Bewußtsein der Gefahr, daß schon allein die falsche Wortwahl bei der Benennung von Erscheinungen und Zusammenhängen Mißtrauen gegen die vorgebrachten Überlegungen erwecken kann. Ich habe bereits im Zusammenhang mit Rushtons Äußerungen zur Reproduktionstheorie auf dieses Problem hingewiesen. In der Hoffnung, weitere Mißverständnisse zu vermeiden, lassen wir nun erst einmal statistische »Männchen und Weibchen« in den »Kampf der Geschlechter« ziehen. Zum besseren Verständnis der Vorgänge ist ein kurzer Ausflug in den Bereich des Sexualdimorphismus, also der Zweigestaltigkeit der Geschlechter, unvermeidbar. Erst dann können wir uns an einige soziobiologische Themen wagen, um schließlich zu sehen, was uns diese Wissenschaft über die Partnerwahl beim Menschen sagen kann.

Sind Eier teuer und Spermien billig?

Männchen und Weibchen produzieren zur Fortpflanzung unterschiedliche Geschlechtszellen. Sie besitzen unterschiedliche Geschlechtsorgane, können nach bestimmten geschlechtsspezifischen Merkmalen unterschiedlich gebaut sein und verfügen über ein Bündel von geschlechtsspezifischen Verhaltensweisen. Die Vermutung liegt daher nahe, daß für einen genetischen Fortpflanzungserfolg noch einige andere Voraussetzungen erfüllt sein müssen. Auf den ersten Blick erscheinen sie eigenartigerweise recht kompliziert. Es müssen sich nämlich jeweils zwei Individuen derselben Art, aber verschiedenen Geschlechts zusammenfinden, die noch dazu im fortpflanzungsfähigen Alter sein müssen. Das allein jedoch reicht nicht aus, den Paarungswilligen sind noch weitere Hindernisse in den Weg gelegt. Wie wir bald sehen werden, hat die Evolution durch die Entwicklung der Bisexualität (Zweigeschlechtlichkeit) ein Spannungsfeld erzeugt, in dem sich beide Geschlechter polar gegenüberstehen. Dieses Spannungsfeld steht im Dienst der sexuellen Selektion und damit der genetischen Variabilität, die letztendlich den Anpassungsprozeß der Lebewesen an ihre Umwelt ermöglicht. Trotz der biologischen Unterschiede bleibt die Spannung stets im Gleichgewicht. Sollte es dennoch zu einzelnen Benachteiligungen oder vermeintlichen Ungerechtigkeiten kommen, dann sind diese nur auf den unterschiedlichen Selektionsdruck im Hin und Her zwischen den Geschlechtern zurückzuführen. Erste Ungleichheiten zwischen den Geschlechtern entdecken wir bereits unter dem Mikroskop. Wenn wir Eizellen und Samenzellen irgendeiner höheren Tierart miteinander vergleichen, werden wir feststellen, daß Eizellen viel größer als Samenzellen sind.

Samenzellen können sich mittels eines geißelförmigen Anhangs bewegen, Eizellen nicht (Anisogamie). Ein weiterer Unterschied, der ihre »Wertigkeit« hebt, besteht in der Menge des Vorkommens. Einer relativ geringen Anzahl von Eizellen steht meist eine (fast) unbegrenzte Anzahl von Spermien gegenüber. Was machen diese Unterschiede für einen Sinn? Die Erklärung dafür ist einfach. Nach der Befruchtung braucht der Keim Nährstoff (Zytoplasma) – und den kann ihm die dafür ausgestattete »große« Eizelle zur Verfügung stellen. So wird das Überleben des Nachwuchses in der entscheidenden Phase nach der Befruchtung gesichert. Gleichzeitig muß aber die Wahrscheinlichkeit der Befruchtung – wegen der Knappheit der Eizellen – erhöht werden, eben indem möglichst viele bewegliche Samenzellen produziert werden. Die evolutionsmathematischen Gründe für diese Entwicklung lassen wir beiseite. Wichtiger sind die Unterschiede bei den Fortpflanzungsorganen der höher entwickelten Tiere. Die Anisogamie hatte in der Evolution zur Folge, daß aus Sicherheits- und Sparsamkeitsgründen die unbeweglichen Eizellen in den sie produzierenden Organismus zurückverlegt wurden, wo sie dann von den beweglichen Samenzellen befruchtet werden müssen. Diese innere Befruchtung ist »wahrscheinlich die folgenschwerste Weichenstellung der Genese der Geschlechterdifferenzierung«.[63]

Weibchen müssen mehr investieren

Diese Weichenstellung in der Genese der Geschlechterdifferenzierung geht zunächst ganz auf Kosten des weiblichen

Geschlechts, da die innere Befruchtung ein Mindestmaß an innerer Brutpflege nach sich zieht. Ganz gleichgültig also, ob ein Männchen zu helfen bereit ist oder nicht, die anstrengende Brutpflege obliegt erst einmal dem Weibchen. Diese von der Evolution erzwungene Nachwuchsfürsorge kann man sich wie eine Investition vorstellen. Der Soziobiologe Robert Trivers hat den Begriff des *parental investment* (elterliche Investition) geprägt. Seiner Theorie zufolge muß der Struktur- und Verhaltensdimorphismus, also die Geschlechtsunterschiede im Körperbau und im Verhalten, ein Resultat unterschiedlicher parentaler Investitionen sein. Ein deutliches Beispiel dafür ist die Entwicklung der Laktationsorgane (der milchgebenden Organe) bei weiblichen Säugetieren, die bei männlichen Säugetieren fehlen.

Die innere Brutpflege entpuppt sich als eine Art »Zwangsabgabe«, da das Weibchen während der Schwangerschaft aus dem Paarungsgeschäft ausscheiden muß. In dieser Zeit kann sich das Männchen ungehindert mit anderen Weibchen weiterpaaren. Außerdem ermöglicht ihm seine potentiell unbeschränkte Fortpflanzungsfähigkeit eine grundsätzlich niedrigere parentale Investition. Auf diese Weise kann er es sich folglich erlauben, in viel Nachwuchs wenig bis gar nichts zu investieren.

Die Antwort des Weibchens auf die Zwangsinvestition sorgt jedoch wie ein Druckmittel indirekt nicht nur für eine harte Konkurrenz unter den Männchen und wirkt somit selektiv auf bestimmte »männliche« Eigenschaften (Größe, Prachtfarben, Balzverhalten), sondern sie beeinflußt auch tierische Ehe- und Familienformen.

Das weibliche Geschlecht weiß sich zu wehren

Hat die Evolution das männliche Geschlecht ungerecht bevorzugt? Sind nicht die Weibchen gerade wegen der zeit- und arbeitsintensiven Brutpflege besonders benachteiligt? Was wie eine evolutionäre Unverschämtheit erscheint, erweist sich bei näherer Betrachtung nur als die eine Seite der Münze, denn die weiblichen Gegenmaßnahmen können sich sehen lassen.

Bei den meisten Tierarten muß, so Zoologen, stets derjenige um einen Partner werben, der rein rechnerisch gesehen mehr Nachkommen hervorbringen kann.[64] Auch die Dauer und Intensität des Werbeverhaltens bleiben von diesem ungerecht anmutenden Geschlechterverhältnis nicht unbeeinflußt. Je länger und intensiver das Weibchen Brutpflege betreiben muß, fanden die beiden Soziobiologen Krebs und Davies heraus, desto höher sind seine Ansprüche an das Männchen bereits vor der Begattung. Angesichts des verhältnismäßig geringeren weiblichen Fortpflanzungspotentials müssen die Männchen erbitterter kämpfen als Weibchen. Dieser Konkurrenzdruck spiegelt sich auch – selbst für den Laien nicht schwer zu erkennen – im Größenunterschied zwischen Männchen und Weibchen wider. Je stärker der Druck ist, desto mehr haben die Männchen – im Vergleich zu den Weibchen – an Kraft und Körpergröße zugenommen. Die gewünschten qualitativen Anforderungen an das Männchen bestehen nicht nur im Erfolg beim Rivalitätskampf. Um ganz sicherzugehen, zwingt das Weibchen den Bewerber zusätzlich zu einer Art Tauglichkeitstest, zu Vorleistungen nämlich, die ihm das Interesse an anderen Weibchen verleiden müssen. Je länger ein Männchen nun um die erwünschte Paarung zu balzen hat, desto zuverlässiger wird es sich an der Brutpflege beteiligen – allein schon zur Absicherung »seiner« Gentradierung. Eine wichtige weibliche Strategie im Kampf der Geschlechter heißt daher, so kann behauptet werden, ganz unbiologisch ausgedrückt: »Zappeln lassen!« Diese scharfe Selektion macht in jeder Hinsicht Sinn, denn ein Fehler bei der Partnerwahl kommt das weibliche Geschlecht teurer zu stehen als das männliche. Das Risiko, etwa genetisch geschädigten Nachwuchs aufziehen zu müssen, trägt zunächst allein das Weibchen.

Der Evolutionstheoretiker Fisher[65] postuliert in seiner *Sexy-son*-Theorie, das weibliche Geschlecht habe sich durch diesen Selektionsdruck auf bestimmte männliche Eigenschaften seinen »Traumtypus« – evolutionär gesehen, versteht sich – selbst geschaffen. Voraussetzung ist jedoch, daß der weibliche »Geschmack« bei der Partnerwahl weitgehend übereinstimmt und die am männlichen Geschlecht bevorzugten Qualitäten erblich weitergegeben werden können.

Was haben die Männchen dieser Strategie noch entgegenzusetzen? Erst müssen sie sich mit anderen rivalisierenden Männchen auseinandersetzen, und anschließend oder auch gleichzeitig müssen sie sich um die Gunst des Weibchens bemühen. Aber um welches Weibchen? Vergessen wir nicht, daß auch Männchen an einer optimalen Weitergabe ihrer Gene interessiert sind.

Auf was achten die Geschlechter bei der Partnerwahl?

Da Männchen und Weibchen, wie wir gesehen haben, ihren Tribut an die Nachkommenschaft auf unterschiedliche Weise zahlen, werden auch die gegenseitigen Auswahlkriterien nicht vergleichbar sein. Erwartungsgemäß werden die Weibchen Männchen bevorzugen, die im innergeschlechtlichen Konkurrenzkampf möglichst erfolgreich abgeschnitten haben und deren ranghohe Stellung der Familie mehr Sicherheit und Überlebenschance gewähren. Die Männchen hingegen werden beim Weibchen vor allem auf körperliche Merkmale achten, die das erfolgreiche Austragen und Großziehen der Nachkommen gewährleisten, wie etwa Alter und allgemeiner Gesundheitszustand.

Der Seitensprung – eine nur männliche Fortpflanzungsstrategie?

Die sexuelle Selektion hat, so scheint es trügerisch, eine zur Zufriedenheit beider Geschlechter reichende Mittellösung gefunden: Die hinsichtlich ihres Nachwuchspotentials benachteiligten Weibchen schlugen einen erfolgreichen Weg der Abhilfe ein, indem sie Vorleistungen fordern. Der Kampf der Geschlechter erführe hier eine gütige Einigung, gäbe es da nicht ein schwerwiegendes Hindernis: den Seitensprung.

Das Wort Seitensprung hat in unserem Sprachgebrauch eine stark negative Konnotation, da es schlechthin den Ehebruch bezeichnet, der als meist verwerfliche Überschreitung gesellschaftlicher Normen angesehen wird. Ein solches Werturteil auch auf das Verhalten von Tieren zu übertragen wäre schlichtweg unsinnig. Hier geht es nämlich einzig und allein um die Frage, ob ein Individuum seinen Fortpflanzungsvorteil dadurch erhöhen kann, daß es statt verstärkter parentaler Investition mehrere Bruten anlegt. Mit Seitensprung wäre also aus männlicher Sicht ein Verhalten zu bezeichnen, das im Ergebnis zu einer potentiellen Gefährdung der Brut führt. Daher überrascht es nicht, daß die Weibchen einen Seitensprung der Väter ihrer Brut zu verhindern versuchen, denn: »Ein Männchen, das dem Weibchen nicht pflegen hilft, mag die Hälfte seiner Nachkommen bei diesem Weibchen einbüßen. Wenn es aber noch zwei weitere Weibchen findet (bei denen es auch nicht hilft), dann hätte es insgesamt drei halbe Bruten erzielt, während es mit Pflegen beim ersten Weibchen nur auf zwei halbe Bruten käme. Und ein Männchen, das seinem Weibchen bei der Jungenaufzucht hilft, hätte dennoch einen Fortpflanzungsvorteil aus jeder Begattung mit einem fremden Weibchen, aus der wenigstens ein zusätzliches Junges seine Gene trüge.«[66] Ein Seitensprung lohnt sich, genetisch gesehen, fast immer für das Männchen, für das Weibchen nicht: Es kann die Zahl der Nachkommen dadurch kaum erhöhen. Zudem ist die Brutpflege durch ein anderweitig investierendes Männchen gefährdet.

Wie kann sich das Weibchen dennoch helfen? Mit einem Trick: Will ein Männchen nämlich sichergehen, tatsächlich der Vater der Nachkommen zu sein, die es mit großziehen soll, dann wird es mit dem Weibchen kopulieren, wenn es paarungsbereit und fruchtbar ist. In der Natur gibt es viele Beispiele dafür, daß Weibchen ihre Fruchtbarkeit (den Eisprung) durch äußere Signale der Paarungsbereitschaft signalisieren.

Was geschieht aber, wenn das Männchen sich seiner Vaterschaft nicht mehr sicher sein kann, weil diese äußeren Signale fehlen? Und in der Tat hat die Evolution die verdeckte Ovulation »erfunden«, nicht nur um die Männchen zu häufiger Kopulation, sondern auch zu fortwährender Wachsamkeit gegenüber Rivalen und somit zu ständiger Anwesenheit zu zwingen. Unter keinen Umständen, so scheint es, wollen die Männchen in »fremde Gene« investieren.

Diese Überlegungen blenden die Möglichkeit eines weiblichen Seitensprungs offenbar aus. Gibt es ihn, oder wird er von den männlichen soziobiologisch orientierten Wissenschaftlern schlichtweg geleugnet? Die Frage muß vorerst offenbleiben.

Während Wolfgang Wickler und Uta Seibt einen weiblichen Seitensprung einzig als Benachteiligung des Männchens interpretieren, betont Solly Zuckerman in seiner »Prostitutionshypothese« die Vorteile, die sich aus dem »Treuebruch« für das Weibchen ergeben können, wie etwa Nahrung oder Schutz.

Der »Feministin« in der Soziobiologie Sarah Blatter-Hrdy zufolge kann das Ergebnis eines Seitensprungs genetisch durchaus »höherwertig« sein, vor allem wenn es von einem ranghöheren Männchen stammt. Selbst Weibchen, die sich im innergeschlechtlichen Kampf um ein ranghohes Männchen nicht durchsetzen konnten, haben so die Möglichkeit, doch noch an »gute Genqualität« heranzukommen. Damit, folgt man dieser Argumentation, profitieren beide Geschlechter vom Seitensprung. Uns scheint dieser Gedanke plausibel, denn es zeigt sich immer wieder – zumindest auf der bislang besprochenen biologischen Ebene –, daß ein Vorteil hier durch einen Nachteil dort ausgeglichen wird.

Der Begriff Seitensprung steht allgemein im Spannungsfeld der Bindungsformen. Bei höheren Lebewesen, die hinsichtlich der Geschlechterbeziehungen überhaupt keine Regelungen kennen, wird das Wort Seitensprung nicht vorkommen. Doch eine solche Gesellschaft gibt es nicht.

Die doppelte Moral

Die Begriffe Monogamie, Polygamie, Polygynie und Polyandrie können sich je nach Fragestellung auf das Fortpflanzungsverhalten eines Individuums oder auf die Gesellungsform einer Gruppe oder Gesellschaft beziehen. Lebt ein Männchen mit seinem Weibchen zusammen und »gönnt« es sich hin und wieder einen Seitensprung, so wäre die Lebensweise als monogam (soziologische Monogamie), das Fortpflanzungsverhalten jedoch als polygam zu bezeichnen.

Männchen neigen eher zu häufigem Partnerwechsel (Promiskuität) und zur Polygamie als Weibchen. Dafür gibt es eine Vielzahl von Belegen. Es überrascht daher, daß sich Monogamie im Tierreich überhaupt hat entwickeln können. Wir finden sowohl bei Primaten als auch bei vielen Vögeln, Fischen und anderen Arten monogame Beziehungen vor.

In der monogamen Tierehe entfällt auf das Männchen fast der gleiche Anteil an parentaler Investition wie auf das Weibchen. So hat sich, wo ein Weibchen den Nachwuchs schlicht und einfach nicht ohne Unterstützung versorgen kann, der Selektionsdruck gegen die Männchen gerichtet, die ihr Weibchen verlassen. Zur soziologisch monogamen Lebensform kann es gleichwohl auch dann kommen, wenn Männchen aus Rivalitätsgründen ihr Weibchen nicht verlassen oder auch aus Mangel an Gelegenheit auf Seitensprünge verzichten müssen.

Da für das Weibchen eine polygame Lebensweise trotz möglicher Vorteile für die Qualität des Nachwuchses und für die Brutpflege genetisch unrentabel ist, weil die Kinderzahl durch mehrere Männchen nicht gesteigert werden kann, neigt es nicht nur in sozialer, sondern auch in biologischer Hinsicht zur Monogamie und unterscheidet sich somit wesentlich vom männlichen Geschlecht. Polygamie bedeutet im Tierreich fast immer männliche Polygamie. Der Selektionsdruck gegen biologisch polygame Männchen führte zu einer deutlichen Rückbildung der geschlechtsspezifischen Körper- und Verhaltensmerkmale. Bei vielen monogamen Arten lassen sich Männchen und Weibchen kaum noch voneinander unterscheiden. Darüber hinaus zeigen monogame Männchen weniger innergeschlechtliches Konkurrenzverhalten.

Eine kuriose Korrelation hat der Wissenschaftler R. Short aufgetan: In einer vergleichenden Studie an 33 Primaten entdeckte er einen Zusammenhang zwischen der Bindungsform und dem relativen Hodengewicht der Männchen. Die (während des Eisprungs) praktisch unbeschränkte Kopulationsfähigkeit der Weibchen bringt die Männchen in eine Art »Spermienkonkurrenz«. Promiske Männchen, wie etwa die Schimpansen, produzieren nach erfolgter Kopulation – aus Rivalitätsgründen offenbar – möglichst schnell möglichst viel Samen neu. So haben Schimpansenmännchen ein relativ höheres Hodengewicht als zum Beispiel monogame Gibbons. Leider ist diese Untersuchung nicht besonders aussagefähig. Der Vergleich des relativen Hodengewichts läßt nämlich nur Rückschlüsse auf die Bedeutung des innergeschlechtlichen männlichen Wettbewerbs um die Weibchen zu und kann nicht Aufschluß darüber geben, warum eine Art monogam und die andere polygam ist. So hat der – polygam lebende – Gorilla etwa ein relativ geringes Hodengewicht, da er Harems bildet und keine Konkurrenz fürchten muß.

Frauen gegen Männer – Männer gegen Frauen

Wir Menschen sind ein Produkt der evolutionären Entwicklung. Diese Tatsache wird heute kaum noch von jemandem ernsthaft bezweifelt. Von unseren nächsten Verwandten unterscheiden wir uns am stärksten durch die Entwicklung der Sprache, die es uns trotz aller Vorteile für die Kommunikation leider auch sehr schwer macht, eindeutig zu sein. Was einer sagt, kann ein anderer völlig falsch verstehen. Wenn ich von der Liebe spreche, fließen meine eigenen Erfahrungen und Vorstellungen mit hinein. Wer mich hört, fühlt sich vielleicht an ähnliche Empfindungen erinnert, vielleicht auch nicht. Viele meiner Erfahrungen und Vorstellungen wiederum haben mit der Kultur, aus der ich komme, etwas zu tun. Kulturell bedingt ist auch, daß Unbehagen entsteht, wenn die Soziobiologie die Partnerwahl zu erklären versucht. Sie ist nämlich hoffnungslos unromantisch.

69 : 888, das ungerechte Verhältnis

Innerhalb einer halben Stunde erzeugt ein gesunder Mann etwa soviel Samenzellen oder besser »Nachwuchspotential«, wie eine Frau im ganzen Leben nicht. In Zahlen ausgedrückt: Ein Mann produziert täglich etwa 30 bis 50 Millionen Samenzellen, wohingegen bei einer Frau ungefähr alle 28 Tage eine Eizelle heranreift. So gesehen ist der Mann im Vorteil. Gerne wird als Beweis für ungetrübte Zeugungskraft jener marokkanische Großpascha Moulay Ismael angeführt, der insgesamt 888 Kinder gezeugt haben soll. Da scheint die Zahl von 69 Kindern, die eine Moskauerin auf die Welt gebracht hat, geradezu beschämend. Ist diese Ungleichheit zwischen den Geschlechtern hinsichtlich des Fortpflanzungspotentials noch vergleichsweise nebensächlich, so stoßen wir angesichts der mütterlichen Investition in den Nachwuchs schon eher auf handfeste Benachteiligungen. Ein Kind bleibt

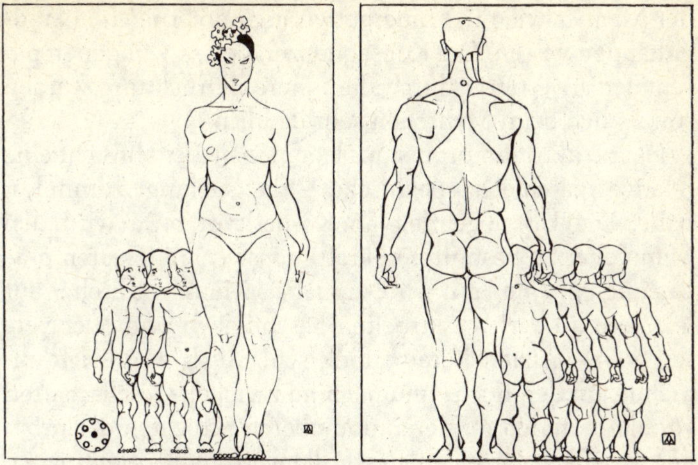

Abb. 19: Ein Geschlechtsunterschied, der auch die Partnerwahl und das Werbeverhalten beeinflußt: Männer können vergleichsweise mehr Kinder hervorbringen als Frauen.

nicht nur neun Monate im Mutterleib, die Schwangerschaft selbst kann eine Frau im ungünstigsten Fall vor eine Menge Schwierigkeiten stellen: Neben den möglichen sozialen und persönlichen Problemen bewirken die hormonalen Umstellungen häufig Übelkeit und emotionale Wechselbäder. Und auch die vielen emotionalen und physiologischen Investitionen sind trotz des meist beglückenden Gefühls einer Schwangerschaft in ihrer Auswirkung nicht zu unterschätzen.

Das neugeborene Kind ist auf mütterliche Nahrung unbedingt angewiesen. Aber das Stillen kostet Kraft, etwa eine Kilokalorie pro Gramm Muttermilch. Ein Säugling, der täglich bis zu tausend Gramm trinkt, nötigt die Mutter zu körperlicher Schwerstarbeit. Dazu kommt die allgemeine Säuglingsversorgung wie Wickeln, Baden, Spazierengehen und vieles mehr.

Das Klischee von der Mutterrolle hat sich trotz massiver (und wie wir meinen teilweise berechtigter) Kritik vor allem von der Frauenbewegung insgesamt gehalten. Der Großteil der Männer will die Kinderbetreuung immer noch in Frauenhänden wissen. Die Konsequenzen der erzwungenen parentalen Investition durch die innere Befruchtung werden somit auch beim Menschen sehr deutlich.

Der Strukturdimorphismus legt in mancher Hinsicht eine relative geschlechtsspezifische Arbeitsteilung zumindest nahe. Die Überlegenheit an Körperkraft etwa wird den Mann eher zu bestimmten kraftintensiven Tätigkeiten prädestinieren; eine Frau wird, zumal als Mutter, sich eher auf leichtere körperliche Arbeiten beschränken und/oder verstärkt im sozialen Bereich tätig sein. Auch wenn sich allmählich in den hoch- und nachindustriellen Gesellschaften vor allem in den mittleren und oberen Schichten der urbanen Bevölkerung cin neues Rollenverständnis breitmacht, so dürften dennoch nach wie vor die gängigen Klischees vorherrschen.

Die spröde Frau und der Schürzenjäger

Besteht Einigung darüber, daß Frauen bei der Nachwuchsversorgung einen höheren Aufwand zu bestreiten haben, können wir mit Krebs und Davies vorsichtig folgende Schlußfolgerungen aufstellen: Bei den Menschen besteht ein den Gegebenheiten im Tierreich ähnliches Verhältnis zwischen der Dauer der Brutpflege und dem erforderlichen Mindestmaß an Vorleistung durch den Mann. Frauen müßten sich daher bei Annäherung eines Mannes zunächst zurückhaltend und abweisend verhalten, um ihn so zu bestimmten Vorleistungen zu veranlassen. Je länger die Werbephase andauern würde, desto stärker müßte der Mann »investieren« und desto besser würde sich die Investition im Sinne einer einfachen Kosten-Nutzen-Rechnung bei seiner familiären Fürsorgepflicht auszahlen – rein biologisch betrachtet.

Der schlechte Ruf der Männer läßt sich, soziobiologisch jedenfalls, durchaus begründen. Ihr notorisches Draufgängertum, die ständige Schürzenjagd, dieses »Immer-nur-daseine-im-Kopf-Haben« ist unschwer als Pendant zur ebenso altbekannten weiblichen Zurückhaltung auszumachen und scheint seinen Sinn zu haben. Lange Werbephasen widerstreben der »Natur« des männlichen Geschlechts, und oft scheint es, als fielen sie lieber mit der Tür ins Haus. Unterstellt man beiden Geschlechtern einen mehr oder minder verdeckten Reproduktionswillen, wäre die geeignete Strategie für Männer, möglichst viele Beziehungen einzugehen, um sich der langwierigen Prüfungen durch die Frau zu entziehen.

Die Auswahlkriterien bei der Partnerwahl – rein biologisch

Wir hatten bereits besprochen, warum im Tierreich die Geschlechter unterschiedliche Fortpflanzungsstrategien verfolgen. Dabei stellten wir fest, daß Männchen bei der Partnerwahl auf bestimmte äußere Merkmale wie beispielsweise Gesundheit oder Alter achten. Ein Mann kann solche äußeren Merkmale bei einer Frau relativ mühelos ablesen; ob sie ihm gefällt, hängt letztlich vom individuellen Geschmack ab. Doch Faktoren wie »reine Haut«, »glänzendes Haar« oder gar »gebärfreudiger Körperbau« lassen objektiv (mit Einschränkungen zwar) Rückschlüsse auf den Gesundheitszustand und das Alter der Frau zu.

Ganz anders ist die Situation bei der Frau: Die Schönheit eines Mannes ist noch lange keine Garantie für eine sicher versorgte Familie. Dazu bedarf es vielmehr einer ranghohen sozialen und ökonomisch gesicherten Position. In materieller Sicherheit läßt es sich leichter leben und Kinder großziehen. Das ist schon angesichts der ausgesprochen langen Abhängigkeit der Kinder von der elterlichen Fürsorge naheliegend. Für David Buss[67], einem führenden Psychologen auf dem Gebiet der Partnerwahl, ist die Lage eindeutig: Frauen achten auf das Versorgungspotential *(male resource potential)* von Männern, Männer achten auf Kennzeichen des reproduktiven Potentials *(female physical cues to reproductive value)* bei Frauen.

Aber wie sieht es neben den eben genannten »Äußerlichkeiten« bei Faktoren wie Treue und Seitensprung aus, die für die gemeinsame Fürsorge der Nachkommen schließlich ebenso wichtig sind?

Das Kavaliersdelikt des Mannes – der Treuebruch der Frau

Partnerschaftliche[68] Treue beinhaltet bekanntlich eine gewisse Ausschließlichkeit, Zuverlässigkeit und Loyalität in platonischer, pragmatischer und sexueller Hinsicht. Treuebrüche können folglich auf unterschiedlichen Ebenen vollzogen werden. Wenn im folgenden von Seitensprung die Rede ist, so ist der *sexuelle* Treuebruch in einer ansonsten monogam gestalteten Beziehung gemeint.

Die Frage, ob unsere Partnerschaftsform überhaupt auf Monogamie angelegt ist, läßt sich nach einer kulturvergleichenden Untersuchung des Anthropologen George Peter Murdock mit einem klaren »Nein« beantworten. Von 846 untersuchten menschlichen Gesellschaften ließen 708 auf Gesetzesebene Polygamie zu. Die von uns betriebene monogame Lebensform teilen wir also mit nur 16 Prozent aller Kulturen.

Vor allem Männer schließen Vielehen. Bei nur 0,5 Prozent der untersuchten Gesellschaften stieß Murdock auf Polyandrie. Wenn Frauen vor dem Gesetz mehrere Bindungen gleichzeitig eingehen können, geschieht dies jedoch nur unter ganz bestimmten wirtschaftlichen Voraussetzungen.

Männer, dafür sprechen die Zahlen, neigen zur Polygamie. Es ließe sich nun einwenden, die monogame »Haltung« von Frauen beugte sich ursprünglich lediglich dem egoistischen Bestreben des dominierenden und die soziokulturelle Richtung angebenden männlichen Geschlechts. Daß Frauen seit Menschengedenken Leidtragende einer doppelten Moral sind, wissen wir. Auch wenn sich die Entstehungsgeschichte dieser doppelten Moral durchaus biologisch nachvollziehen läßt, so hatte sie dennoch unakzeptable Folgen.

Der Mensch hat den »Kampf der Geschlechter« über Jahrtausende auf ungerechte Weise zuungunsten des weiblichen Geschlechts geführt. Selbst das Monogamie predigende Christentum ist auf unangenehm patriarchale Weise von dieser doppelten Moral durchdrungen.[69] Gibt es nun biologische Anhaltspunkte für die männliche Tendenz zur Vielehe und für die weibliche zur Einehe? Männer können, wie das eingangs zitierte Rechenexempel[70] aufgezeigt hat, im Gegensatz zu Frauen die Anzahl ihrer Nachkommen durch Vielehe steigern.

Auch »Äußerlichkeiten« wie das relative Hodengewicht oder die Körpergröße verraten, welche Partnerschaftsform von den jeweiligen Geschlechtern biologisch bevorzugt wird. Die wissenschaftliche Errechnung des relativen Hodengewichts des Mannes gibt keinen Hinweis dafür, daß das weibliche Geschlecht des Homo sapiens ursprünglich auf Vielehe eingerichtet ist.[71] Nun liegt in dieser Berechnung lediglich die Information verborgen, wie stark der innergeschlechtliche männliche Wettbewerb ist; sie erlaubt keine Beantwortung der Frage, ob diese selbst Vielehe betreiben oder nicht.

Vergleicht man den zwischengeschlechtlichen Größenunterschied verschiedener Primaten mit dem der Menschen, so ergibt sich, daß der männliche Vertreter des Homo sapiens zur Polygamie, wenn auch in abgemilderter Form, neigt. Gegen eine *ausgeprägte* Form männlicher Vielehe beim Menschen spricht auch die Tatsache, daß sich die Männchen polygyner Arten, von der Verteidigung ihrer Jungen abgesehen, kaum an der Brutpflege beteiligen.

Rein biologisch gesehen tendieren Männer eher zum Seitensprung als Frauen, dennoch: ». . . eine junge Frau ist doch immer in Gefahr, Witwe zu werden, und das macht, daß sie ihre Reize über alle, den Glücksumständen nach ehefähigen Männer ausbreitet, damit, wenn jener Fall sich ereignete, es ihr nicht an Bewerbern fehlen möge.«[72]

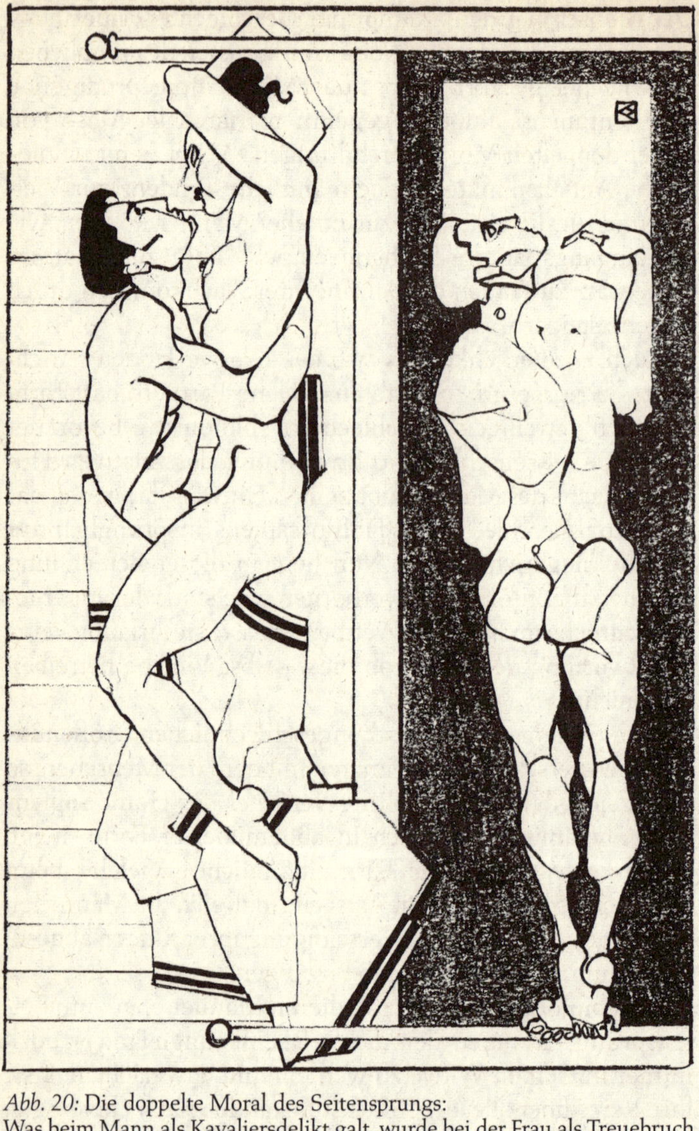

Abb. 20: Die doppelte Moral des Seitensprungs:
Was beim Mann als Kavaliersdelikt galt, wurde bei der Frau als Treuebruch gesühnt.

Der von den meisten Männern gefürchtete Seitensprung der Frau ist beileibe noch kein Beweis für promiskes Sexualverhalten. Daher werden einige der Promiskuitätsthesen, die bei manchen Tieren durchaus zutreffen mögen, beim Menschen nicht greifen. Noch am ehesten auf den Menschen anwendbar ist die leicht abgeänderte »Prostitutionshypothese« von Zuckerman. Frauen können sich durch eine außerpartnerschaftliche sexuelle (und freundschaftliche) Bindung Sicherheit und Rückendeckung bei einem anderen Mann erhoffen, falls die eigene Partnerschaft in die Brüche gehen sollte.

Auch die Theorie vom »Kuckucksei« bedarf einer menschengerechten Abänderung. Daß gesellschaftlich (rangniedere) ungünstiger gestellte Frauen ein außereheliches Geschlechtsverhältnis mit einem ranghohen Mann eingehen sollten, um so an »gute Gene« zu kommen, ist schwer nachvollziehbar. Zwar sollen nach den spektakulären Ergebnissen einer amerikanischen Untersuchung[73] immerhin 20 bis 30 Prozent aller US-amerikanischen Kinder aus Seitensprüngen stammen. Will man diesen Zahlen, die durch Bluttests gewonnen wurden, glauben und sie auf die Kuckucksei-Theorie anwenden, müßten diese außerehelichen Kinder allesamt von »ranghöheren« Männern abstammen. Ein brauchbarer empirischer Beleg für eine solche Vermutung dürfte unmöglich zu erbringen sein. Einerseits wäre nachzuweisen, daß ranghohe Frauen weniger Seitensprünge vollziehen als rangniedere, andererseits, daß rangniedere Frauen tatsächlich ranghöhere Männer bevorzugen. Hier scheitern recht einleuchtende soziobiologische Modelle an viel zu komplexen und begrifflich ungeklärten Grundproblemen, wie etwa an der Definition von Ranghöhe.

Verhaltensforscher wie Eibl-Eibesfeldt (persönliche Mitteilung) halten dem Modell vom selektiven Vorteil der Kuckucksei-Strategie entgegen, daß für die Frau die Gefahr viel zu groß sei, nach der Entdeckung des Kuckuckseies vom gehörnten Mann verstoßen zu werden. Dem männlichen

Mißtrauen bei Vaterschaftsfragen steht sogar die Gesetzgebung zur Seite. Nach deutschem Recht kann ein Ehemann innerhalb einer Frist von zwei Jahren nach Aufkommen des Verdachts die Ehelichkeit seines Kindes anfechten. Sollte sich seine Vermutung bewahrheiten, so kann er die Sorgepflicht für das außereheliche Kind zurückweisen. Außerdem kann er mögliche Vaterschaftskandidaten gerichtlich zum Vaterschaftstest zwingen lassen.[74]

Viele Vertreter der Soziobiologie schließen aus dem geschlechtsspezifischen Sexual- und Reproduktionsverhalten auf bestimmte Bindungsformen und bemühen sich dann, daraus geschlechtsspezifische Neigungen zum Seitensprung abzuleiten. Das kann schnell zu einer Rechtfertigung mit biologischen Argumenten eben der doppelten Moral werden, wie sie seit einigen Jahrhunderten in vielen Ländern Europas immer noch gesetzlich verankert ist.

Galten und gelten bis heute die Seitensprünge der Männer mehr oder weniger als Kavaliersdelikte, so hatten die Frauen im gleichen Fall früher mit drastischen Strafmaßnahmen zu rechnen. »Es ist nicht der Seitensprung an sich, den das Gesetz bestraft, sondern vielmehr, daß fremde Kinder auf diese Weise in die Familie gebracht werden . . . Männlicher Seitensprung hat nicht diese Konsequenzen«, heißt es sinngemäß in einem französischen Gesetzbuch aus dem Jahre 1827. Österreich war 1810 übrigens das erste Land, das den außerehelichen Geschlechtsverkehr bei beiden Geschlechtern gleich hart bestrafte.

Wenn man die Entwicklung der Partnerschaftsformen etwas großzügiger erklärt und neben dem Reproduktionsvermögen auch andere Faktoren wie etwa das erfolgreiche Großziehen der Kinder berücksichtigt, gewinnt die Feststellung Volker Sommers an Plausibilität, daß es keine »naturgewollte« Eheform des Menschen gibt, vor allem keine genetisch vorgegebene Einehe. Jedoch weist das menschliche Verhalten zusammen mit den körperlichen Besonderheiten und den biologischen Unterschieden auf gewisse geschlechtsspezifische Tendenzen hin: milde Polygamie des Mannes und milde Monogamie der Frau.

Ist Eifersucht eine neue Art der »Partnerüberwachung«? Männer und Frauen müssen mit Seitensprüngen ihres Partners rechnen. Um sie schon im Vorfeld zu verhindern, halten sich die Männchen mancher Tierarten während der Fruchtbarkeitsphase ständig bei ihren Weibchen auf und vertreiben alle Nebenbuhler. Dieses Überwachungsverhalten soll den Fortpflanzungserfolg sichern.

Beim Menschen finden sich entsprechende Praktiken. In vielen Kulturen beginnt die Überwachung bereits vor der eigentlichen Eheschließung, wo Familienmitglieder, Eltern oder Brüder auf die Jungfräulichkeit der zu verheiratenden Tochter bzw. Schwester sorgfältig achten. Ein ganz besonderer Brauch, der sicher auch Überwachungsfunktion hat, ist noch heute vor allem im Sudan üblich. Durch die sogenannte Infibulation wird während eines familiären Festakts dem jungen Mädchen die Klitoris oder ein Teil von ihr abgetrennt und die Vagina bis auf eine winzige Öffnung zugenäht. Erst kurz vor der Hochzeit wird die Naht wieder aufgetrennt. Beide Prozeduren sind für die Frau äußerst schmerzhaft. Die Infibulation soll unter anderem den vorehelichen Verkehr unterbinden. Zwar ist im Sudan diese Form der Beschneidung seit 1946 offiziell verboten, sie wird jedoch immer noch praktiziert. Auch in unserem Kulturkreis sind Methoden der Partnerüberwachung bekannt.

Die Gründe für die Partnerüberwachung sind vielschichtig. Zum einen will sich der werdende Ehemann seiner Vaterschaft sicher sein und eine Ehe mit einer von einem anderen Mann geschwängerten Frau vermeiden. Zum anderen, so Sommer, rechnen die Ehemänner von Frauen, die bereits vorehelichen Geschlechtsverkehr hatten, eher mit einem späteren Seitensprung ihrer Frauen als Männer, die eine

Jungfrau heiraten. In der Tat besteht bei Frauen ein positiver Zusammenhang zwischen häufigem vorehelichen Geschlechtsverkehr und späterer Neigung zum Seitensprung. Nach Desmond Morris[75] soll das bei Jungfrauen vorhandene Hymen, welches bei der Defloration unter Schmerz zerreißt, die Frau indirekt daran erinnern, sich einem Mann nicht bereitwillig hinzugeben, ohne ihn vorher genau auf seine wahren Absichten hin geprüft zu haben.

In Kulturkreisen, die eine relativ freie Partnerwahl zulassen, wird die voreheliche Partnerüberwachung auf indirekte Weise vorgenommen. Männer können bereits bei der Umwerbung einer Frau am Grad der Sprödigkeit der Umworbenen feststellen, wie schnell sie sich auf Männer einläßt. Je höher er ist, desto wählerischer wird die Frau sein – somit auch gegenüber den Konkurrenten. Das mindert das männliche Mißtrauen gegen die weibliche Seitensprungbereitschaft. Probleme entstehen für Männer dann, wenn mit wachsender weiblicher Attraktivität auch die Zahl ihrer (vermutlichen) Verehrer steigt, die sie zum Seitensprung verführen könnten. Folglich ist zu erwarten, daß Männer bei der Partnerwahl einerseits auf möglichst gutes Aussehen der Frau achten, andererseits darf ihre Attraktivität jedoch nicht seine Konkurrenzfähigkeit gefährden.

In unserem Kulturkreis hat sich der früher kollektiv-gewaltsam vorgenommene Vollzug der Partnerüberwachung auf die individuell-psychische Ebene verlagert. Es geht nicht mehr um die voreheliche Jungfräulichkeit, sondern um die möglichen Auswirkungen eines Seitensprungs auf die Verteilung der parentalen Investition. Männer befürchten, ahnungslos die Kinder eines anderen Mannes aufzuziehen, Frauen hingegen, ihre Männer könnten eine neue Familie gründen und sie im Stich lassen. Aufgrund dieser unterschiedlichen Ängste, so M. Daly, M. Wilson und S. Weghorst, werden auch geschlechtsspezifische Eifersuchtsgefühle entwickelt. Demnach richtet sich die Eifersucht des

Mannes eher auf den sexuellen Seitensprung, der seine Vaterschaft in Frage stellen könnte. Weibliche Eifersucht dagegen bezieht sich auf den drohenden Verlust des männlichen Anteils an der elterlichen Investition. Auch hier handelt es sich um Tendenzen; die Eifersucht kann sich beispielsweise bei kinderlosen Paaren freilich ganz anders gestalten. Dennoch: In einem Versuch konnte der amerikanische Forscher Teisman die These von der geschlechtsspezifischen Eifersucht bestätigen. Seine eifersüchtig gemachten Versuchsteilnehmerinnen störte es vor allem, wenn ihr Freund Zeit, Aufmerksamkeit und Geld in die weibliche Rivalin »investierte«. Die männlichen Probanden hingegen fühlten sich bei dem Gedanken am unwohlsten, ihre Partnerin könnte ein sexuelles Verhältnis mit einem anderen eingehen.

Übrigens lassen sich bei Männern und Frauen auch unterschiedliche eifersüchtige Reaktionen auf einen vermutlichen Rivalen feststellen. Für ein Experiment[76] ließ man eine recht attraktive Frau als Lockvogel auf ein Pärchen zugehen. Diese sollte nun vorgeben, den Mann von früher her zu kennen und sich ihm gegenüber recht vertraut geben. Gleichzeitig sollte sie die Freundin des Mannes ganz bewußt nicht beachten. Beobachtet wurde das Verhalten der Freundin. Derselbe Versuch wurde dann mit umgekehrten Rollen wiederholt. Es zeigte sich deutlich, daß die eifersüchtig gemachten Frauen wegblickten und eine Konfrontation zu vermeiden suchten. Die eifersüchtigen Männer hingegen fixierten ihren vermeintlichen »Rivalen« mit Blicken, ein Verhalten, das als aggressiv eingestuft wird.

Eine andere Untersuchung kam zu einem ähnlichen Ergebnis. Die Männer beschrieben ihre Eifersucht als Zustand blindwütiger Rage, in dem sie sogar die Freundin bedrohen, Trost im Alkohol suchen und öfters mit anderen Frauen ausgehen. Die Frauen nannten Weinen und Schreien, aber auch die Steigerung ihrer Attraktivität als für sie typische Reaktionen.

Abb. 21: Frauen und Männer reagieren in Situationen, in denen sie eifersüchtig sind, unterschiedlich, enthüllte u. a. ein Experiment. Eifersüchtige Männer »fixieren« ihre Konkurrenten bedrohlich, Frauen hingegen gehen einer offenen Austragung von Konflikten aus dem Weg und meiden den Blickkontakt mit der Rivalin.

Eine weitere Spielart der indirekten Partnerüberwachung ist die stets drohende Konsequenz eines Treuebruchs, die Ultima ratio der männlichen Empfindlichkeit gegenüber Seitensprüngen ihrer Frauen: die Scheidung. Geschlechtsunterschiede werden auch auf emotionaler Ebene deutlich. Nach den Ergebnissen einer Umfrage[77] sühnten Männer den Treuebruch ihrer Frauen innerlich mit Mordabsichten, die Frauen hingegen trugen sich mit Selbstmordgedanken. Im Kinsey-Report gaben immerhin knapp über die Hälfte der befragten geschiedenen Männer einen Seitensprung ihrer Frau als Scheidungsgrund an. Nur gut ein Drittel der Frauen quittierten ihrerseits die Untreue des Partners mit einer Scheidung.

Vieles deutet darauf hin, daß die eifersüchtigen Affekte der Frauen insgesamt gemäßigter sind als die der Männer. Gewaltanwendung kommt für Frauen als Mittel der Partnerüberwachung aufgrund der durchschnittlichen körperlichen Unterlegenheit nicht in Frage. Bemühen wir noch einmal die Biologie.

Frauen verfügen über eine unter den Primaten einzigartige Möglichkeit, Männer über ihre Fruchtbarkeit im unklaren zu lassen: über die verdeckte Ovulation. Im Gegensatz zu weiblichen Tieren, die ihren Eisprung etwa durch eine auffällige Schwellung der Geschlechtsorgane oder durch Duftsignale anzeigen, können Frauen selbst ihren Eisprung oft nur mittels Zählung oder Temperaturmessung ermitteln. Für die Soziobiologen Richard Alexander und Katherin Noonan ist die naturgewollte »Einrichtung« ursprünglich dazu gedacht, den Mann eng an sich zu binden. Je mehr Zeit die Partner miteinander verbringen und je häufiger sie sexuell miteinander verkehren, desto sicherer kann sich der Mann seiner Vaterschaft sein. Morris fügt hinzu, daß sich die weibliche Fähigkeit zum Orgasmus zusammen mit der verdeckten Ovulation entwickelt habe, um die Unsicherheit über den genauen Zeitpunkt des Eisprungs auszugleichen. Die

Orgasmusfähigkeit erweise sich als Maßnahme gegen das Nachlassen der sexuellen Bereitschaft. Doch dürfen verdeckte Ovulation und Orgasmus nicht überbewertet werden. Sie können isoliert die Partnerbindung nicht erklären.

Ziehen sich Gegensätze an?

Das Diskussionsthema ist beliebt: »Ziehen sich Gegensätze an?« oder »Gesellt sich gleich und gleich gern?« Es kommt sicherlich nicht von ungefähr, daß diese Sinnsprüche überhaupt entstanden sind. Und fühlt man ihnen auf den Zahn, gibt es schnell Schwierigkeiten mit ihrer Gültigkeit. Es macht ja keinen Sinn, ein Vorurteil durch weitere Vorurteile beweisen zu wollen. Daher müssen wir die Erörterung der Sinnsprüche etwas tiefer ansetzen.

Im Laufe unseres Lebens begegnen wir einer Menge Menschen, von denen wir viele näher kennenlernen; lediglich mit einigen schließen wir Freundschaft. Gemessen an der potentiell ungeheueren Auswahlmöglichkeit, gehen wir aber im Normalfall nur mit einer sehr beschränkten Zahl von Menschen auch sexuelle Verbindungen ein. Für die Wahl des Lebensgefährten bzw. Ehepartners kommt schließlich nur noch ein Bruchteil in Frage. Dafür sorgen schon die strengen Auswahlkriterien, die sich im Verlauf der sexuellen Selektion herausgebildet haben. Natürlich kommt noch viel mehr ins Spiel. Der Weg auf der bewußten oder unbewußten Suche nach einem Partner kann bekanntlich hart gepflastert sein, gibt es doch einige (hier freilich recht schematisch aufgezählte) Hindernisse zu überwinden. Da muß man zuerst einmal einem Menschen begegnen, mit dem man sich überhaupt eine lange und intensive Bindung vorstellen kann. Als nächstes will die Zuneigung erwidert werden, das heißt, es besteht ein Bedürfnis nach Reziprozität der Gefühle. Nun sagt ein oberflächliches Einvernehmen zweier Menschen aber kaum etwas über die spätere »Qualität« einer Partnerschaft aus.

Dem amerikanischen Psychologen B. Murstein nach gestaltet sich dieser Anfangsprozeß einer Beziehung in der Theorie so: Jede(r) hat eine Art Filter im Kopf und wählt schon von Anbeginn an das heraus, worauf es ihm(ihr) ankommt. Aufgrund bestimmter Reize werden wir auf eine Person aufmerksam – erste Filterung. Gesetzt den Fall es kommt zur Bekanntschaft, dann machen wir uns im Laufe der ersten Begegnungen und Gespräche einen ersten Eindruck von unserem Gegenüber (zweite Filterung); dieser Eindruck ergibt sich aus gewissen allgemeinen Daten, wie Weltanschauung, Lebensauffassung usw. Wir werden nach diesen Informationen bewußt oder unbewußt darüber entscheiden, ob wir den Kontakt abbrechen oder weiterentwikkeln wollen. Im zweiten Fall wird unser Filter später Informationen darüber liefern, ob sich die anfänglichen Erwartungen erfüllt haben oder nicht.

Leider gibt die Filtertheorie nur Hinweise auf die Prozedur. Nach welchen Kriterien wir weiterverfahren, auf welche Reize wir ansprechen und um welche Werte es uns geht, darauf weiß sie keine Antwort zu geben.

Mit der zunehmenden Liberalisierung der Partnerwahl in den letzten Jahrzehnten stieg auch das Interesse an ihrer wissenschaftlichen Erforschung stark an. Bereits in den vierziger Jahren nahm die Soziologie eine wichtige Spur auf: das Phänomen der Ähnlichkeit bei Partnern. Den Anfang machten systematisch-vergleichende Studien. Sämtliche denkbaren Merkmale, die innerhalb einer Beziehung von Soziologen und Psychologen für wichtig gehalten wurden, waren Gegenstand der Untersuchungen.

Nach über fünfzig Jahren Forschung auf diesem Gebiet herrscht im Fach die übereinstimmende Überzeugung, daß der vielzitierte Spruch »Gegensätze ziehen sich an« empirisch nicht zu halten ist. Das Gegenteil, *assortative mating* »übereinstimmende Partnerwahl«, treffe zu. Auch einige interessante biologische Überlegungen sind hier anzuführen.

Eine davon beschäftigt sich mit dem weiten Problemfeld der genetischen Inzucht. Wenn man sich noch einmal den Grundsatz vor Augen hält, daß die Partnerwahl vom Interesse der optimalen Weitergabe der Gene mitbestimmt sei, liegt der Gedanke der Inzucht nahe. Bei der Fortpflanzung wird ja bekanntlich nur jeweils die Hälfte des elterlichen Erbguts weitergegeben. Der genetische Anteil sinkt dann von Generation zu Generation jeweils um die Hälfte ab. Urenkel tragen folglich nur noch ein Achtel der Gene ihrer Vorfahren der vierten Generation. Mit Inzest könnte man hypothetisch dieser genetischen Verdünnung entgegenwirken. Warum Inzucht aber auch genetisch nicht zweckmäßig sein kann, hängt mit der Gefahr der Weitervererbung sogenannter negativer rezessiver, also verdeckter Gene zusammen. Dadurch erhöht sich bei der Inzucht die Gefahr, genetisch geschädigte Kinder zu zeugen.

Selbst wenn keine unmittelbare Inzucht vorliegt, können sich auch nahverwandte Ehen genetisch nachteilig auswirken, wenn auch nicht so kraß. Zu diesem Ergebnis kam eine japanische Studie[78], die 2300 Kinder nahverwandter Ehen mit 2000 Kindern aus nicht nahverwandten Ehen verglich. Die Kinder aus der ersten Gruppe begannen insgesamt später zu sprechen und zu laufen, hatten einen geringeren Intelligenzquotienten und wiesen schlechtere Schulleistungen auf als die Kinder der zweiten Gruppe. Eine in Indien durchgeführte Untersuchung[79] an über 20 000 Frauen und 70 000 Schwangerschaften bestätigte ebenfalls die negativen Auswirkungen der Inzucht: Totgeburten und plötzlicher Kindstod kamen bei nahverwandten Ehen wesentlich häufiger vor. Auch im Tierreich wird Inzucht weitgehend vermieden.[80]

Ein Widerspruch bahnt sich an: Die theoretisch optimale Verbreitung eigener Gene durch Inzucht gerät durch eben diese in Gefahr. Nur ein Kompromiß zeigt den Ausweg: das *assortative mating.* Um beiden genetischen Erfordernissen gerecht zu werden, orientieren sich die Partner bei der Wahl, so der Wissenschaftler Philippe Rushton[81], unter anderem auch an Anzeichen, die auf ähnliches Erbgut schließen lassen. Im Tierreich finden wir viele Beispiele, die für die Richtigkeit dieser Vermutung sprechen. Die Fliegenart Drosophila, die sich durch ihr individuell verschiedenfarbiges Aussehen bereits mehrfach für die Erforschung der Partnerwahl bewährt hat, zieht bei der Wahl gleichfarbige Partner vor. Vergleichbares kennen wir von den Darwinfinken.[82] Sollte sich durch das *assortative mating* nachweislich ein Selektionsdruck auf genetisch bedingte Ähnlichkeiten gerichtet haben, wäre es nicht abwegig, auch beim Menschen nach solchen Erscheinungen zu suchen. Wieder war es Rushton[83], der keine unangenehme Frage scheute. Zunächst interessierte ihn, ob Freundschaften allgemein nach einem gewissen genetischen Ähnlichkeitsprinzip funktionieren. Die Überlegung ist aus genetischer Sicht nicht abwegig. Man vermutet heute, daß nicht nur die äußerlich erkennbaren (phänotypischen) Veranlagungen wie Augen- und Haarfarbe, Körpergröße usw. vererbt werden, sondern auch die eher verborgenen (genotypischen) Eigenschaften des Charakters, der Intelligenz, ja sogar Suchtbereitschaft und dergleichen mehr. Rushton konzentrierte sich also in seiner Studie über Freundschaften heterosexueller Männer sowohl auf die phänotypischen als auch genotypischen Merkmale. Einer exakten Körpervermessung, wobei auch morphologische Details wie Armumfang, Armlänge, Länge des Fingers usw. berücksichtigt wurden, folgten detaillierte Persönlichkeitstests zur Weltanschauung, Moral und ähnlichem. Zuletzt unterzog er die Probanden noch einem Gentest. Die Ergebnisse dieser etwas befremdlichen Untersuchung ließen ihn gleichwohl zu der Überzeugung gelangen, daß die genetische Komponente bei der Freundeswahl eine maßgebliche Rolle spielen muß; sie dominiere sogar über die Bedeutung äußerer Einflüsse.

Durch eine weitere Studie (1988) wollte der furchtlose Soziobiologe in Erfahrung bringen, ob die genetische Ähnlichkeit bei der Partnerwahl tatsächlich evolutionär »belohnt« werde. Zu diesem Zweck untersuchte er rund 1000 Paare. Die Paare unterteilte er wiederum in vier Gruppen: Paare mit Kind von einem anderen Mann, Paare mit gemeinsamem Kind, kinderlose und zuletzt per Zufall zusammengestellte Paare. Gentests an den Versuchsteilnehmern, die auf Hinweise genetischer Ähnlichkeit der untersuchten Partner zielten, lieferten Rushton Datenmaterial zur Stützung der These vom Vorteil des *assortative mating*. Die Paare mit einem gemeinsamen Kind waren sich nämlich genetisch ähnlicher als die übrigen Paare.

Ein Werturteil

Der Kampf der Geschlechter begann mit der evolutionären Trennung von Ei- und Samenzellen und dem dadurch bedingten unterschiedlichen parentalen Investment. Diese Faktoren führten zu unterschiedlichen Strategien der Fortpflanzung und der Partnerwahl. Beim Homo sapiens scheint sich, wie bei anderen Lebewesen auch, die evolutionäre Verbreitung der eigenen Gene im Gleichheitsprinzip zu bewähren.

Die Soziobiologen erklären natürliche Vorgänge wie die Evolution mit nüchternen, eng kalkulierten Kosten-Nutzen-Rechnungen und machen bei ihrem Verständnis vom Gleichgewicht zwischen Mann und Frau keine wesentlichen methodischen Unterschiede zur übrigen Natur. Eine wichtige Ausnahme muß der Versuch einer biologischen Rechtfertigung männlicher Gewaltanwendung zur Durchsetzung seiner reproduktiven oder sonstwie gearteten Interessen bleiben; sie stünde im Verdacht, den Darwinismus zu dem machen zu wollen, was er nicht ist: zur Rechtfertigung eines Vorrechts des Stärkeren vor dem Schwächeren aufgrund der Überlegenheit seiner Körperkräfte.

Aber auch die Soziobiologie kann über eine vorhandene kulturelle Entwicklung der Menschheit nicht biologisch hinwegtäuschen. Zwar scheinen sich die Geschlechtsunterschiede etwa in der überall anzutreffenden doppelten Moral hinsichtlich der Beurteilung des geschlechtlich motivierten Verhaltens widerzuspiegeln; man denke an die ethische, juristische, aber auch wissenschaftliche Bewertung der Vielehe oder des Seitensprungs.

Ist Partnerschaft nur eine »einfache« Rechnung?

Wir nennen nur ein Beispiel von Hunderten. Die *Kunst des Liebens* besteht nach Auffassung des berühmten Psychoanalytikers Erich Fromm in der Kunst zu geben und nicht zu nehmen. So edel und wohlgemeint dieses Ideal auch sei, seine konsequente Umsetzung scheint den Menschen, nach allem was wir bisher wissen, zu widerstreben. Freundschaften, Partnerschaften und Ehebündnisse müssen von Gerechtigkeit durchdrungen sein, wollen sie auf Dauer bestehen. Selbst manche Sozialpsychologen haben das Konzept der Kosten-Nutzen-Rechnung bereits übernommen.[84] Was auch immer an Emotionen, Zeit, Geld, Bereitschaft in eine Beziehung »investiert« wird, erwartet direkt oder indirekt eine ausgleichende Erwiderung. Je gerechter dieser Austausch ist, desto stabiler wird auch die Beziehung sein. Mehrere Forschungsarbeiten scheinen dies empirisch zu belegen. Mit raffinierten Fragebögen, die alle für eine Beziehung wichtigen Aspekte abdecken sollten, wurden vor allem in den USA die Beziehungskisten frisch verliebter und verheirateter Paare durchleuchtet. Besondere Berücksichtigung fanden Fragen nach dem Vertrauensverhältnis, der Bereitschaft, dem Partner heimliche Wünsche und Gefühle zu offenbaren. Ferner sollten die gegenseitige emotionale und praktische Hilfsbereitschaft, die zeitliche und finanzielle Aufopferungsbereitschaft und der Grad der sexuellen Zufriedenheit der Paare wissenschaftlich-statistisch ergründet werden. Die Auswertungen der Ergebnisse brachten insgesamt ein übereinstimmendes Bild von der Liebes- und Partnerschaftsrealität der Befragten. Die Wissenschaftler schlossen daraus, daß eine einseitige und uneingeschränkte »Liebesinvestition« auf Dauer keine Beziehung stabilisieren kann.

Bereits in der Werbephase vor dem Beginn einer Partnerschaft läßt sich die Zukunft einer Bindung in etwa vorhersagen – mit Hilfe »einfacher« Kosten-Nutzen-Rechnungen, wie sie die Forscherin Sprecher-Fisher aufgestellt hat. Sie befragte fünfzig Schüler eines amerikanischen Colleges, die sich in einer festen Beziehung befanden, ob sie sich ihren Partnern gegenüber gleichberechtigt fühlten. Wo dies nicht der Fall war, plagte die Betroffenen zudem die Befürchtung, die Bindung würde schon bald ein Ende finden. Nach vier Jahren trat die Wissenschaftlerin mit denselben Personen erneut in Verbindung und stellte fest, daß die Hälfte mittlerweile ihre Beziehung abgebrochen hatte. Mit einfühlsamen Methoden versuchte sie nun, die Hintergründe der Trennungen zu ermitteln. Sie erfuhr nicht nur vom allgemeinen psychischen Ungleichgewicht zwischen den mittlerweile Getrennten, sondern auch, daß sich Paare, die bereits bei der ersten Befragung an einer gemeinsamen Zukunft zweifelten, tatsächlich auch bald getrennt hatten. Ungleichgewicht in einer Freundschaft entsteht schnell durch eine unterschiedliche Bereitschaft zu geben und zu nehmen. Es überrascht eigentlich nicht, daß die fehlende Balance oft genug auch von den gewissermaßen begünstigten Partnern als unangenehm empfunden wird. Vor allem Frauen leiden unter dem Gefühl, die überschwengliche Liebe ihres Partners nicht angemessen erwidern zu können. Männer hingegen empfinden das Ungleichgewicht zu ihren Ungunsten stets als besonders bedrückend.

Ein Gleichgewichtsverhältnis zwischen den Geschlechtern scheint somit nicht nur in evolutionsbiologischer Hinsicht

(s. o.) erforderlich zu sein. Partnerschaften entstehen und vollziehen sich in einem äußerst komplizierten sozialen und psychischen System. Erfolg und Dauer einer Partnerschaft hängen wesentlich von der Fähigkeit und dem Willen beider Partner ab, in ihrer Beziehung wechselseitig eine ausgleichende Gerechtigkeit im Umgang miteinander zu praktizieren.

5
Wie wir einander suchen und finden

Die bisher genannten biologischen Thesen, soziobiologische Vorhersagen und Rechenmodelle müssen nun einer harten Prüfung standhalten. Verhält sich unsere Partnerwahl tatsächlich so, wie sie theoretisch beschrieben wurde? Werden die Abläufe der Werbephase und die Auswahlkriterien etwa von biologischen Mechanismen gesteuert? Sind Frauen wirklich spröde, müssen sie sich mit draufgängerischen Männern auseinandersetzen? Legen Männer tatsächlich Wert auf eine möglichst attraktive Partnerin? Können wir die Regel bestätigen, daß Frauen den Idealpartner nach seinem Status bemessen? Wie steht's mit der Treue, mit dem Seitensprung – versuchen wir tatsächlich, bereits bei der Partnerwahl späteren Enttäuschungen vorzubeugen? Schließlich wird auch noch von großem Interesse sein, ob sich Spuren der Investmenttheorie von Trivers in unseren partnerschaftlichen Beziehungen finden lassen. Fragen, zu deren Beantwortung das nun folgende Kapitel beitragen soll.

Zum Teil werden eigene Erkenntnisse mit einfließen, die ich im Rahmen eines »Flirtprojekts«[85] gewonnen habe, das an der Forschungsstelle für Humanethologie der Max-Planck-Gesellschaft in Andechs durchgeführt wurde. An dieser Studie nahmen über 160 Schüler teil, die wir aus insgesamt 50 Gymnasien der Umgebung von München zu Vorträgen an die Forschungsstelle eingeladen hatten. Mit der Annahme dieser Einladung verpflichteten sich die Schüler zur Teilnahme an einem ihnen zunächst unbekannten

Experiment. Zu einem Vortrag wurden jeweils zwei Schulen geladen. Unter dem Vorwand, einen Videofilm zu beurteilen, baten wir nun einen Jungen und ein Mädchen unterschiedlicher Schulen in einen separaten Raum, in dem sie sich zehn Minuten lang aufhielten. Das Geschehen filmten wir mit einer versteckten Kamera, die hinter einem Einwegspiegel verborgen war. Schließlich klärten wir die Testpersonen über den Versuch auf und legten ihnen einen Fragebogen vor, dessen Beantwortung sowohl Aufschluß über die eigene als auch die gegenseitige Einschätzung geben sollte. In unsere Auswertung bezogen wir zwischen 56 und 85 Paare im durchschnittlichen Alter von 18 Jahren ein.

Wenn nun im folgenden von »eigenen Erkenntnissen« die Rede ist, beziehe ich mich jeweils auf die Ergebnisse, die ich diesem »Flirtprojekt« entnehmen konnte.

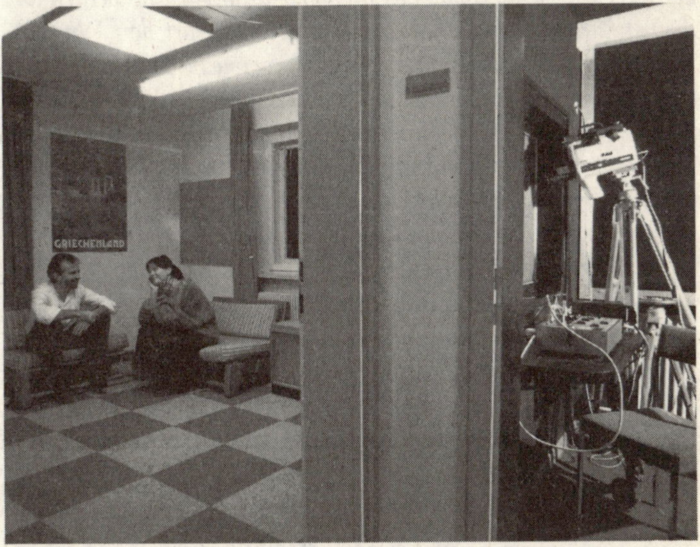

Abb. 22: Durch eine Einwegscheibe lassen sich zwischenmenschliche Begegnungen unbemerkt filmen: der ehemalige Versuchsraum der Forschungsstelle für Humanethologie.

Um die Vielfalt der Thematik möglichst anschaulich und allumfassend präsentieren zu können, werde ich den Weg einer Partnersuche aus der Sicht einer Frau beschreiben. In ihre Geschichte eingebettet werden wissenschaftliche Beobachtungen, Experimente und Erkenntnisse.

Die Durchschnittsdame

Nennen wir sie Florence, eine Frau zwischen zwanzig und dreißig Jahren. Florence wird das statistische Mittelmaß sein – die Durchschnittsfrau. Sie denkt, fühlt, lebt, verhält sich so, wie es Wissenschaftler für den Durchschnitt aller Frauen der westlichen Kultur aufgrund statistischer Mittelwerte annehmen. Mit ihr werden wir stellvertretend für einen Großteil unseres weiblichen Geschlechts den Weg der Partnerwahl beschreiten. Aus ihrer Sicht werden wir die Attraktivität des männlichen Geschlechts beurteilen. Wir werden beobachten, mit welchen »Tricks« sie versucht, einen möglichen Partner »anzulocken«, und wir werden ihr Verhalten mit unseren biologischen Überlegungen verknüpfen. Aufgrund Florences Durchschnittlichkeit wird ihre Geschichte oftmals allzu klischeehaft erscheinen, wie anders aber soll man sich den Durchschnitt vorstellen – schließlich werden Klischees von diesem geprägt.

Örtlichkeiten und Dialoge, die Florences Geschichte durchziehen, dienen nur der Veranschaulichung von Situationen und menschlichen Begegnungen, die sich in ähnlicher Weise überall anderswo abspielen könnten. Da sich die meisten Experimente und Befragungen vor allem im englischsprachigen Raum auf Studenten konzentrieren, wollen wir annehmen, Florence besucht die Universität.

Welche Frau gefällt?

Wie haben wir uns Florence vorzustellen? Formen wir sie in unseren Gedanken nach dem männlichen Durchschnittsgeschmack, so, wie ihn Allgemeinheit und Wissenschaft sehen.

Einen für alle Menschen gleichermaßen gültigen Geschmack zu definieren, ist selbstverständlich nicht möglich, folglich müssen wir uns mit der Beschreibung eines Mittelwertes begnügen. Er ist, postuliert zumindest der Soziologe Ian Vine, von einem überall gültigen Schönheitsideal geprägt, das sich im Laufe der sexuellen Selektion gebildet hat.

Wie können wir nun diesen durchschnittlichen Geschmack ausfindig machen? Erst einmal schlicht und einfach durch Befragungen, bei denen wir Anschauungsmaterial wie Fotos oder Filme unterschiedlicher Menschen einer Vielzahl von Personen zur Beurteilung vorlegen. Repräsentative geschmackliche Mittelwerte entdecken wir darüber hinaus vor allem in der Werbung. Hier wird mit Personen und Mitteln gearbeitet, die aufgrund ihres Signalcharakters auf sich aufmerksam machen – und Werbestrategen müssen sich, um effektiv zu sein, am jeweiligen momentanen geschmacklichen Trend orientieren. Ein gewisser Zusammenhang von Modetrend und Geschmack bei der Partnersuche konnte zumindest experimentell nachvollzogen werden.[86]

Das Gesicht

Männern gefällt, was Soziobiologen schlicht als ein Produkt sexueller Selektion proklamieren: das Kindchenschema. Daß Männer auf den Schmollmund, der nicht unwesentlich zur Berühmtheit von Brigitte Bardot beitrug, fliegen, dürfte in diesem Zusammenhang nun verständlich sein.

Frauen gewährt die kulturell-modische Linie das künstliche Hervorheben eines weiteren wichtigen Signals: das der Augenpartie. In den so beliebten Vorher-nachher-Demonstrationen, in denen weibliche Attraktivität oftmals nur fähigen Visagisten zu verdanken ist, kommt besonders anschaulich zum Ausdruck, wie sehr gerade jene Züge im weiblichen Gesicht manipuliert werden, die das Kindchenschema hervorheben: Lippen, Augen, hohe Wangenknochen, schmales Kinn, weiche Konturen.

Abb. 23: Brigitte Bardot
Der Schmollmund, die großen Augen, die hohen Wangenknochen, das schmale Kinn, die kleine Nase, der ausgeprägte Hinterkopf: alles Merkmale, die an das Kindchenschema erinnern – und anziehend wirken.

Auch großangelegte Studien bestätigen die männliche Vorliebe für das Kindchenschema. So legte der Psychologe Cunningham[87] Hunderten von männlichen Studenten Frauenporträts zur Begutachtung vor. Die begehrtesten Gesichter wiesen, wie Cunningham durch exakte Messungen der Gesichtszüge feststellen konnte, in der Tat genau die Merkmale des Kindchenschemas auf. Es sind Gesichter, die den evolutiv so wichtigen, männlichen Beschützerinstinkt zu erwecken vermögen, eine These, die Cunningham überdies durch Befragung der Testpersonen erhärten konnte. Für Frauen, die diesem Ideal entsprechen, würden sich die männlichen Probanden »stark machen«, würden sie am ehesten Blut spenden, würden sie sich unter Einsatz des Lebens in ein brennendes Haus wagen und würden sie sich am bereitwilligsten

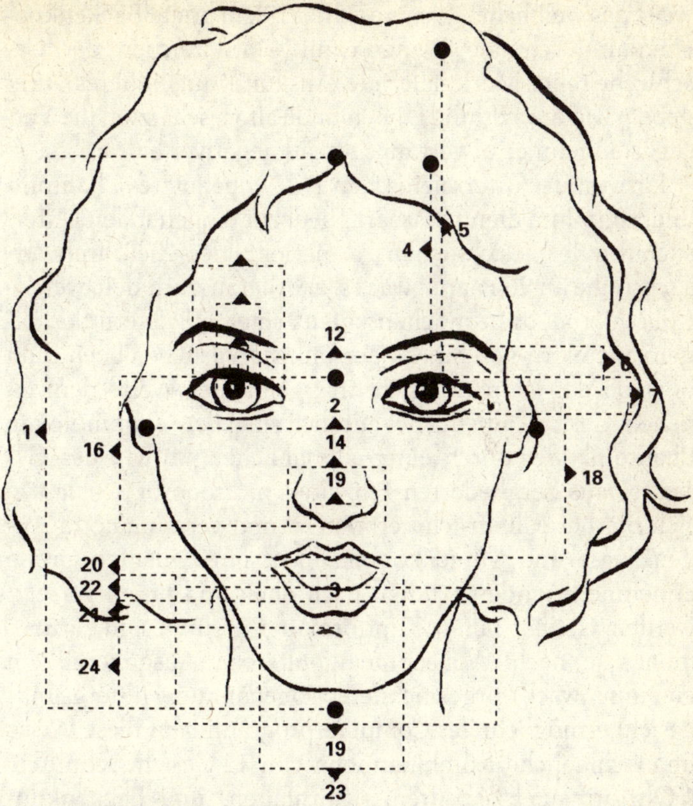

Abb. 24: Welches Gesicht gefällt?
Mit Ausmessungen dieser Art sind Wissenschaftler dem statistischen Durchschnittsgeschmack auf der Spur.

in einen reißenden Fluß stürzen, um sie aus den Fluten zu ziehen. Gefragt wurde auch, welcher Dame sie am ehesten 10 000 Dollar für eine Geschäftseröffnung leihen würden, welcher sie ein großzügiges Geburtstagsgeschenk machen würden ... usw., und immer wieder hatte das Kindchenschema die besten Karten.

Nach den Ergebnissen von Cunninghams Untersuchung

weist das weibliche »Idealgesicht« zudem breite Backenknochen und schmale Wangen auf – als Zeichen der Geschlechtsreife. Merkmale, die Auskunft auf höheres Alter geben, wie etwa dünne Lippen und Falten, schätzten die Versuchsteilnehmer erwartungsgemäß negativer ein.

Ein von der österreichischen Polizei benutztes Phantombildprogramm diente Barbara Riedl zur eingehenden Untersuchung des gesichtlichen Partnerleitbildes. Ziel ihrer Versuchsreihe an 96 Paaren war es, u. a. herauszufinden, welche Rolle hierbei das Kindchenschema spielt, inwiefern der allgemeine Normgeschmack persönliche Vorlieben beeinflußt oder ob das Wunschgesicht in irgendeiner Weise dem eigenen Gesicht ähnelt. Bekanntlich erstellen Kriminologen Phantombilder durch einen allmählichen Aufbau des Gesichtes aus zergliederten Einzelteilen. Proportionen lassen sich hierbei willkürlich verbreitern und verschmälern. Augen, Nase und Mund können nicht nur beliebige Größe annehmen, sondern zudem nach oben und unten versetzt werden. Gesichtsfalten, Kopfform und Frisuren sind darüber hinaus je nach Wunsch manipulierbar. Ausgehend von einem schwach vorgezeichneten sogenannten Hintergrundgesicht ermöglicht das Computerprogramm auf diese Weise unterschiedliche Kombinationen von 12 Gesichtsschnitten, 6 Ohrformen, 51 Frisuren, 4 Stirnfalten- und Backenknochenvarianten, 19 Augenbrauen, 18 Augenformen, 7 Augenfalten, 16 Mundformen, 11 Mundfalten, 14 Nasen und vieles mehr. Mit der stets gleichlautenden Aufforderung: »Setzen Sie ein Gesicht zusammen, das Sie als attraktiv bezeichnen würden und in das Sie sich sogar verlieben könnten!« nahmen die Probanden vor dem Computer Platz und formten das Gesicht, das ihnen bei der Partnersuche vorschwebt.

Ein einheitliches Partnerleitbild ließen die Ergebnisse nicht zu. Die Geschmäcker erwiesen sich als zu verschieden, denn die Probanden wählten fast alle möglichen Formva-

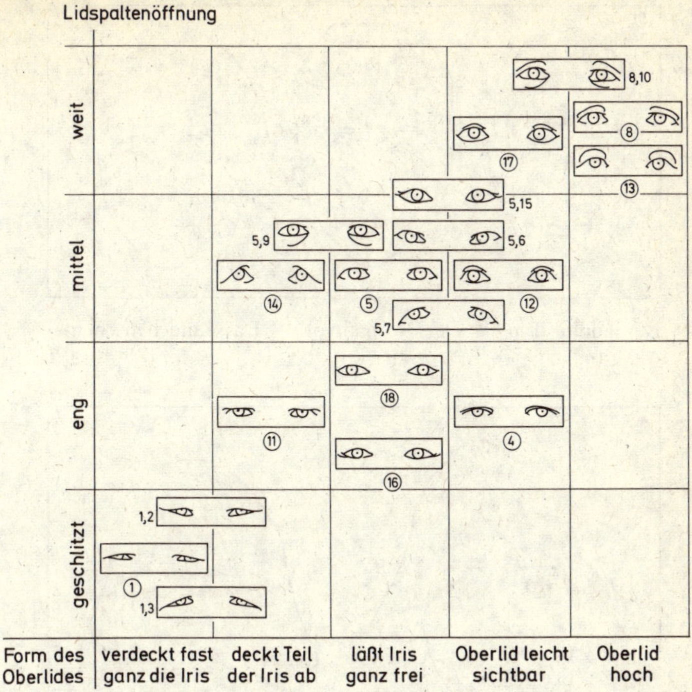

Abb. 25: Schaffen Sie sich Ihren Traumpartner!
Mit einem Fahndungscomputerprogramm der Polizei, das u. a. die unterschiedlichsten Lidspaltenöffnungen zur Auswahl stellte, kreierten Versuchspersonen ihren optischen Wunschpartner.

rianten. Übereinstimmung stellte sich hingegen bei der Bevorzugung des Kindchenschemas heraus – zumindest was das Frauengesicht anbelangt. Im Gegensatz dazu geben Frauen, wie wir noch sehen werden, eher dem »adulten«, männlichen Typ den Vorrang.

Wenngleich wir gewisse Idealvorstellungen in uns tragen, so scheinen wir im konkreten Leben bereitwillig Kompromißlösungen einzugehen. Vielleicht aber ist das Gesicht, verglichen mit anderen äußeren Merkmalen wie Kleidung, Figur oder sonstigem körperlichen Verhalten von sekundä-

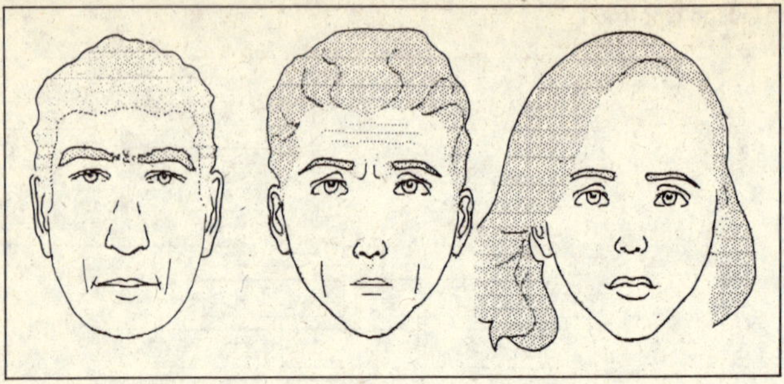

Der ›adulte‹ Typ (−9) Der ›Normaltyp‹ (0) Das ›Kindchenschema‹ (+12)

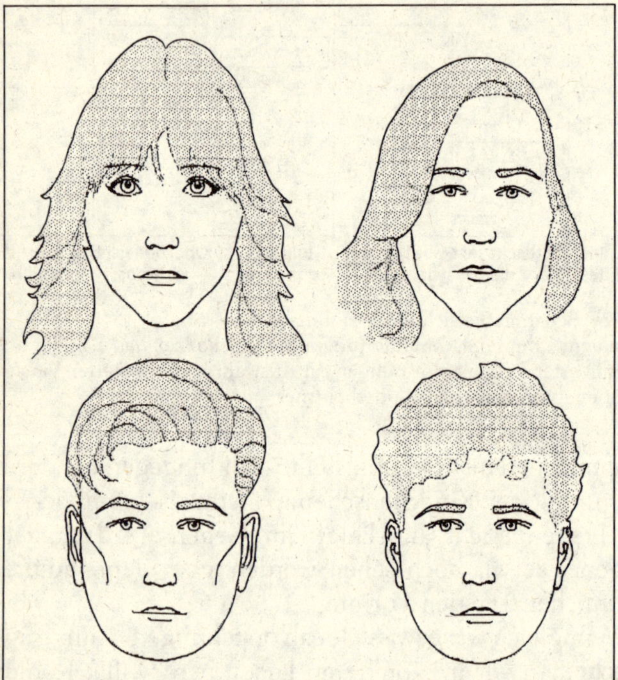

Abb. 26: Mit einem Computerprogramm für Fahndungsbilder ließ sich feststellen, welche Gesichtszüge gefallen, adulte oder kindliche. Letztere wurden eindeutig bevorzugt.

Abb. 27: Man bekommt nicht, wen man sich wünscht.
Der wirkliche Partner (oberste Abb.) hatte bei einem Experiment von Barbara Riedl rein optisch nichts mit dem Traumpartner (unterste Abb.) gemeinsam.

rer Bedeutung, denn offensichtlich – so ein weiteres Ergebnis dieser Studie – sieht der definitiv gewählte Partner ganz anders als das »Computerideal« aus.

Die Figur

Marilyn Monroe dürfte, was ihre körperlichen Proportionen betrifft, immer noch als Traumfrau Nummer eins gelten. Ihre weiblichen Kurven überdauerten twiggyhafte Modeerscheinungen und schmücken nach wie vor in Posterform die Schlafzimmer vieler Fans – nicht nur von Junggesellen.

Drei prominente Vertreter der Soziobiologie, Bobb Low, Richard Alexander und Kenneth Noonan, sehen solch geballte Erotik mit rigoroser wissenschaftlicher Nüchternheit: Volle Brüste würden zwar (rein biologisch gedacht) als potentielle Milchquelle, breite Hüften als eine wesentliche Voraussetzung für »Gebärfreudigkeit« und als Energievorrat für das Großziehen der Kinder gedeutet. Die Männer seien hier jedoch ohne Zweifel Opfer einer Täuschung, denn es gibt nun mal bislang keine Bestätigung dafür, daß Frauen mit derartigen Kurven auch wirklich fruchtbarer und gebärfreudiger sind.[88] Zudem setzten Frauen die bisweilen von ihnen selbst als unangenehm empfundenen Fettpolster gerade dort an, wo der Eindruck von Fruchtbarkeit am ehesten entstehen kann.

Anderen Theorien zufolge weist die weibliche Brust auf weitere, die Fortpflanzung betreffende Faktoren hin. Schlaffe Brüste beispielsweise verraten nicht nur höheres Alter, sondern auch bereits vorhandene Geburten. Ein überpraller Busen tritt ebenso wie der vergrößerte Warzenhof während der Schwangerschaft und Stillzeit auf. Aber auch der momentane Stand der Menstruation kann unter Umständen an der Brust erkennbar werden, die kurz davor etwas an Größe gewinnt.[89]

Abb. 28: Sind Fettpolster an der richtigen Stelle Täuschungsmanöver? Marilyn Monroe als Paradebeispiel der Verführung.

Angenommen, diese körperlichen Formen seien tatsächlich durch die sexuelle Selektion begünstigt worden, müßten Frauen aus Kulturen, in denen die klimatischen Gegebenheiten eine körperliche »Zurschaustellung« erlauben, wie etwa im heißen Afrika, wo Frauen verhältnismäßig unbekleidet bleiben, mehr »Kurven« aufweisen als in kalten Regionen. Wissenschaftler konnten einen solchen Zusammenhang bestätigen: Die Fettpolster von Eskimofrauen sind über den Körper gleichmäßiger verteilt als von Frauen mit traditionsgemäß spärlicher Bekleidung.[90] Typisch weibliche Fettverteilung geschieht somit im Rahmen eines Täuschungsmanövers: Sie gaukelt dem männlichen Geschlecht vermeintliche Fruchtbarkeit vor – mit Erfolg jedoch.

Der Wissenschaftler Jerry Wiggins erforschte zusammen mit Kollegen in einer breitangelegten Studie u. a. den Zusammenhang von Charaktereigenschaften von Männern und ihren Vorlieben für bestimmte weibliche Formen. Schablonen ermöglichten es, Frauenkörper jeweils an der Brust-, Hüft- und Beinpartie zu verändern.

Die Männer, die an diesem Versuch teilnahmen, 95 an der Zahl, zogen den gemäßigten Frauenkörper dem schmalen oder üppigen übereinstimmend vor. Kleine Brüste stießen auf geringe Begeisterung, ebenso wie ein allzu großer Hintern und kurze Beine.

Die Fangruppe des Monroetyps beschränkte sich auf Männer, die wir gemeinhin als sportlich maskulin bezeichnen. Sie betrachten Frauen unter einem stark erotischen Aspekt und streben mit ihnen häufige Rendezvous an. Es sind Männer, die gerne im Mittelpunkt stehen wollen, unabhängig, freiheitsliebend und draufgängerisch sind. Besonders ausgeprägtes sexuelles Interesse ist den Versuchsteilnehmern zuzuordnen, die die größte Brustform bevorzugten. Sie gaben im Fragebogen auch zu, sich des öfteren an den ausklappbaren Damen des *Playboy* zu stimulieren.

Diesem klassisch verwegenen und rastlosen Männertypus,

der in Frauen gerne »nur das eine« sehen will, steht der in sich gekehrte, etwas schüchterne und passive Mann gegenüber, der auf die erotischen Kurven mit Unsicherheit reagiert und kleine Brüste bevorzugt. Leicht depressiv, oftmals religiösen Glaubensgemeinschaften verbunden (zumindest in den USA), entsagt er tendenziell auch eher weltlichen Genüssen wie Alkohol und Tabak als seine soeben erwähnten Geschlechtsgenossen.

Die spezifischen Vorlieben für den weiblichen Hintern lassen Wiggins zufolge ebenso interessante Rückschlüsse auf Charaktereigenschaften der Betreffenden zu. Männer, die einem großen Frauenpo den Vorrang geben, enthüllte der Fragebogen als unsicher, unruhig, ständig schuldbewußt und passiv. Die Bevorzugung eines kleinen Hinterns hingegen wies auf Zielstrebigkeit, Aktivität und allgemeine Sicherheit hin. Weniger klare charakterliche Erkennungsmerkmale ließen Vorlieben für lange bzw. kurze Frauenbeine erkennen – nennenswert wäre vielleicht nur noch die Feststellung, daß Männer, die kurze Beine mögen, eher eine Sportillustrierte kaufen würden als den *Playboy* und daß die Verehrer der Langbeinfrau mental schwerfälliger und im Handeln langsamer sind als Kurzbeinfans.

Wiggins' Studie wird in der Fachliteratur häufig zitiert, ein Zeichen dafür, daß sie bei Kollegen durchaus ernst und wichtig genommen wird. Dafür spricht auch die Tatsache, daß eine der einflußreichsten und bedeutsamsten Fachzeitschriften, das *Journal of Personality and Social Psychology*, das sehr streng bei der Auswahl seiner Artikel vorgeht, über diese Untersuchung berichtet hat. Mehr als ein Schmunzeln kann ich jedoch dieser Versuchsreihe nicht abgewinnen. So bleiben nicht nur all ihre Ergebnisse weitgehend unkommentiert – der Leser wird auch beispielsweise nicht in Erfahrung bringen, warum Männer, die als Säugling an der mütterlichen Brust gelegen haben und nicht mit der Flasche aufgezogen worden sind, bei Frauen ausgerechnet einen kleinen Hintern bevorzugen –, auch die methodische Vorgehensweise ist meines Erachtens wissenschaftlich anfechtbar. Außerdem erscheint mir der Gegenstand dieser Untersuchung (die Erforschung des Zusammenhangs von Persönlichkeitsmerkmalen und körperlichen Vorlieben) zu komplex und undurchschaubar.

Der einzige Grund, weshalb ich den Schablonenversuch dennoch beschrieben habe, liegt darin, daß auch hier eines klar zum Ausdruck kommt: So verschieden die Geschmäkker auch sind, die von der Selektion bevorzugten Körperformen stoßen mehrheitlich auf größeres Interesse.

Darüber hinaus wird deutlich: Die ganz dem klassischen Rollenbild entsprechenden Persönlichkeiten fühlen sich von Körperformen angezogen, die von den Soziobiologen als idealtypisch bezeichnet werden: kräftiger männlicher Körperbau einerseits, weiblich erotisch wirkender Körper andererseits.

Eine genaue Beschreibung von Florences Aussehen will ich nicht vornehmen, aber verleihen wir ihrem Gesicht doch ein statistisches Höchstmaß an Attraktivität. Ein solches Idealgesicht hat der Münchener Kunstprofessor Hans Daucher ermittelt. Er legte dazu verschiedene Frauenporträts fotografisch übereinander und nahm die Augenpupillen als jeweilige Fixationspunkte. Im Endbild verschwammen die von der Norm abweichenden herausragenden individuellen Gesichtszüge, die allen gemeinsamen Gesichtsmerkmale hingegen traten verstärkt hervor. Florences Gesicht soll somit diesem Ideal entsprechen.

Auch in figürlicher Hinsicht stellen wir sie uns als »normal« vor – sie hat durchschnittliche Konfektionsgröße 36 bis 38 und keine körperlichen Besonderheiten und Makel.

Florence ist alleinstehend, ein sogenannter Single. Bislang wußte sie ihrem Alleinsein eine positive Seite abzugewinnen, jetzt aber verspürt sie immer mehr den Wunsch, das Leben mit jeman-

dem zu teilen. Männer, die sich gerne auf eine Beziehung mit ihr einließen, gäbe es viele, dessen ist sie sich sicher. Florence ist jedoch wählerisch, sie trägt, wie wir alle, ein inneres Suchbild in sich, wissenschaftlich Template genannt, welches Merkmale und Charakterzüge eines in Frage kommenden Partners beschreibt und sie veranlaßt, ihre Aufmerksamkeit nur einem bestimmten Typ von Männern zukommen zu lassen.

Wie kommt es zu solchen Templates? Die innere Vorstellung von einem Idealpartner wird sicherlich zum einen rein individualspezifisch beeinflußt, wie unter anderem auch durch frühere Erfahrungen, etwa mit Geschwistern oder Eltern.[91]

Inwieweit nun Modeerscheinungen mit dem Partnerleitbild in Wechselwirkung stehen, läßt sich schwerlich entscheiden. Da wäre vorab zu klären, ob Modetrends auf die allmähliche Sättigung eines allgemeinen Geschmacks reagieren, indem sie stetig nach etwas Neuem suchen, um Abwechslung zu garantieren, oder ob wir uns beinahe passiv den momentanen Eingebungen der Modepäpste fügen. Wie dem auch sei, ein Zusammenhang zwischen Partnerleitbild und Trenderscheinungen besteht allemal – dazu komme ich später.

Wir wollen erst einmal den biologischen Verknüpfungen auf die Spur kommen. In welchem Maße beeinflussen sie das Partnerwunschbild?

Der Durchschnittsmann

Beginnen wir beim äußeren Erscheinungsbild. Da (soziobiologisch betrachtet) sich das männliche Geschlecht des Homo sapiens bekanntlich in einem vermehrten Wettbewerb befindet und darüber hinaus das weibliche Geschlecht auf männliche Stärke und Kraft hin orientiert ist, können wir annehmen, daß große, starke und entschlossene Männer bei Frauen zum Traumpartner avancieren.

Betrachtet man nun männliche Modelle in Modekatalogen, wird uns immer wieder ein Bild begegnen: Männer mit breiten Schultern, schmalen Hüften – die Arme leicht nach oben angewinkelt, die Hände meist zur Faust geschlossen. Ihre Gesichter verraten Entschlossenheit und Dominanz.

Das Gesicht

Sehen wir uns den »Idealmann« der Mode- und Kosmetikbranche etwas genauer an, indem wir mit dem Gesicht beginnen. Wenn uns ein Gesicht gefällt, so sind es zunächst vielleicht rein ästhetische Aspekte, die uns ansprechen: im allgemeinen eine gewisse Gleichmäßigkeit, die sich durch nichts Störendes und Auffälliges wie etwa eine zu große Nase auszeichnet. Darüber hinaus wird unser Eindruck aber auch von Persönlichkeitsmerkmalen bestimmt, die wir hinter der jeweilig optischen Beschaffenheit des Gesichtes vermuten. In zahlreichen Untersuchungen haben sich Wissenschaftler bemüht, diese Zusammenhänge biologisch, evolutiv und ethologisch aufzuzeigen und zu ergründen.

Hierzu wurden sowohl männlichen als auch weiblichen Beurteilern unterschiedliche Männerporträts vorgelegt mit der Bitte, diesen jeweils Persönlichkeitseigenschaften zuzuordnen. Eine breite Kinnpartie gilt demzufolge gemeinhin als Ausdruck von Dominanz.[92] Der Ethologe Guthrie erklärt dies mit der Tatsache, daß die Kieferregion ursprünglich als effektive (Beiß-)Waffe eingesetzt worden ist.

In Anlehnung an die Beobachtung des Primatenforschers J. A. van Hooff,[93] daß Primaten in Situationen der Unterwerfung ihre Augenbrauen heben, versteht sich folgender Zusammenhang von selbst: niedrige Augenbrauen verstärken die dominante Ausstrahlung.

Abb. 29 u. 30: Die breite, männliche Kinnpartie vermittelt nach Ansicht des Wissenschaftlers Guthrie aufgrund der ursprünglichen »Waffen«-funktion des Unterkiefers den Eindruck von Stärke und Dominanz.

Merkmale, die an ein »Babyface« oder »Milchgesicht« erinnern (das Kindchenschema beim Mann), etwa hochstehende Augenbrauen, ein kleines Kinn, schmale Backenknochen

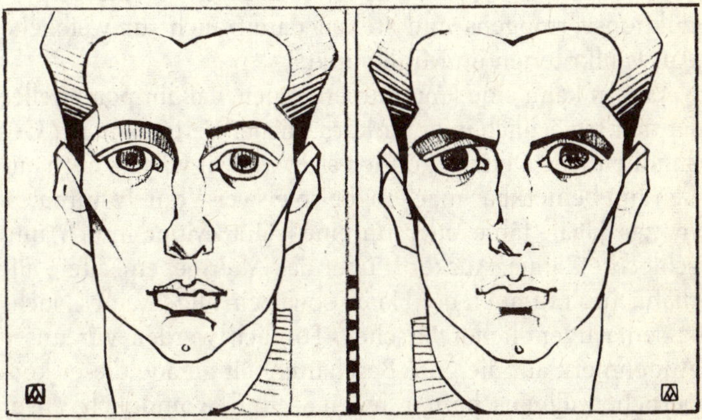

Abb. 31: Hochstehende Augenbrauen wirken auf uns weniger dominant als tiefstehende.

und große, runde Augen, werden mit kindlichen Charakterzügen wie Naivität, Wärme, Offenheit und Herzlichkeit assoziiert.[94]

Den allgemeinen weiblichen Geschmack am besten trifft laut Cunningham[95] ein Gesicht voller Widersprüche, ein Gesicht aus der Mischung derber, kraftvoll-dominanter Männlichkeit, sprich mit herausragenden Wangenknochen, breiter Kinnpartie und kindlichen Zügen, etwa einem kleinen Nasenbereich und großen Augen. Etwas anders lauten die Ergebnisse von Riedl. Ihnen zufolge spricht der »adulte« Typ am ehesten an, der sich durch die gänzliche Gegensätzlichkeit zum Kindchenhaften auszeichnet, also großer Nasenbereich, kleine Augen, breites Kinn.

Auch wenn die jeweiligen körperlichen Schönheitsideale interkulturell verschieden sind, so zeichnen sich bei genauerer Betrachtung durchaus Gemeinsamkeiten ab, die D. Symons zufolge in der Evolution sowohl durch den inner- als auch zwischengeschlechtlichen Wettbewerb selektiv gefördert wurden. Kraft, Ausdauer, Gesundheit und jugendliche Frische des Mannes sind ursprünglich Zeichen seines Reproduktionsvermögens und stehen damit auch für weibliche Auswahlkriterien im Mittelpunkt.

Woran kann eine Frau nun erkennen, daß ihr potentieller Partner tatsächlich in guter körperlicher Verfassung ist? Gesundheitliche Defizite können sich, wie wir wissen, nach außen hin bemerkbar machen, beispielsweise durch stumpfes, mattes Haar, fahle oder unreine Haut, Mundgeruch und schlechte Zähne. Auskunft über das Alter geben Falten, allmähliches Ergrauen der Haare sowie ein allgemeines Nachlassen »jugendlicher Frische«. Folglich werden wir unser Augenmerk auf die gute Beschaffenheit gerade dieser körperlichen Eigenschaften legen – und womöglich unser naturgegebenes Äußeres manipulieren, indem wir beispielsweise echte Zähne gegen künstliche, strahlend weiße tauschen. Abgesehen von den gepuderten, aufgedonnerten Herren des barocken Zeitalters standen dem männlichen Geschlecht bislang verhältnismäßig geringfügige Verschönerungsmöglichkeiten zur Verfügung. Der Mann demonstriert seine Gesundheit vielmehr, so scheint es, durch gepflegtes Äußeres, er unterstreicht dies durch Duftwässerchen, Maniküre, gestylte Frisur und Glanzshampoo. Eine kleine Portion Verwegenheit, ein Relikt männlichen Draufgängertums, wird neuerdings gern mittels Dreitagebart hergestellt. Die von vielen Frauen begehrte Brustbehaarung – als Symbol »animalischer« Männlichkeit und Sexualität – erfordert für ihr Wachstum jedoch einen entsprechenden Schub des Männlichkeitshormons »Testosteron«. Die Glatzenbildung wird ebenfalls auf eine erhöhte Produktion dieses Hormons zurückgeführt und belohnt den Glatzenträger durch ein neu geschaffenes Image. Telly Savallas, Sean Connery, Yul Brunner, um nur einige zu nennen, avancierten zu Sexsymbolen mit fehlendem Kopfhaar, aber üppigem Haarwuchs an Kinn und Brust.

Der männliche Körper

Im Tierreich heißt eine Regel: Kräftige, starke Männchen sind schwachen gegenüber in jeder Hinsicht im Vorteil. Auch bei uns Menschen verkörpert ein Mann mit kräftiger Erscheinung das Bild des Idealtypus. Ein muskulöser Oberkörper, breite Schultern und verstärkend eine schmale Taille offenbaren seine Kraft. Die V-Förmigkeit durchzieht denn auch mit großer Konsequenz die künstlerischen Darstellungen des Mannes in sämtlichen Kulturen zu allen Zeiten.

Medien, Kino, Werbung und Kunst haben nicht unwesentlich dazu beigetragen, dieses Klischeebild vom Traummann zu fördern. Nahezu auf die Spitze getrieben wird das klassisch Männliche in Illustrationen der Comic-Hefte, deren Leser vor allem Männer sind. Sie können sich wohl mit den

Abb. 32: Arnold Schwarzenegger: Seine V-Form (schmale Taille und breite Schultern) machte ihn berühmt.

muskulösen Titelhelden dem Conan, dem Barbar oder gar dem traditionsreichsten Vertreter »Prinz Eisenherz« identifizieren, die allesamt eine ähnliche Figur – die V-Form – aufweisen.

Dem klassischen Muskelmann wird ganz offensichtlich eine stärkere sexuelle Potenz zugetraut (ein nicht ganz unerhebliches Auswahlkriterium für Frauen). Genau aus diesem Grund wird der *Playboy* für Frauen, die Zeitschrift *Playgirl*, zum Mann des Monats, dessen erotische Posen auf Hochglanzpapier der weiblichen Erregung dienen sollen, wohl kaum einen schmalbrüstigen, schwächlich wirkenden Mann auswählen. Auch hier dominiert körperliche Stärke.

Wir können uns jetzt sicherlich vorstellen, wie der Traummann unserer Durchschnittsdame Florence aussehen könnte: wie Mister Universum, Arnold Schwarzenegger – oder gar HE-Man? Wie Woody Allen gewiß nicht. Männern von diesem Schlag bleibt nichts anderes übrig, als abzuwarten, ob sich nicht ein anderes weibliches Mauerblümchen ihrer erbarmt.

Nun ist aber der diesen Idealvorstellungen entsprechende Typus nicht allzuweit verbreitet. Im Gegenteil, wirkliche Adonisse sind rar. Nicht jedem Mann wird die Möglichkeit, weiblichen und männlichen Idealvorstellungen gerecht werden zu können, automatisch in die Wiege gelegt. Im Groben können wir drei körperliche Grundtypen unterscheiden: Da gibt es den eher schmalen und schmächtigen Leptosomen, den untersetzten Pykniker und den muskulösen, V-förmigen Athleten. Bereits Kinder bekunden eine Vorliebe für athletische Typen, indem sie diesen eher positive Eigenschaften zuordnen. Stan Laurel und Oliver Hardy, bekannt als Dick und Doof, verkörpern solche Vorurteile

Abb. 33: Comicfigur/ V-Form

im extremen Sinn: Der dickliche Pykniker übernimmt den dümmlichen, gutmütigen und tolpatschigen Part, dem schlanken Leptosomen Doof, der nur so heißt, wird hingegen allgemein mehr Intellekt und Denkvermögen zugetraut.

Eine entsprechende Lebensführung vermag die angeborene Körperbeschaffenheit in ihrer Ausgeprägtheit zu verstärken oder zu mindern, wobei hier natürlich Grenzen gesetzt sind. Eine Annäherung an den Idealtypus durch optimalen Körperaufbau wird nicht jedem Mann gelingen, selbst dann nicht, wenn er sich täglich mehrere Stunden in einem Fitneßstudio seinem Körper widmet. So wird Woody Allen trotz noch so vieler Liegestützen niemals ein Arnold Schwarzenegger werden – das ist ja zum Glück auch nicht sein Bestreben. Bisweilen fehlt es aber Männern eindeutig an Disziplin bei kulinarischen Genüssen. Gekoppelt ist diese Unart darüber hinaus oft mit sportlicher Enthaltsamkeit.

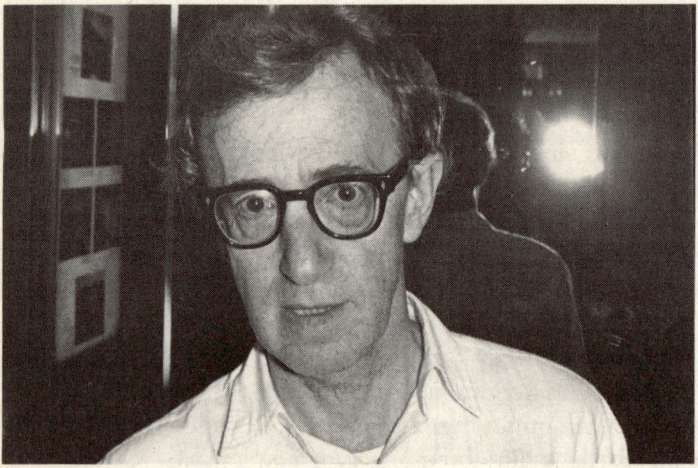

Abb. 34: Woody Allens leptosomer Körperbau spricht, meinen zumindest einige Wissenschaftler, nur einen bestimmten Frauenkreis an: den künstlerisch ambitionierten, akademischen und sozial gutgestellten.

Wie kommt es nun, daß Frauen bei der Partnersuche bestimmte Vorlieben haben, die den (auch unter biologischem Einfluß stehenden) Idealvorstellungen nicht unbedingt entsprechen müssen? Lassen sich zwischen individuellem Geschmack und der Persönlichkeitsstruktur der Betreffenden Zusammenhänge herstellen? Paul Lavrakas[96] und Sally Beck sind diesen Fragen auf den Grund gegangen und bereiteten dem »Mann der Träume« ein jähes Ende. Obwohl ihre Untersuchungsergebnisse unter äußerst künstlichen Versuchsbedingungen zustande kamen (für stichhaltige Aussagen müßten meiner Ansicht nach wesentlich realitätsbezogenere Studien herangezogen werden), so beinhalten sie meines Erachtens dennoch genügend Aussagekraft, um das von Medien und Werbung vorgegaukelte Klischeebild des Atlashünen vom Sockel zu stürzen. Als Versuchsgrundlage dienten wie bei der Versuchsreihe von Wiggins Silhouetten, diesmal von Männerkörpern, deren Brust-, Gesäß- und Schulterproportionen jeweils variiert werden konnten. Über 115 junge Frauen sollten nun ihre Präferenzen kundtun. Erstaunlicherweise schnitt der Atlasmann nicht, wie es eigentlich zu erwarten gewesen wäre, als unumstrittener Sieger ab. Viele Frauen waren durchaus dem schmalen leptosomen Männertypus zugetan. Um den Ursachen für diese Geschmacksunterschiede auf die Spur zu kommen, ergründeten die Forscher mittels Fragebögen die Persönlichkeitsstrukturen ihrer Testpersonen und brachten dabei ebenso interessante wie belustigende Zusammenhänge zum Vorschein: Die Vorliebe für eine »normale« Körperform ohne besondere Abweichungen, etwa einer ausgeprägten Schulterpartie, spricht für eine stark heterosexuelle Orientierung. Frauen, die diese Körperform bevorzugten, gaben im Fragebogen an, sie seien eher feminin, häuslich, ordentlich und gewissenhaft – schlichtweg »normal«. Eher introvertierte Frauen, die eine höhere Ausbildung genossen haben, gaben dem kleinwüchsigeren Woody-Allen-Typ den Vorrang – dünner und kleiner Körperbau sei

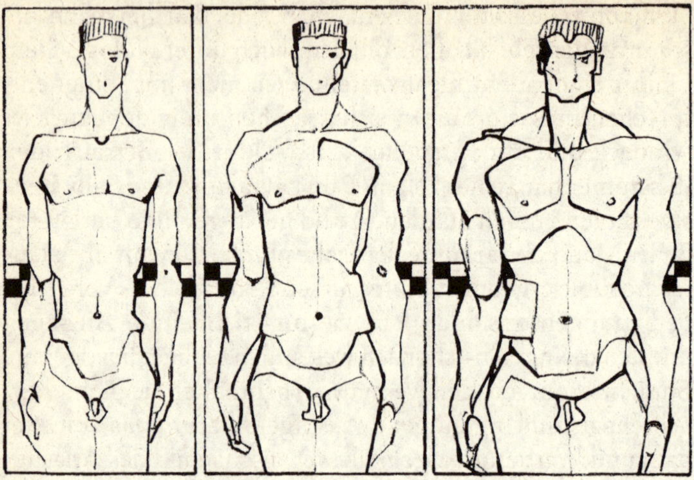

Abb. 35: Mit Schablonenversuchen bemühen sich Wissenschaftler, den Einfluß des Körperbaus auf die Attraktivitäts- und Persönlichkeitseinschätzung zu klären.

nämlich ein Kennzeichen der Zugehörigkeit zur Upperclass, wie manche Forscher[97] meinen behaupten zu können.

Für den Muskelmann schwärmten Frauen, die sich bei ihm Rückendeckung erhoffen, die schützende Brust suchen. Vor allem Frauen, die ohne Vater aufwuchsen, so Lavrakas, streben nach einer möglichst ausgeprägten Schutzperson. Ruft die starke männliche Brust die wesentliche Entscheidung in der Partnerwahl hervor, haben wir es mit einer extrovertierten und stark sexuell orientierten Frau zu tun.

Wird jedoch eine schmale männliche Brust bevorzugt, handelt es sich um unsportliche Frauen, die sich selbst als streng religiös bezeichnen. Ihre sexuellen Bedürfnisse stuften die Betreffenden zumindest im Fragebogen als (erwartungsgemäß) gering ein.

Die Bevorzugung eines kleinen männlichen Hinterns zeugt bei Frauen für ausgeprägtes Karrierebewußtsein, emotionale Reife und starke Wettbewerbsorientierung. Die Auswertung der Persönlichkeitsstruktur ergab, daß solche Frauen dominierend und weniger religiös sind.

Einer amerikanischen Studie[98] zufolge jedoch übt gerade die gemäßigte, normale männliche Figur eine erregendere Wirkung auf Frauen aus als die adonishafte. So mag ein übertrainierter und allzu gestählter Männerkörper womöglich erstaunte, vielleicht auch bewundernde Blicke auf sich ziehen – bei der Partnerwahl hingegen bleibt die Mühe allzu ausgeprägter Fitneß- und Hantelübungen eher unbelohnt.

Der Computertanz

Eines Tages fühlt sich Florence von einem Plakat angesprochen, das in ihrer Universität aushängt. Im Rahmen einer Kulturwoche soll ein Computertanzabend veranstaltet werden, zu dem vor allem Singles geladen sind. Tickets seien im Zimmer 352 abzuholen, steht da geschrieben. Sie beschließt hinzugehen.

In besagtem Raum erwarten sie zwei Studenten. Einer von ihnen kontrolliert den Studentenausweis, der andere verkauft ihr die Eintrittskarte und schickt sie in einen Nebenraum. Hier trifft sie abermals auf zwei Studenten. In offensichtlich strenger Arbeitsteilung, bittet sie der eine Platz zu nehmen, während ihr der andere Stift und Fragebogen in die Hand drückt. Erst jetzt wird sie über das genaue Vorhaben aufgeklärt: Man habe zu diesem Tanzabend bewußt nur Singles geladen, da man testen wolle, wie zuverlässig und effektiv Computerprogramme für Partnerfindung seien. Ihr Tanzpartner werde ihr mittels Computer zugeteilt. Damit dieser auch halbwegs zu ihr passe, bittet man sie um die Beantwortung unterschiedlicher Fragen, wie »Fällt es Ihnen leicht, jemanden anzusprechen, den Sie attraktiv finden?« oder »Wie viele Rendezvous hatten Sie in den letzten sechs Monaten?« oder »Haben Sie Angst vor einem ›blind date‹?« usw. Man schicke ihr Namen und Adresse des ihr zugeteilten Tanzpartners zu, erfährt sie schließlich und kann gehen.

Florence findet an jenem Abend ihren Traumpartner nicht. Dafür merkt sie, daß sie, wie all die anderen 664 Besucher, »Op-

fer« einer anderen wissenschaftlichen Studie geworden ist, denn sie wird zusammen mit ihrem Begleiter aufgefordert, das Tanzgeschehen für kurze Zeit zu verlassen, um abermals einen Fragebogen auszufüllen. Diesmal drehen sich die Fragen um ihren Tanzpartner. Wie sie ihn fände, ob er ihr rein äußerlich gefiele, wie sie seine Art einschätze und ob sie ihn gerne wiederträfe ...

Dieses großangelegte Experiment wurde von Elaine Walster in Zusammenarbeit mit drei weiteren Kollegen im Jahre 1966 durchgeführt und fand große Resonanz bei Wissenschaftlern, die die Kriterien der Partnerwahl erforschten. Alles war genauestens durchdacht. So waren beispielsweise die vier Studenten, die den Kartenverkauf und das Ausfüllen der Fragebögen betreuten, in erster Linie damit beauftragt, unabhängig voneinander die Attraktivität der einzelnen Versuchsteilnehmer einzuschätzen. Das Hauptinteresse der Initiatoren dieses Computertanzes galt nämlich den Faktoren, die die Anziehungskraft im zwischengeschlechtlichen Bereich bestimmen. Die Auswertung der Fragebögen unter Berücksichtigung der von den vier Studenten gewonnenen Eindrücke ergab, daß sowohl Männer als auch Frauen vor allem dann den Abend als angenehm, interessant und aufregend empfanden, wenn ihr Begleiter attraktiv war.

Hier zeigt sich, welch enormer Aufwand bisweilen betrieben werden muß und mit welchen Tricks Wissenschaftler arbeiten, um Phänomene zu erforschen, die durch Interviews allein nur schwerlich zu durchleuchten sind, wie beispielsweise die Bedeutung des äußeren Erscheinungsbildes, der Attraktivität.

Florence hatte Pech – ihr Partner war weder attraktiv noch hatte er andere »Eigenschaften« zu bieten, die sich unsere Durchschnittsdame zu wünschen pflegt. Auf das Aussehen allein kommt es bekanntlich nicht an. Eine attraktive Erscheinung ist oftmals lediglich für das Zustandekommen einer Kontaktaufnahme wichtig –

gleichsam als visuelle Signalfunktion. Wie er rein optisch auszusehen hat, der Mann in Florences Vorstellungen, können wir nur erahnen. Im unklaren jedoch blieben wir bislang darüber, welche anderen Vorzüge beim männlichen Geschlecht die Durchschnittsfrau schätzt und sucht.

Auswahlkriterien bei der Partnerwahl

Ein kurzer Sprung zur Soziobiologie. Wir haben bereits den ersten wichtigen Aspekt bei der Partnerwahl genannt: das Aussehen. Wie aber verhält es sich nun mit dem geschlechtsspezifischen Investment? Soziobiologisch betrachtet, müßte man doch erwarten, daß die Sorge um den Nachwuchs die Wahl des Partners maßgeblich beeinflußt.

Den Untersuchungen und Befragungen zum Thema »Partnerwahl« von Harvard-Professor David Buss ist hier große Bedeutung zuzumessen. Er verknüpft als einer der wenigen Psychologen psychologische und biologische Erkenntnisse und konnte seine Theorien mit umfangreichen Befragungen ausreichend bestätigen. Die Studie, welche für uns hier von großem Interesse ist (Ziel war es, biologische Einflüsse bei der Partnerwahl zu ergründen), führte er 1986 zusammen mit seinem Kollegen Michael Barnes durch. Sie verwendeten dazu zahlreiche Fragebögen, die zum Teil von ihren Kollegen entworfen und schon auf ihre Zuverlässigkeit ausgiebig geprüft worden waren. Da wäre beispielsweise der »Marital Preferences Questionnaire« zu nennen, der von Gough entwickelt wurde, um die Wertigkeit von Faktoren wie attraktives Aussehen, Loyalität, Gesundheit, Intelligenz, Fürsorglichkeit, Kochkünste oder Hygiene zu erforschen, die für die Wahl eines Ehepartners von Bedeutung sein können. Als Maßstab diente eine Skala, die von +2 bis -2 reichte (+2 = »das finde ich besonders wichtig«, +1 = »das finde ich wichtig«, 0 = »das ist mir egal«, -1 = »das wünsche ich weniger«,

-2 = »das wünsche ich überhaupt nicht«). Ebenfalls von Gough gestaltet wurde der sogenannte »California Psychological Inventory«-Test, in dem mit geschickten Fragestellungen versucht wird, die Persönlichkeitseigenschaften herauszufinden, die für bestimmte Auswahlkriterien verantwortlich sein können.

Insgesamt 184 Personen im Alter zwischen 18 und 40 Jahren wurden von Buss und Barnes für diese aufwendige Studie gewonnen. Sie fanden sich nach und nach abends und an Wochenenden in der Universität ein und unterzogen sich dort zehn unterschiedlichen Tests. Darüber hinaus wurden sie jeweils dreißig Minuten lang interviewt. Hier nun die Ergebnisse. Frauen bevorzugen einen Mann, der die Persönlichkeitseigenschaften und Merkmale in eben dieser Reihenfolge in sich vereint. »Er soll rücksichtsvoll, ehrlich, verläßlich, intelligent, freundlich, verständnisvoll, interessant als Gesprächspartner und loyal« sein. Nun bestehen, so Buss und Barnes, Geschlechtsunterschiede bei der einzelnen Gewichtung bestimmter Eigenschaften. Frauen legen mehr Wert auf Faktoren wie Rücksichtnahme, Ehrlichkeit, Freundlichkeit, Einfühlsamkeit und Kinderliebe als Männer. Auch das alte Klischeebild wurde in der Statistik deutlich bestätigt. Demnach zählen zu den Attributen eines begehrenswerten Mannes neben Karrierebewußtsein und guten Verdienstmöglichkeiten nicht nur gehobener familiärer Status, sondern ebenso eine große körperliche Erscheinung.

So bezeichnend und soziobiologisch einleuchtend dieser Geschlechtsunterschied auch sein mag, Buss wollte es nicht bei einer Stichprobe bewenden lassen. 184 Aussagen über die Bevorzugungen bei der Partnerwahl als »Beweis« für soziobiologische Theorien heranzuziehen, war ihm, wissenschaftlich gesehen, zu wenig aussagekräftig. Er nahm daher überall auf der Erde in 37 Ländern unterschiedlicher Kulturen und Rassen mit Mittelsmännern Kontakt auf, die ihm bei seiner großangelegten Untersuchung behilflich sein sollten.[99]

Er schickte ihnen in der jeweiligen Landessprache Fragebögen zu, in denen unter anderem auch die von ihm als wichtigsten Geschlechtsunterschied in der Partnerwahl beschriebenen Faktoren berücksichtigt wurden: »Legen Frauen bei ihrem Partner mehr Wert auf hohes Einkommen – dafür aber weniger auf deren Attraktivität?«

Sein Projekt konnte verwirklicht werden, wenn auch bisweilen unter recht erschwerten Bedingungen. Aus Südafrika wurde beispielsweise gemeldet, die Datenerhebung sei aufgrund der politisch unruhigen Lage »grauenhaft« gewesen. In anderen Ländern hielt die restriktive behördliche Ordnungsgewalt die Bögen mehrere Monate unter Verschluß. Ein Land konfiszierte sogar alle Fragebögen, nachdem sie beantwortet worden waren. Schließlich hatte Buss jedoch sage und schreibe 10 047 beantwortete Bögen zur Auswertung vor sich liegen. Dabei entfielen auf jedes Land etwa zwischen 100 und 200 Bögen. In einigen Ländern war man »fleißiger« und beantwortete 400 bis 600 Stück. Die Bundesrepublik Deutschland (alte Bundesländer) wurde dabei mit ihren 1083 beantworteten Bögen nur noch von den USA (1491) überflügelt.

Mit Ausnahme von Spanien wurde in allen anderen Ländern die These des Wissenschaftlers, Frauen legten bei ihrem Partner mehr Wert auf hohes Einkommen als umgekehrt, bestätigt[100], ebenso seine Annahme, für Frauen sei gutes Aussehen des Partners nicht so bedeutsam wie für Männer.[101]

So umfangreich diese Fragebogenaktion auch gewesen sein mag – ihre Ergebnisse können dennoch nicht Anspruch auf eine *definitive* Allgemeingültigkeit erheben (aber welche Statistik kann das schon). Relativ unberücksichtigt blieben nämlich sowohl die Meinungen der ländlichen Bevölkerung als auch der Menschen, die einen niedrigen Ausbildungsstand haben.[102] Geschlechtliche Unterschiede allein besagen überdies noch lange nicht, welche Gewichtung männlichem

Einkommen und weiblicher Attraktivität im Rahmen aller wesentlichen Auswahlkriterien überhaupt zuzumessen ist. Frauen nämlich achten bei ihrer Wahl in erster Linie auf Freundlichkeit und Einfühlungsvermögen, gefolgt von Intelligenz, interessanter Persönlichkeit, gutem Gesundheitszustand, Anpassungsfähigkeit, physischer Attraktivität, Kreativität, gutem Verdienst, höherer Schulausbildung, Kinderwunsch und angemessenem familiären Hintergrund. Am wenigsten ausschlaggebend ist für sie schließlich Religiosität.

Auch ist etwas Wahres dran am Volksglauben, Männer achteten »nur« auf das Aussehen. Ließe man hier das Wort »nur« weg, käme man den Auswahlkriterien des männlichen Geschlechts schon wesentlich näher. Doch selbst wenn das Aussehen des Partners auf der »Wunschliste« der Männer weiter oben rangiert als bei Frauen und selbst wenn sich Männer Dias von Frauen eindeutig länger betrachten als umgekehrt[103], so legen beide Geschlechter im großen und ganzen bei der Partnerwahl ähnliche Maßstäbe an.

Beim Mann gelten Frauen als begehrenswert, die Freundlichkeit, Verständnis für den anderen, eine aufregende Persönlichkeit und Intelligenz in sich vereinen. Sie sollten sich zudem in guter gesundheitlicher Verfassung befinden, umgänglich und kreativ sein. Individuelle männliche Vorlieben haben erwartungsgemäß etwas mit ihrer eigenen charakterlichen Beschaffenheit zu tun. So fühlen sich extrovertierte Männer von sozial aufregenden Damen angezogen. Nur Männer mit ausreichendem Selbstbewußtsein zeigen eine Schwäche für intelligente Frauen mit Sinn für Kunst und Kultur. Sie sind, so Buss, stark emotional veranlagt mit leicht neurotischer Tendenz.

Erwähnenswert erscheint mir schließlich noch, daß dominante, äußerst »männliche« und körperlich übergroße Männer Frauen mit konservativer politischer Meinung vorziehen, die auch der typisch klischeehaften Geschlechterrolle entsprechen. So ist die dominante Männlichkeit mit geringer Weltoffenheit auf der Suche nach einem »Weibchen«, das sich bereitwillig in die nach außen scheinende, untergeordnete Position begibt und im Mann gerne das »starke« Geschlecht akzeptiert.

Insgesamt läßt sich feststellen, daß sich Frauen eher von einem festgefahrenen traditionsmäßigen Partnerwunschbild leiten lassen als Männer. Während sie einem klassisch männlichen Mann dem femininen Mann gegenüber den Vorrang geben, bevorzugen Männer allgemein den femininen Frauentyp nicht mehr als den maskulineren.[104]

Voraussetzungen für einen Flirt

Seit jenem weniger befriedigenden Computertanzabend sind über sechs Wochen vergangen. Florence hat seither keine neuen Bekanntschaften geschlossen. Meistens vertreibt sie die abendliche Langeweile, die bisweilen aufzukommen droht, im gewohnten Freundeskreis. Allmählich empfindet sie ihr Singledasein, dem sie anfangs noch Genuß abgewinnen konnte, als extrem unangenehm. Im Gegensatz zu früher beginnt sie nun, sämtliche Möglichkeiten, jemanden kennenzulernen, wahrzunehmen, so auch die Einladung zu einer Vernissage – obwohl sie sich bislang nicht wirklich für Kunst begeistern konnte.

Nach einer kurzen Begrüßung der gastgebenden Künstlerin, einer Freundin, wendet sich Forence scheinbar interessiert den Ausstellungsobjekten zu. In Wirklichkeit aber gelten Konzentration und Aufmerksamkeit den Gästen, die von einer fremd anmutenden schillernden Aura umgeben sind. Ihre Augen tragen ihr dabei eine Unsumme schneller erster Eindrücke zu. Eindrücke, die Vorurteile sind, da sie, wie das allgemein der Fall ist, die Besucher nur sehr oberflächlich aufgrund von Äußerlichkeiten beurteilen kann.

Der erste Eindruck kann vieles hemmen!

Die Auswahl eines möglichen Gesprächs-(oder Flirt-)Partners geschieht meist auf den ersten Blick, der schnellstens entscheidet, ob Kontakt angestrebt wird oder nicht. Brillenträger halten wir für intelligent, Frauen mit auffällig geschminkten Lippen für sexuell freizügig, Träger von Gesundheitssandalen und Norwegerpullis für alternativ. Selbst Getränke, die jemand an einer Bar konsumiert, gestatten es uns, sich ein Bild von der betreffenden Person zu machen. So vermag einzig das Glas Champagner in der Hand ihren Status zu erhöhen. Schöne Menschen könne nichts entstellen, pflegt man zu sagen. Sie bräuchten keinen Schmuck, kein Make-up, kein kleidsames Outfit – sie wirkten auf den ersten Blick schlicht durch ihre naturgegebene Schönheit.

Elizabeth Hill konnte dies anhand eines Experimentes bestätigen. Sie präsentierte ihren Versuchspersonen Fotografien von Männern und Frauen, deren Status und Ausstrahlung von Bild zu Bild variiert worden waren. Die eher erotisch attraktiven Personen trugen im Unterschied zu den weniger attraktiven und unerotischen enganliegende Kleidung, die schönen Frauen gewährten freizügig Ausblick auf Dekolleté, Nackenpartie und Beine. Die Ergebnisse verraten, daß wir – statusunabhängig – physisch attraktiven Personen auf den ersten Blick offensichtlich von vornherein günstiger gewogen sind als unattraktiveren. Erstere nämlich erhielten keine bessere Wertung, wenn sich zu ihrem physisch attraktiven Aussehen sämtliche Statussymbole hinzugesellten. Weniger attraktive Personen hingegen erfahren durch teuren Schmuck und gute Kleidung eine Aufwertung in der Einschätzung durch andere.

Bei attraktiven Menschen vermuten wir auch automatisch positivere Eigenschaften. Wir gehen davon aus, sie seien ausgeglichener, hätten beruflich größeren Erfolg und erfreuten sich allgemein größerer Beliebtheit. In der Tat haben von Natur aus begünstigte Frauen und Männer häufiger Rendezvous und somit einen größeren Bekanntenkreis. Sie kennenzulernen ist (leider) für viele Menschen schlicht begehrenswerter und interessanter. So läßt sich unser erster Eindruck von Vorurteilen leiten, die ebenso oberflächlich wie hartnäkkig sind.[105]

Vor allem Frauen sind wählerisch und blocken weiteren Kontakt zummeist ab, wenn ihnen ihr erster Eindruck davon abrät. Die Analyse der ersten dreißig Sekunden einer Begegnung von Mann und Frau bestätigte dies. So konnten wir in unserem Flirtprojekt beinahe als feste Regel aufstellen, daß Frauen bei geringem Gefallen bereits innerhalb dieser kurzen Zeit ihren Gesprächspartner weniger ansahen, kaum redeten und die Unterhaltung mit ihrer abwehrenden Haltung abwürgten – dreißig Sekunden wurden somit zum prognostischen Maßstab für den weiteren Verlauf der zehnminütigen Begegnungen: Mit wachsender Länge der anfänglichen Gesprächspausen sank zudem die weibliche Bereitschaft, einer Kinoeinladung ihres Versuchspartners nachzukommen.

Diese Ergebnisse sind in ihrer Bedeutung für reale Situationen freilich nur dann relevant, wenn die Entwicklung einer Beziehung ausschließlich vom ersten Eindruck abhängig ist, etwa in der U-Bahn, einem Kaufhaus oder auf der Straße. So trägt die keine Chancen lassende Entscheidung schon beim ersten Eindruck im wesentlichen Schuld daran, daß Frauen spontane Annäherungen allzuschnell mit ihrer Skepsis im Keim ersticken und weder sich noch dem Mann die Chance eines Kennenlernens ermöglichen.

Örtlichkeiten entscheiden mit

Im Laufe eines Tages begegnen wir im allgemeinen vielen Menschen – sei es auf dem Weg zur Arbeit, beim Mittagessen in der Kantine, in der Mensa oder im Lokal, beim Stadtbummel oder im Kino. Kommunikative Gesetzmäßigkeiten dieser Örtlichkeiten lassen das Zustandekommen eines Kontaktes jedoch meist nicht zu. Denn hier, im Pool der Anonymität, wird eine spontane Gesprächseröffnung unter Fremden beinahe schon als Aufdringlichkeit oder gar Angriff betrachtet. »Der Mensch der anonymen Großgesellschaft hat«, so Eibl-Eibesfeldt,[106] »täglich mit Fremden zu tun, deren angstauslösende Signale Reaktionen der Kontaktmeidung und Ausdrucksmaskierung zum Selbstschutz bewirken.« Wir besitzen nämlich, davon geht der Verhaltensforscher aus, angeborenermaßen eine natürliche Scheu vor unserem Mitmenschen. Die sogenannte Achtmonatsangst, in der Säuglinge ohne vorangegangene negative Erfahrungen Fremden gegenüber plötzlich Furcht zeigen, dient ihm als wesentlicher Beweis für seine These. Diese Ängstlichkeit tritt unabhängig von den jeweiligen Erziehungsmethoden auf und basiert auf einem stammesgeschichtlich vorgegebenen Programm, das uns nach entsprechender Reifung auf bestimmte Signale mit Abwehr reagieren läßt. Welche Signale dies im einzelnen sind, ist noch nicht detailliert erforscht. Fest steht jedoch, daß, wie bereits erwähnt, Augen etwa sowohl anziehend als auch abstoßend wirken können. Aber auch andere Reize lösen in uns eine abwehrende Haltung Fremden gegenüber aus. Taubblind Geborene beispielsweise, so Eibl-Eibesfeldt aufgrund einer Studie, reagieren schon sehr früh auf den Geruch Fremder mit Scheu.[107]

Das Flirt- bzw. Werbeverhalten dient, zumindest im biologischen Sinne, einzig der Fortpflanzung, deren Grundvoraussetzungen Nähe und Intimität sind. Aus eigener Erfahrung wissen wir, daß uns körperliche Nähe Fremder unangenehm ist. Denken wir nur an einen engen Fahrstuhl oder einen überfüllten Bus. Hier wird durch äußere Umstände die Distanz überschritten, die wir physisch noch als angenehm empfinden. In Momenten, in denen uns ein Fremder im wahren Sinne des Wortes »zu nahe« kommt, reagieren wir mit gemischten Gefühlen, mit Aggression, Unsicherheit und bisweilen auch Angst. Diese empfindliche Reaktion auf eine Verletzung des persönlichen Freiraums teilen wir mit unendlich vielen Tierarten – und tragen sie sozusagen als altes Erbe in uns. Die Verringerung der physischen Distanz zu einem anderen sieht David Givens als eine Art Handel an, dessen Ausgang vom Austausch verschiedener Signale bestimmt wird.

In der Verhaltensforschung zählt kindliches Verhalten[108] mithin zu den wirkungsvollsten Annäherungsstrategien. Kein Wunder, denn Verhalten, das mit Hilflosigkeit assoziiert wird, ist fernab davon, Angst oder gar Aggressionen auszulösen. So erstaunt es auch nicht, daß vor allem im Werbeverhalten von Säugetieren gerade jene Signale besonders ansprechen, die im elterlichen Umgang mit dem Nachwuchs die größte Rolle spielen.

In Anlehnung an Givens unterscheiden wir beim Menschen zwischen Werbeverhalten und Flirt. Ersterem wird eine ernsthaftere Absicht unterstellt, während letzteres eher spielerischen Charakter hat. Trotzdem gehen wir davon aus, daß beide einer gemeinsamen Funktion entsprungen sind: nämlich der Wegbereitung zur Fortpflanzung.

Evolutiv hat sich Werbe- bzw. Flirtverhalten aus der Notwendigkeit entwickelt, naturgegebene persönliche »Territorialität« zu verringern. Folglich stammen die Signale, die das Zustandekommen eines solchen »Handels« in die Wege leiten, vor allem aus dem Repertoire, das im innerartlichen Umgang für »Zuneigung« bzw. Friedfertigkeit sorgt: Es sind in erster Linie die Kindchenappelle und Beschwichtigungssignale. Das ist jedoch nur ein Aspekt.

Es ist kaum verwunderlich, daß eine erfolgreiche Annäherung an Orten, an denen wir alles andere als kontaktorientiert sind, beinahe unmöglich ist. Anders verhält es sich in einer Bar, einer Diskothek oder auf einer Party. Hier sinkt unsere grundlegende Abwehrhaltung, mit anderen ins Gespräch zu kommen, erheblich, denn ein wesentliches Motiv, solche Örtlichkeiten aufzusuchen, stellt ja gerade die Suche nach Kontakten dar. Die Gefahr, abgewiesen zu werden, wird um so größer, je weniger Spielraum das ungeschriebene Reglement der jeweiligen Örtlichkeit für den zwischenmenschlichen Kontakt vorschreibt.

Verhängnisvolle Attraktivität

Florence kennt in der Galerie, abgesehen von der Gastgeberin, niemanden. Nachdem sie alle Ausstellungsobjekte betrachtet hat, ohne freilich dabei die Personen um sich herum aus den Augen zu verlieren, holt sie sich ein Getränk und stellt sich in eine ruhige Ecke, von wo aus sie das Geschehen überschauen kann. Viele der Gäste sind ohne Begleitung gekommen und ziehen – wie sie selbst es getan hat – ihre Kreise durch den Raum, neugierig, ob nicht irgendein Bekannter zu sehen ist.

Wir können annehmen, daß Florence ständig und überall nach einer Gelegenheit Ausschau hält, jemanden kennenzulernen. Denn bei Menschen, die unter ihrem Alleinsein leiden, nimmt die partnerbezogene Aufmerksamkeit meist unbewußt den Großteil der täglichen Gedanken ein.

Sie hat sich soeben ein zweites Glas eingeschenkt, als ein Mann am anderen Ende des Raumes ihr Interesse weckt. Vielleicht wirken auch die Ausstellungsobjekte motivierend, denn Frauen wie Männer bleiben durch eine von Erotik geschwängerte Atmosphäre in ihrer gegenseitigen Beurteilung nicht unbeeinflußt. Wir wissen nicht, was genau Florence fasziniert – seine Haare, sein Körper, sein Gesicht oder einfach die ganze Erscheinung. Er ist allein gekommen, hält seine Hände (typisch männlich) in den Hosentaschen verborgen und scheint niemanden näher zu kennen.

Ihn nachdenklich beobachtend, kreisen ihre Gedanken nunmehr um die Frage, was im einzelnen den Umgang mit dem männlichen Geschlecht so erschwert. Kontakte ergeben sich nicht nur aus purer Zufälligkeit heraus – allein der Weg zu einem Gespräch scheint einer harten Prüfung zu unterliegen.

Ihre eigene Person betreffend weiß sie, daß zumindest ihre Attraktivität hierbei in keiner Weise hinderlich ist. Im Gegenteil, sie scheint männliche Blicke auf sich zu ziehen, aber selbst in

Situationen, in denen offensichtlich gegenseitiges Interesse besteht, bleibt der Flirt, kaum, daß er begonnen hat, auf ein Spiel der Augen beschränkt.

Wie können Menschen, die Kontakt suchen, einander näherkommen? Wie kommt es es zu einem Gespräch? Offensichtlich können wir uns, davon weiß fast jeder zu berichten, in manchen Situationen Menschen gegenüber, die wir auf den ersten Eindruck sympathisch finden, nicht über unser Blickverhalten hinaus vermitteln und ein Gespräch beginnen.

Als wichtigstes Hindernis, das es zu überbrücken gilt, nennen Sozialpsychologen die räumliche Distanz. Wollen Menschen näheren Kontakt aufbauen, müssen sie sich auch räumlich näher kommen. Folglich sinkt – und das wurde wissenschaftlich bestätigt – die Wahrscheinlichkeit eines Gesprächs mit wachsender räumlicher Distanz.

Einige der Gründe für diese Distanzhaltung wurden bereits an anderer Stelle erwähnt. Im zwischengeschlechtlichen Bereich kommt noch ein weiterer, den Kontakt hemmender Faktor zum Tragen: die Attraktivität.

Laut Duden bedeutet Attraktivität »Anziehungs*kraft*«. Die Realität sieht jedoch oft ganz anders aus. Attraktivität muß kein Anziehungs*faktor* sein, sie kann dem Aufbau einer Beziehung auch sehr im Wege stehen. Wenngleich wir allgemein dazu tendieren, attraktive Menschen zu begünstigen, ihnen vorab einen »Bonus« zuschreiben, so kann ihr Aussehen dennoch auf andere auch hemmend wirken: Um attraktive Menschen machen wir einen Bogen – das zeigte zumindest ein amüsantes »Gehwegexperiment« der beiden Forscher Dabbs und Stokes. Sie baten verschiedene Lockvögel, Männer und Frauen, sich auf einem vielbegangenen Gehsteig zu postieren. Aus einem gegenüberliegenden Fenster filmten die Wissenschaftler das Verhalten der Passanten, die den Lockvögeln entgegenkamen. Dabei konzentrierten sie sich bei ihren Beobachtungen auf die räumliche Distanz, die

Abb. 36: Mit dem sogenannten »Gehwegexperiment« gelang der Nachweis: Um schöne, reiche Frauen machen wir einen Bogen – aus Respekt.

diese zu den postierten Lockvögeln einhielten. Das Aussehen der Lockvögel wurde in unterschiedlichen Versuchsreihen jeweils mittels Make-up, Kleidung und Schmuck variiert. Ziel dieser Studie war es festzustellen, inwieweit die Steigerung von Attraktivität und äußerlichem Status und damit auch der Faktor »Dominanz« bei der zwischenmenschlichen Distanz eine Rolle spielen.

Heraus kam, daß hohe physische Attraktivität, aber auch der nach außen hin gezeigte hohe Status der Lockvögel bei Passanten Unsicherheit auslösten. Sie drückte sich in einer gewissen Distanzhaltung aus – selbst in einer solch unverbindlichen Situation wie diesem Experiment, bei dem ein Kontakt nicht angestrebt wurde.

So werden attraktive Menschen zwar vorzugsweise angesehen, sich ihnen jedoch zu nähern, erfordert aufgrund der Dominanz,[109] die ihnen zugeschrieben wird, eine gewisse Portion an Mut und Selbstsicherheit. Vor allem läßt sich das männliche Geschlecht von weiblicher Attraktivität blenden.

Bei gutaussehenden Frauen wittern Männer, deren wesentliches Auswahlkriterium eben gerade die weibliche Attraktivität ist, viele Konkurrenten.

Der Sozialpsychologe Niketta ist der interessanten Frage nachgegangen, wie genau beide Geschlechter die Wirkung von Attraktivität auf andere überhaupt einschätzen können. Hierzu legte er 46 Männern und ebenso vielen Frauen Fotos von unterschiedlich attraktiv aussehenden Personen vor. Die Männer hatten die Aufgabe, Fotos von Männern dahingehend zu beurteilen, wie sehr sie wohl auf Frauen wirkten. Gleichzeitig sollten sie angeben, wie anziehend wohl die Frauenfotos für Männer seien. Die weiblichen Testteilnehmer erhielten die entsprechend umgekehrte Aufforderung.

Wenigstens darin sind sich Männer und Frauen ziemlich einig, lautet ein Ergebnis: Was Männern gefällt, gefällt auch Frauen. Wen Frauen attraktiv finden, finden auch Männer anziehend.

Damit besitzen wir offensichtlich die Fähigkeit, mögliche Konkurrenten einigermaßen einschätzen zu können. Schwerer fällt es uns hingegen, die Wirkung unserer eigenen Attraktivität richtig zu bewerten. Einige Ergebnisse deuten darauf hin, daß Männer sich für attraktiver halten, als sie von Frauen tatsächlich beurteilt werden, Frauen hingegen zur Unterschätzung ihrer Wirkung auf Männer tendieren.

Männer, die sich aufgrund ihrer eigenen hohen Selbsteinschätzung halbwegs in Sicherheit wiegen können, im Wettbewerb um die »Attraktive« als etwaiger Sieger hervorzugehen, wagen eine Kontaktaufnahme. Für andere hingegen ist der Kampf um die womöglich Unerreichbare ein in der sexuellen Selektion unnötiger Energieverschleiß. Ihnen, das zeigte zumindest unser »Flirtexperiment«, bleiben die Worte im Hals stecken, und ihr Blickverhalten verrät nach außen Abwehr. Attraktive Frauen können noch so viele freundliche Signale senden, lächeln, zum Kontakt auffordern – ihre Chancen bleiben begrenzt, denn Männer verfahren im allgemeinen nach der Maxime »Lieber einen Spatz in der Hand als eine Taube auf dem Dach« und halten sich daher in ihrem Auswahlverhalten durchweg an das für sie real erreichbare Frauenbild.

Weibliches Flirtverhalten

Unmerklich, aber stetig bewegt sie sich in seine Blickrichtung – ohne ihm wirklich näher zu kommen. Nüchtern ausgedrückt, befindet sich Florence schlicht und einfach in der Aufmerksamkeitsphase,[110] *jener ersten Flirtphase, in der es darum geht, das zunächst noch einseitige Interesse auch beim anderen zu erwekken.*

Florence gefällt dieser Mann, und sofort verspürt sie wieder diese Unsicherheit in sich hochkommen, die sie in solchen Situationen zu begleiten pflegt. Ihren Körper durchzieht von den Haarspitzen bis zur Fußsohle eine angenehme Spannung, nach außen hin durch ein leichtes Erröten ihrer Wangen sichtbar. Jeder in diesem Raum könnte nun, wenn er wollte, Florences Interesse an dem Mann erkennen, denn alles an ihr beginnt sich mitzuteilen – Frauen lassen in Flirts den ganzen Körper sprechen.

Als liefe ihr Körper plötzlich auf Hochtouren, sei von unsichtbarer Hand zu sich immer wiederholenden Bewegungen gezwungen – Bewegungen, in denen mehr Aussagekraft verborgen liegt als in Worten.

Das Faszinierende an dieser Sprache ist, daß ihre Ausgeprägtheit nicht nur als Maßstab für weibliches, emotionales Engagement gilt, sondern daß sie überall auf der Welt gleichermaßen »gesprochen« wird.[111]

Frauen als das selektive Geschlecht offenbaren sich, um ihr wählerisches Verhalten möglichst eindeutig zu übermitteln, in Flirtsituationen viel deutlicher als Männer. Mit körperlichen Signalen zeigen sie, wen sie zu einer Kontaktinitiative

»anlocken« und wen sie abweisen. Mit wachsender Aufmerksamkeit und Konzentration auf das andere Geschlecht steigt die Häufigkeit dieser Flirtsignale.

David Givens und Monica Moore dürften zu den bedeutendsten Flirtforschern zählen. Sie waren es, die die Flirtsprache entschlüsselten, in einzelne Verhaltensweisen zerlegten und auch unter biologischen Aspekten analysierten.

Für die Erstellung ihres »Flirtkatalogs«, in dem die Flirtsprache zusammengefaßt wurde, beobachtete Moore[112] mit einigen Helfern über 200 Frauen zwischen 18 und 35 Jahren in einer Single-Bar. Die Zielpersonen befanden sich dort allesamt ohne männliche Begleitung und waren von mindestens 25 ihnen unbekannten anderen Lokalbesuchern umgeben. Moores Mitarbeiter diktierten ihre Beobachtungen möglichst unauffällig in ein verstecktes Tonbandgerät. Sie konzentrierten sich dabei nicht nur auf das Verhalten ihrer »Zielfrauen«, sondern berücksichtigten auch etwaige männliche Reaktionen in ihrem Umfeld. Um sicherzugehen, daß die hier wahrgenommenen Verhaltensweisen tatsächlich das Werbeverhalten von Frauen charakterisieren, stellte Moore weitere Untersuchungen an mehreren Orten mit anderen sozialen Kontexten an, wie in einer Bibliothek, einer Universitätscafeteria und einem Frauenzentrum. Hier protokollierte sie mit ihren Mitarbeitern das Verhalten von jeweils zehn Frauen im Alter zwischen 18 und 35 Jahren unter den gleichen Bedingungen wie im ersten Teil ihrer Flirtstudie. Daß Moore mit der Aufstellung ihres Katalogs durchwegs frauentypische Flirtsignale gewählt hat, beweist folgendes Zahlenverhältnis: In der Single-Bar, in der jedermann auf Partnersuche fixiert ist und die Flirtsignale daher erwartungsgemäß häufiger auftreten, zeigten die 10 beobachteten Frauen insgesamt 706 Flirtsignale – gegenüber 186 in der Cafeteria, 96 in der Bibliothek. Im Frauenzentrum waren es nur noch 47. Während der sogenannten Aufmerksamkeitsphase spielen die Augen die wichtigste Rolle. Grundsätzlich lassen sich drei Blickarten voneinander unterscheiden. Da ist zunächst der gänzlich ungerichtete Blick, der in kürzester Zeit alle erdenklichen Eindrücke sammelt, ohne dabei längere Zeit auf einer bestimmten Stelle zu verweilen. Wir können diese Blicke beispielsweise bei Menschen beobachten, die gerade ein Restaurant oder eine Bar betreten haben.

Für die erste Flirtphase interessant werden erst jene Blicke, die kurz, aber zielgerichtet immer wieder an eine bestimmte Stelle wandern. Diese sogenannten Darting-Blicke (dart = engl. Wurfpfeil) verraten, daß irgend jemand die Aufmerksamkeit geweckt hat. Darting-Blicke dienen sozusagen der Einleitung des Flirts.

Die dritte Blickart schließlich ist die intensive und lang anhaltende. Sie dauert meist länger als drei Sekunden und zählt laut Moore mit zu den eindeutigen Hinweisen dafür, daß die Frau Gefallen an einem Mann findet.

Neben den Augen selbst spielen auch die Augenbrauen ihren Part in der Flirtsprache. Der Eyebrow Flash äußert sich durch ein kurzes, nicht länger als zwei Sekunden andauerndes Heben der Augenbrauen und wird häufig von einem Lächeln und Blickkontakt begleitet. Ansonsten scheinen alle anderen Gesichtsbewegungen gleichsam einzufrieren, womöglich, um so dem Eyebrow Flash besondere Bedeutung zukommen zu lassen. Bis auf wenige Ausnahmen ist dieses Signal positiver Natur. Es vermag beispielsweise zwischenmenschliche Beziehungen als Gruß- und Erkennungssignal einzuleiten und steht allgemein im Dienst sozialer Verständigung, etwa als Signal der Übereinstimmung.[113]

Das ruckartige Zurückwerfen des Kopfes, der Head Toss, bei dem das Kinn nach vorn geschoben und die Brauen leicht gehoben werden, ähnelt zum einen dem trotzig stolzen Plus Face, das Gail Zivin bei Kindergartenkindern beschrieben hat. Wir empfinden diese Kopfhaltung als Ausdruck von Dominanz. In Konfliktsituationen verrät das Plus Face den

Abb. 37: Plus Face

Abb. 38: Head Toss

Sieger meist im voraus, denn 67 Prozent der Kinder, die von Zivin in Streitfällen beobachtet wurden und daraus als Gewinner hervorgingen, zeigten diese Kopfbewegung bereits zu Beginn der Auseinandersetzung. Zum anderen aber ist der Head Toss oftmals mit einer leichten Schräghaltung des Kopfes verbunden, bei der die empfindliche Halsschlagader gleichsam beschwichtigend dargeboten wird. Wir treffen also bei dieser kurzen, ruckartigen Kopfbewegung abermals auf jene Ambivalenz, die uns bei zwischenmenschlicher Annäherung begleitet: auf Zuwendung und Abwehr zugleich.

Vielen von uns dürfte sicherlich schon aufgefallen sein, wie häufig Frauen in Flirtsituationen mit ihren Haaren spielen und diese mit einer schnellen Handbewegung nach hinten werfen. Der Hair-Flip zählt zu den offensichtlichsten

Abb. 39: Hair-Flip

Flirtsignalen. Meist wird bei dieser Bewegung die seitliche Nackenpartie für kurze Zeit zum besonderen Augenmerk freigelegt und mit den Fingern sachte gestreift.

Auch die Lippenregion – als erogene Zone – wird erwartungsgemäß in das weibliche Flirtrepertoire miteinbezogen. Beim Lip Lick, Eibl-Eibesfeldt nennt es »Züngeln«, gleitet die Zunge über die leicht geöffneten Lippen sachte hin und her. Um die Lippen voller und begehrenswerter erscheinen zu lassen, schieben Frauen diese oftmals unter leicht zusammengepreßter Haltung nach vorn, wobei die Unterlippe etwas über die Oberlippe gerät, Lip Pout genannt.

Daß sich das Lächeln aus einer beschwichtigenden Verhaltensweise herausgebildet hat, wissen wir bereits. Woran können wir nun das für die Flirtsituation so typische Coy Smile, das Verlegenheitslächeln, erkennen? Der Psychologe Jens Asendorpf nennt nach detaillierten Untersuchungen die Mundwinkel als Erkennungsmerkmal, die wir beim Lächeln in eine seitlich-obere Richtung bewegen. Erst wenn sie ihre maximale »Ausdehnung« erreicht haben, wendet man beim gewöhnlichen Lächeln (wenn überhaupt) das Gesicht ab. In Verlegenheitsmomenten hingegen drehen wir uns schon früher weg.

Beim Nackenpräsentieren, auch Neck-Presentation genannt, wird der Kopf unter Darbietung der empfindlichen Halsschlagader in eine leichte Schräglage versetzt. Verhal-

Abb. 40: Lip Pout

Abb. 41: Nackenpräsentieren

tensforscher sehen hierin eine eindeutige Geste der Unterwerfung und Beschwichtigung, ebenso wie beim bereits von Darwin beschriebenen Schulterzucken (Shoulder-shrugging).

Auch Selbstberührungen (sogenannte Automanipulations) jeder Art, sei es nun ein Herumzupfen an der Kleidung, bei dem nicht vorhandene Faltenwürfe oder Flusen entfernt werden, oder seien es Berührungen des eigenen Gesichtes, des Armes usw., gelten gemeinhin als Ausdruck von Unsicherheit.

Die weibliche Flirtsprache beinhaltet neben all diesen Unterwürfigkeitsgesten freilich auch eine erotische Komponente. Moore beschreibt den Gang, mit dem Frauen sich in Bars oder Diskotheken von einer Stelle zur anderen bewegen, als ein Paradieren (Parade). Denn da werden in ziemlich

Abb. 42: Automanipulations

übertriebener Manier mit hocherhobenem Kopf die Hüften geschwungen, der Bauch eingezogen und die Brüste hervorgeschoben.

Jedesmal wenn seine Blicke in ihre Richtung wandern, schlägt ihr Herz für kurze Zeit merklich höher. Wie lange er sie schon ansieht, weiß sie nicht zu sagen, denn seltsamerweise verbietet ihr so etwas wie eine innere Haltung, eine innere Scheu, wirklich eindeutige Signale der Kontaktaufforderung von sich zu geben. So durchmischt sie ihre Aufforderung mit abwehrender Blickverweigerung, die so weit geht, daß sie sich selbst nicht einmal den nötigen Augenblick gewährt, um feststellen zu können, ob seine Blicke etwa nur zufällig in ihre Richtung gewandert sind.

Florence beschließt, ihren Platz zu wechseln. Strategisch geschickt kann sie kontrollieren, ob seine Blicke die Verfolgung aufnehmen werden. »Paradierend« bewegt sie sich zu dem auffälligsten Ausstellungsobjekt, der riesigen Büste eines wohlgeformten Frauenkörpers. Selbstverständlich mustert sie diese von der Seite, die gleichzeitig auch einen offenen Blick zu »ihm« gewährt. Während sie vorgibt, jede einzelne Spur, die die Künstlerhände an der Plastik hinterlassen haben, zu studieren, beginnt sie daran zu zweifeln, daß er den vorangegangenen Blickaustausch ähnlich empfunden hat wie sie …

Merken Männer, wenn Frauen mit ihnen flirten?

»Schockierend ist, daß die meisten Männer nicht wissen, wenn eine Frau mit ihnen flirtet. 99 Prozent der Männer um die Zwanzig, Dreißig oder Vierzig riskieren einen Blick auf die Frau, die ihnen deutlichste Signale zusendet, rülpsen und gucken in ihr Glas«, zitiert Julia Grice aus der amerikanischen Zeitschrift *New Woman*.

Will man derartigen Quellen Glauben schenken, müssen wir annehmen, Männer hätten Schwierigkeiten, mit weiblichen Signalen umzugehen. Die Vermutung, sie würden sie einfach nicht wahrnehmen, liegt nahe, schließlich sei das männliche Geschlecht im Entschlüsseln der körpersprachlichen Signale dem weiblichen ohnehin unterlegen, meinen Wissenschaftler.[114] Dabei sind gerade Männer auf eine sensible Wahrnehmung der für sie so ermutigenden Aufforderungssignale angewiesen, denn sie übernehmen im biologischen, aber auch kulturellen Sinne den Part der direkten Kontaktinitiative.

Inwiefern hier eine mögliche Ursache im Geschlechterkonflikt zu finden ist, versuchten nun mehrere Untersuchungen zu klären. Können Männer, die häufige Rendezvous haben, weibliche Aufforderungssignale besser erkennen als Männer, die selten Bekanntschaften schließen, lautete die Kernfrage Twentymans. Seine Interviews enthüllten, daß erstere Merkmale weiblicher Kontaktaufforderungen nicht nur spontaner und sicherer auflisten, sondern zudem mit größerer Sensibilität die Effektivität verschiedener Gesprächseröffnungen beurteilen konnten.

In einer anderen Studie[115] sahen sich männliche Probanden drei verschieden Videos an, in denen ein Mann und eine Frau in ein Gespräch vertieft waren. Der erste Film zeigte eine Begegnung, in der die Frau ihrem Gesprächspartner große Sympathie entgegenbrachte, auf dem zweiten vermittelte sie Abneigung und im dritten ein neutrales Gefühl. Die Initiatoren dieses Experiments widerlegten mit ihren Ergebnissen Twentymans Thesen, denn Daters und Nicht-Daters* beurteilten das weibliche Interesse für ihren »Filmpartner« stets auf ähnlich korrekte Weise.

Etwaige Gründe für männliche Erfolge bzw. Mißerfolge bei Frauen in der Wahrnehmung weiblicher Aufforderungssignale zu suchen, ist ein durchaus einleuchtender Ansatz. Die genannten Versuche fanden jedoch unter recht künstlichen Bedingungen statt. Nur in einer realen Auseinander-

* to date someone = englisch jemanden treffen, sich verabreden, Rendezvous haben

setzung zwischen Mann und Frau vollzieht sich jener in unmeßbarer Geschwindigkeit ablaufende und sich gegenseitig beeinflussende Signalaustausch.

Fest steht: Männer nehmen weibliches Flirtverhalten in der Regel durchaus wahr. Frauen dürften somit, vorausgesetzt, ihre Signale sind nicht von allzu starker Ambivalenz durchsetzt, sicher sein, daß diese bei ihrer »Wahl« auch ankommen.

Mit Freude merkt sie, daß er scheinbar suchend um sich blickt. Als sich ihre Augen begegnen, meint sie auf seinen Lippen ein Lächeln zu erkennen. Anstatt dieses zu erwidern, anstatt eine ihrem momentanen Empfinden entsprechende Reaktion zu zeigen, wendet sie nicht nur ihre Augen, sondern auch den ganzen Körper abrupt von ihm ab. Welch paradoxes Verhalten!

Sprödigkeit als Waffe?

Florence zeigt sich spröde und verhält sich als unsere statistische Durchschnittsdame damit mehr oder weniger unbewußt so, wie es sich im Laufe der Evolution im Kampf der Geschlechter als sinnvoll erwiesen hat. Wenngleich Flirtsignale, wie wir gesehen haben, von gewisser Eindeutigkeit sind, scheint das weibliche Geschlecht strategisch einen kleinen Umweg einzuschlagen.

»Playing hard to get«, nennt Walster[116] dieses Phänomen, das ihre wissenschaftliche Tätigkeit sowohl zeitlich als auch gedanklich sehr in Anspruch nehmen sollte. Sind Frauen, die Sprödigkeit vermitteln, tatsächlich begehrenswerter, so wie es Volksglauben und Soziobiologen gleichermaßen postulieren? Walsters erste Umfragen bei ihren Studenten, die in der weiblichen zurückweisenden Haltung durchaus gewisse Reize sahen, schienen den Zusammenhang von Sprödigkeit und »Wertsteigerung« zunächst zu bestätigen.

So einfallsreich und durchdacht ihre anschließenden Experimente zu dieser Thematik auch gewesen sein mögen –

Abb. 43: Die spröde Frau: Ist begehrenswert, wer unerreichbar scheint?

sie schlugen allesamt fehl. Walster, die zunächst fest an die Wirkung weiblicher Zurückweisung geglaubt hatte, mußte schließlich doch zur gegenteiligen Überzeugung kommen: Sprödigkeit ist keine effektive Strategie.

Sehen wir uns die Experimente einmal genauer an. Im wesentlichen ähnelte der erste Versuchsaufbau dem ebenfalls von Walster durchgeführten und schon beschriebenen Computertanz.[117] Diesmal erhielten jedoch einige Teilnehmerinnen die Anweisung, die telefonische Einladung ihres Partners nicht sofort zu akzeptieren und statt dessen drei Sekunden lang mit der Antwort zu warten. Durch dieses Zögern sollten sich die wählerischen Frauen von den bereitwilligen unterscheiden, welche die Einladung sofort annahmen.

Die nach dem Tanzabend ausgefüllten Fragebögen ließen erwartungsgemäß keine Hinweise auf die Wirkung weiblicher Sprödigkeit zu. Ein kurzes Zögern von drei Sekunden spielt, was eigentlich schon im voraus abzusehen war, nach einem gemeinsam verbrachten Tanzabend letztlich kaum eine Rolle. Ein in der Soziobiologie so wichtiger Aspekt wie »Sprödigkeit« läßt sich nicht mit drei Sekunden weiblichen Zauderns austesten. Walster indes machte die »indirekte« Zurückweisung, da sie lediglich übers Telefon geschah, für die Nichtbestätigung ihrer Hypothese verantwortlich und konfrontierte in einer weiteren durchaus geschickt angelegten Versuchsserie Männer mit Lockvögeln, die ihre Sprödigkeit »leibhaftig« in ihrer Gegenwart ausspielten. Diesmal mußten die ahnungslosen Männer erfahren, daß die ihnen per Computer zugeteilte Partnerin aus terminlichen Gründen nun doch nicht zum Tanz kommen könne. Um dem Ganzen die Krone aufzusetzen, sollten die so versetzten Männer auch noch die Gründe für die Unpäßlichkeit ihrer Partnerin erfahren: Sie waren mit anderen Männern verabredet. Erst auf längeres Insistieren ihres Versuchspartners gaben die Lockvögel schließlich doch noch nach und nahmen die Einladung an. Daß auch bei dieser Versuchsreihe Männer keine besondere Vorliebe ausgerechnet für die spröden, zurückweisenden Frauen zeigten, ist nicht verwunderlich, denn bekanntlich hatten weder im ersten noch im zweiten Versuchsaufbau die männlichen Probanden ihre Partnerinnen nach eigenem Geschmack gewählt.

Walster ging hier von einer falschen These aus. Sie nahm an, daß eine Frau einzig wegen ihrer Sprödigkeit begehrt wird. Wäre diese Taktik die ausschlaggebend effektive, müßte man im weiblichen Werbeverhalten ausschließlich eine die Männlichkeit zur Reizung genügende Zurückhaltung finden. Das Erfolgsrezept der Sprödigkeit liegt nicht in bloßen Aussagen wie: »Tut mir leid, ich habe so viele Rendezvous mit anderen Männern.«

Walster ließ sich nicht entmutigen. In einem nächsten Anlauf versuchte sie nun, auch die sexuelle Komponente miteinzubeziehen. Sie konnte für diesen neuen Versuch Prostituierte gewinnen. Die Damen des leichten Gewerbes erklärten nun einigen ihrer (wahrscheinlich erstaunten) Herren vor dem sexuellen Akt, sie sollten sich auf dieses Erlebnis nichts einbilden. Es bliebe höchstwahrscheinlich bei diesem einen Treffen, denn sie hätten sich entschlossen, eine seriösere Ausbildung anzustreben und würden hin und wieder nur ihre besten Stammkunden »erfreuen«. Anderen Freiern wurde dieser vermeintlich anspornende Hinweis von Sprödigkeit nicht vorweg serviert. Wie beliebt die jeweilige Prostituierte nun war, versuchten die Wissenschaftler um Walster am Entgelt und an der Häufigkeit der Wiederholungsbesuche der so manipulierten Männer zu erkennen. Ein fragwürdiges Experiment, so meine ich, denn es ist ja gerade der verhältnismäßig unkomplizierte Umgang zwischen den Geschlechtern, der das Geschäft der käuflichen Liebe so beliebt macht. Was außerhalb dieser Szene meist schwerlich zu erobern ist, kann hier durch Kauf erlangt werden. Das Ziel, die Wirkung weiblicher Sprödigkeit ausgerechnet im Prostituiertenmilieu zu untersuchen, mußte geradezu fehlschlagen.

Walster beschloß nun, in eine andere Richtung zu forschen und befand sich dabei, vielleicht ungeahnt, auf einer soziobiologisch interessanten Spur.

Im Rahmen einer großen Studie, in der offiziell die Geheimnisse der Partnerwahl, beziehungsweise der Rendezvous durchleuchtet werden sollten, beschrieben die daran teilnehmenden Studenten neben ihren Charaktereigenschaften auch die persönlichen Anforderungen an einen möglichen Rendezvouspartner. Walster legte nun jedem der 71 männlichen Studenten Selbstbeschreibungen von fünf

Frauen vor mit dem »Angebot«, sie sollten sich eine von diesen zu einem Date aussuchen. Sie erhielten darüber hinaus den Hinweis, der Computer habe zwar die Wahl bereits getroffen, aber man wolle nun sehen, ob dieser in seiner Entscheidung mit den Versuchsteilnehmern konform ginge. Um die männlichen Probanden mit unterschiedlichem Grad weiblicher Sprödigkeit zu konfrontieren, hatte sich Walster überdies eine raffinierte Taktik einfallen lassen: Sie sagte ihnen, einige der Frauen hätten auch ihrerseits die Selbstbeschreibung ihrer potentiellen Partner zur Kenntnis genommen und sich darüber geäußert, wie erpicht sie auf ein Treffen mit diesen seien. Eine der in Frage kommenden Frauen würde sich mit allen ihnen vom Computer zur Wahl gestellten Männern gleichermaßen gerne treffen. Für eine andere hingegen käme keiner dieser Männer ernsthaft in Frage. Schließlich hätte jeder Mann auch eine dritte Frau zur Auswahl, die ausschließlich an ihm Interesse vorgäbe. Die verbleibenden zwei Frauen hätten – als Kontrollgruppe fungierend – angeblich noch keine Gelegenheit, eine Meinung zu ihren möglichen Partnern abzugeben.

Walster konnte endlich den wesentlichen wertsteigernden Aspekt der Sprödigkeit aufdecken. Am begehrtesten sind Frauen, die selektiv zurückweisend sind, die Interesse sowie Zugänglichkeit auf einen einzigen Mann konzentrieren und gleichzeitig anderen Bewerbern gegenüber eine abweisende Haltung einnehmen. Ohne große Anstrengungen an ein Ziel zu gelangen, das anderen Mitstreitern verwehrt bleibt, schmeichelt nicht nur männlichem Ego, sondern ist auch in soziobiologischer Hinsicht der weitaus effektivste Weg der Partnerwahl. Mit geringstem Investment und Vorleistungen ans Ziel zu gelangen gehörte stets zu den Maximen der Evolution. Unkritische und unwählerische Frauen konnten beim männlichen Geschlecht ebenso wie allgemein zurückweisende Frauen wenig Interesse wecken. Der Grad an Sprödigkeit ist, wie ein weiterer Fragebogen Walsters enthüllte, mit Vorurteilen behaftet. Unkritische Frauen, so die Ergebnisse, können sich wählerisches Verhalten nicht leisten – sonst bekämen sie nämlich überhaupt keinen Partner. Das männliche Geschlecht scheint nämlich der Meinung zu sein, nur Frauen, die beliebt und attraktiv sind, können mit wählerischem Verhalten Erfolg haben. Der tendenziell bindungsfreudige, promiske Mann befürchtet bei der unwählerischen Frau eine allzu erdrückende Anhänglichkeit, die zuviel Anforderungen mit Unselbständigkeit paart. Frauen ohne jegliche Spur von zurückweisendem Verhalten wird überdies eher promiskes Sexualverhalten unterstellt. Das männliche Geschlecht scheint wohl, im biologischen Sinne, stets das verhängnisvolle Kuckucksei als Damoklesschwert über sich zu vermuten.

Gottlob wurden in fehlender Sprödigkeit auch ein paar positive Vorurteile angesprochen, nämlich charakterliche Unkompliziertheit, Wärme und Freundlichkeit.

Frauen, die sich allen Männern gleichermaßen spröde und kritisch zeigen, werden durchaus ambivalent betrachtet. Wenn sie es sich leisten können, diese – ohne Ausnahme – zappeln zu lassen, müssen sie auch mit entsprechend hoher Attraktivität und allgemeiner Beliebtheit aufwarten können, lautete das übereinstimmende Urteil. Unerreichbarkeit wird aber auch gern ein Hauch von Kälte, Frigidität und Starrsinn zugeschrieben. Mit weiblicher, allen Männern gleichermaßen zukommender Sprödigkeit können somit nur jene Vertreter des männlichen Geschlechts umgehen, die mit starkem Selbstbewußtsein ausgestattet sind, weniger Angst vor einem Gesichtsverlust haben und daher die Kontaktanbahnung »wagen«. Ob Frauen, die mit vielen von Männern begehrten Eigenschaften aufwarten können, nun tatsächlich spröder und zurückweisender sind, läßt sich derzeit jedoch nicht sagen. Es fehlen hier meines Erachtens noch wichtige Untersuchungen. Nur – wer die Wahl hat, hat die Qual, und Frauen, die sich im Kreise der Männlichkeit großer Beliebtheit erfreuen, haben eher gelernt, wenn sie nicht polyandrisch verfahren, zu selektieren als weniger begünstigte Frauen, die in Extremfällen gar »beglückt« auf jegliches männliche Interesse reagieren.

In weiblicher Sprödigkeit scheint für Männer ein gewisser Anreiz zu liegen, insbesondere dann, wenn sich das zurückweisende Verhalten auf die männliche Konkurrenz bezieht. Diese selektive Sprödigkeit zu erkennen ist jedoch im Alltag nicht so einfach, wie die Versuchsreihe von Walster, in der Männern schwarz auf weiß ihre Ausschließlichkeit bestätigt wurde, zeigt.

Wie kann nun selektive Sprödigkeit vermittelt werden, wenn der Mann keinerlei Ahnung von dem sonstigen Auswahlverfahren der Frau hat? Indem sie zwar freundliche Signale gezielt auf *einen* Mann richtet, diesem aber gleichzeitig durch abwehrende Maßnahmen, wie beispielsweise ein schnelles und abruptes Abwenden der Darting-Blicke, jenen Hard-to-get-Eindruck vermittelt. Ist der Mann jedoch durch gegebene Umstände der »Hahn im Korb«, fällt die selektive Sprödigkeit als weibliche Strategie freilich weg. Hier dennoch eine wählerische Haltung einzunehmen und sich nicht wie beim »Skilehrersyndrom« in den Fanclub einzugliedern, dürfte hinsichtlich der Aufmerksamkeitserregung wohl der beste Weg sein.

Der wirklich aufregende Moment einer Begegnung von Mann und Frau hat nun begonnen. Florence weiß, daß ihr Interesse erwidert wird. Mit immer noch leicht abgewandtem Körper blickt sie, den Kopf etwas gedreht, kurz in seine Richtung. Zufrieden stellt sie fest, daß seine Augen auf ihr ruhen. Noch wagt sie kein Lächeln, sondern wandert bedächtig um die Büste herum, deren Konturen sie (aus gegebenem Anlaß) mittlerweile bis ins kleinste Detail studiert hat. Gänzlich hinter ihr zu verschwinden, sich herausfordernd seinen Blicken für einen kurzen Moment zu entziehen, verleiht Florence ein angenehmes Gefühl der Spannung. Als sie schließlich hinter der mächtigen Dame in seine Richtung blickend auftaucht, begegnen sich ihre Augen für einen längeren Augenblick. Endlich entweicht Florence ein verlegenes Lächeln ...

Immer ist die Frau der Jäger

Im Flirtspiel hat der zweite wichtige Abschnitt begonnen. Jetzt, in der sogenannten Erkennungsphase, erahnen Mann und Frau die gegenseitige Sympathie. Immer noch sorgt die Körpersprache für die Vermittlung innerer Regungen. Die Flirtenden stehen nun vor einer wahrlich schwierigen Aufgabe: der Verringerung ihrer Distanz.

Über 300 Beobachtungsstunden in Bars ließen Perper und Fox zu der Überzeugung gelangen, »Männer schwirrten nicht einfach wie Motten ums Licht«, und Frauen müßten nur warten, »wer letztlich die Landung wagt«. Frauen seien sich in Flirtsituationen über all die ablaufenden Mechanismen allgemein bewußter als Männer. Relativ gezielt »senden« sie auch ihre Signale der Kontaktaufforderung. Sie sollen dem Mann Mut zur Annäherung geben und ihm die Angst nehmen, sein Gesicht zu verlieren.

Dem alten Klischee entsprechend obliegt es nämlich immer noch dem »starken Geschlecht«, das heißt den Männern, den Kontakt in Form eines Gesprächs zu eröffnen.[118]

»Giving men the come on«, nannte Debra Walsh ihre ebenso eindrucksvolle wie amüsante Untersuchung zu dieser Thematik. Walsh setzte eine auffällige, attraktive Frau in eine Bar an einen Tisch, die ausgewählte Männer an den Nebentischen mehrmals mit Blicken und abwechselnd mit kombiniertem Lächeln »kontaktierte«. In Abhängigkeit der graduellen Abstufung dieser Aufforderungssignale gaben sich die männlichen Versuchsopfer einen Ruck und versuchten, mit Walshs schönem Lockvogel ins Gespräch zu kommen. Vor allem Männer, die mehrmals angesehen und gleichzeitig angelächelt worden waren, reagierten am unverblümtesten und kamen der »Einladung« sofort nach. Mit dem Wegfall des Signals »Lächeln« und der Abnahme des Blickkontakts ließ auch bei den Männern der Mut nach, die Aufforderung des Lockvogels zu erwidern. So gesehen behält eine Münchner Zeitschrift,[119] die das Flirtspiel unter dem Titel »Immer ist die Frau der Jäger« beschrieb, durchaus recht.

Die schnellste, aber bei weitem nicht effektivste Strategie, ans Ziel zu gelangen, wäre der direkte Weg: einfach hingehen und ein Gespräch eröffnen. Nur Mutige wagen diesen Schritt, der ein erhebliches Risiko in sich birgt, denn Frauen tendieren dazu, auf eine vorschnelle und übereilte Annäherung mit Zurückweisung zu reagieren. Will der Mann auf Nummer Sicher gehen, empfiehlt es sich, sein biologisch durchaus verständliches Draufgängertum im Zaum zu halten und die Bereitschaft seines »Investments« zu demonstrieren, indem er sowohl sich als auch der Frau Zeit läßt. In dieser zweiten Flirtphase senden Frauen übrigens im wesentlichen wieder jene Signale, die bereits die erste Phase kennzeichneten. Nur nehmen sie jetzt, mit sinkender Distanz zwischen den Flirtenden, an Häufigkeit zu.

Florence beschließt, ihren Platz beizubehalten, denn es entgeht ihr nicht, daß er sich, an Bildern und Skulpturen entlang, langsam aber stetig in ihre Richtung bewegt. Immer wieder soll ein kurzer Blick versichern, daß nach wie vor dieses aufregend kribbelnde Spiel zwischen vorgegebener Gleichgültigkeit und eindeutigem Interesse ihre Begegnung zeichnet.

Allmählich verringert sich die Distanz – Florence läßt in äußerster Spannung ihre Augen am Antlitz der inzwischen vertrauten Gipsfigur haften. »Eine schöne Frau«, sind ihre letzten Gedanken, bevor sie ihre Aufmerksamkeit gänzlich ihm widmen sollte, denn er, inzwischen an sie herangetreten, meistert den Gesprächseinstieg mit einem »Standen Sie Modell?« bestens.

Der erste Wortwechsel

Mit dem ersten Wort schreiten die Flirtenden in die dritte Phase, die Interaktionsphase, in der anfangs immer noch Mimik und Körpersprache in ihrer Bedeutung der verbalen Sprache überlegen sind. Beide Geschlechter scheinen sich mehr oder weniger unbewußt in ihren Körperbewegungen überaus empfindlich wahrzunehmen. Einem Tanz gleich bewegen sich die Körper im synchronen Rhythmus. Sämtliche Verhaltensweisen erfahren dabei eine gewisse Übertreibung. Gestik, Mimik, Hand- und Körperbewegungen verraten innere Spannung.

Nun tauchen weitere Flirtsignale auf, etwa der Head Akimbo, bei dem beide Arme hinter dem Kopf verschränkt werden.

Noch ist sich die Verhaltensforschung über den Ursprung und die Bedeutung dieser Körperhaltung nicht ganz im klaren. Dem Kontext entsprechend könnte Head Akimbo als ein Sich-größer-Machen gedeutet werden, aber auch als ein unterwürfiges Hervorheben des Brustbereichs und schließlich, wie bereits erwähnt, als eine geruchliche Präsentation der Achselhöhlen.[120] Fest steht, daß wir, gleichgültig ob männlichen oder weiblichen Geschlechts, diese Bewegung weitaus häufiger vollziehen, als wir annehmen.

Abb. 44: Head Akimbo

Vor allem Frauen unterstreichen ihre Worte im Flirt mit besonders vielen Gesten. Auffällig ist hierbei das sogenannte Palming*, bei dem sie für kurze Zeit, ungefähr fünf Sekunden lang, ihre Handflächen zeigen. Mag man über etwaige biologische Hintergründe spekulieren, drängt sich der Gedanke auf, es handele sich um Ausdrucksweisen der Beschwichtigung – wie etwa bei einer Geschenkübergabe oder dem Handgruß.

Fehlen bei einer ersten Begegnung Lächeln oder Lachen völlig, bestehen für diesen Kontakt nur geringe Hoffnungen. In unserer Untersuchung konnten wir feststellen, daß sich Paare, denen während der ersten dreißig Sekunden kein einziges Lächeln über die Lippen kam, einander auch später nichts zu sagen hatten und den Großteil ihrer zehnminütigen Begegnung weitgehend schweigend verbrachten.

Kommen wir zu den Körperberührungen, die auf subtile Weise zunächst durch das sogenannte Tapping** für eine Steigerung von Aufmerksamkeit, Spannung und Intimität sorgen. Meist sei es die Frau, von der die ersten Berührungen ausgehen. Ein kurzes Anlehnen, ein leichtes Antupfen mit der ganzen Handfläche, alles in allem nähert sie sich aus einer (geplanten) Zufälligkeit heraus, schreibt zumindest Perper.

Vor allem Frauen reagieren auf Fremdberührungen abwehrend. Dies konnte auch eine amerikanische Studie[121] bestätigen, in der 208 Studenten nach ihren Vorlieben für Körperberührungen durch Fremde und Bekannte befragt wurden. Im Gegensatz zu Männern – hier offenbart sich ein deutlicher Geschlechtsunterschied – empfinden Frauen Berührungen von Fremden allgemein als unangenehm – als besondere Tabuzone wurde neben den Haaren erwartungsgemäß Brust- und Genitalbereich angegeben. Diese Abwehrhaltung sinkt mit wachsender Vertrautheit.

* palm = englisch Handfläche
** to tap = englisch klopfen, tippen

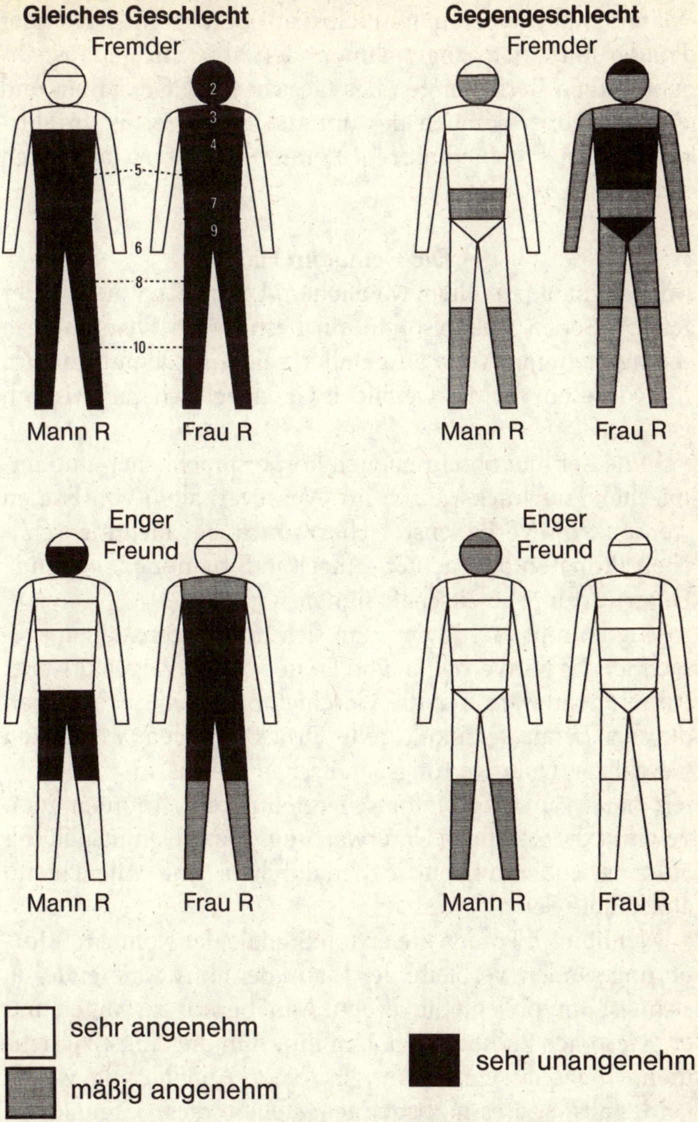

Abb. 45: Männer und Frauen empfinden Körperberührungen je nach Körperregion auf unterschiedliche Weise.

Männer dagegen reagieren selbst auf Berührungen fremder Frauen mit einem angenehmen Gefühl – einzige Ausnahmen bilden Berührungen des Gesichts, der Genitalien und eigenartigerweise auch des unteren Beinbereichs. In Flirtsituationen scheint unsere Toleranz die vorerst absoluten Tabuzonen zu schmälern.

Die Demut im Flirt

So manchem (vor allem weiblichen) Leser mag während der letzten Seiten zweifelsohne ein bestimmtes Phänomen in unangenehmer Weise aufgefallen sein: die Demut im Flirt, die vor allem für das weibliche Geschlecht charakteristisch ist.

Viele der hier beschriebenen körpersprachlichen und mimischen Ausdrucksweisen im Werbeverhalten von Frauen werden von Verhaltensforschern auch bei nichtmenschlichen Primaten beobachtet – meist in Situationen, in denen Unterwerfungsbereitschaft signalisiert wird.[122]

Wie kommt es, so wird man sich nun fragen, daß ausgerechnet das Flirtverhalten von Frauen solche Züge aufweist? Annehmbar wäre der die Geschichte wie ein roter Faden durchziehende soziokulturelle Druck, der dem weiblichen Geschlecht Unterwerfungsbereitschaft gleichsam aufoktroyiert hat. In unserer biologisch orientierten Argumentation gewinnt die weibliche Unterwerfungs- bzw. Demutshaltung auf einer anderen Ebene jedoch durchaus eine einleuchtend akzeptable Seite.

Wenngleich Frauen die ersten Signale der Kontaktaufforderung senden, verbleibt der Mann der aktiv Agierende, da es meist ihm obliegt, die direkte Annäherung zu wagen und ein Gespräch zu beginnen. Um ihm nun die Angst zu nehmen, ihm quasi zu vermitteln, einer Annäherung würde keinesfalls aggressiv begegnet, stehen diese Signale im Dienste einer vorwegnehmenden und gleichzeitig ermutigenden Beschwichtigung.[123] Hintergründe submissiven

Verhaltens während der Erkennungsphase sind uns nun klarer geworden. Warum aber fährt vor allem die Frau auch in der dritten Flirtphase, der Interaktionsphase, mit ihrem Unterlegenheitsverhalten fort? Wesentliches Merkmal dieser Phase ist das Gespräch, dessen Inhalt selbst anfangs noch nicht so wichtig ist. »Phatische Kommunikation« bezeichnen Linguisten die Gesprächsform, in der Worte einzig der Bindung zweier Menschen dienen – ein Austausch simpler Allgemeinfloskeln. Auch wenn jede einzelne Äußerung noch so belanglos sein mag, befinden sich die Flirtenden dennoch unweigerlich in einer Situation der Social jeopardy,[124] der sozialen Gefahr. Schließlich führt jede einzelne Äußerung eine gewisse Entblößung mit sich. So unterliegen der gegenseitigen Prüfung neben Wortwahl und Dialekt vor allem auch Faktoren, die man als paralinguistische Merkmale bezeichnet: Stimme, Tonfall, Lautstärke werden von Flirtenden daher in manipulativer Weise möglichst angenehm, wenn nicht gar verführerisch eingesetzt.

Die Angst vor der Zurückweisung, die Befürchtung, den Erwartungen, die sich der andere aufgrund des äußeren, flüchtigen Eindrucks gemacht hat, nicht entsprechen zu können, lassen weiterhin unterwürfig demütige Verhaltensweisen sozusagen in beschwichtigender Funktion walten.

Die vermeintliche Unterwerfung im Flirt birgt indes eine weitere Ursache in sich. Männer meinen, und dabei liegen sie durchaus richtig, imponieren, also eine gewisse Stärke und Dominanz ausstrahlen zu müssen. Ein Scheitern dieser Rolle geht meist einher mit völligem Rückzug oder gar Resignation. Nun steht es gewissermaßen in weiblicher Macht, männlichem Werbeimponieren in unterstützender Weise entgegenzukommen, denn vorgegebene Submission versetzt die Männlichkeit in die gewünschte Position des »starken« Geschlechts, oder mit den Worten Kants gesprochen: »Das Weib ist weigernd, der Mann bewerbend, ihre Unterwerfung ist Gunst.«

Schweigen ist nicht Gold!

Hat man die erste Hürde genommen, den Kontakt initiiert und die ersten Worte gewechselt, wartet bereits das nächste Hindernis: Unterhaltungen so zu gestalten, daß beide Teilnehmer gleichermaßen Freude daran haben, was bei weitem nicht so einfach ist, wie man meinen möchte.

Irgendwann kommt der Moment, in dem eine Begegnung von Mann und Frau auf der Stelle zu treten droht, wenn beide nicht gewillt sind, von der phatischen Kommunikation, also den Allgemeinfloskeln, zu einem inhaltlich wertvolleren Gespräch überzugehen.

Sozialpsychologen nehmen den Grad der »Offenheit«, also der Bereitschaft, über sich selbst, über seine Interessen, Hobbys und Ansprüche usw. zu sprechen, als prognostischen Maßstab sowohl für Güte als auch Dauer einer Beziehung.[125] Betont wird in diesem Zusammenhang zudem die Ausgewogenheit zwischen den Geschlechtern, was bedeutet, daß beide Partner im Grad ihrer Offenheit einander entsprechen sollten.

Die Fähigkeit, nach allen Regeln der Kunst einen Menschen so in Bann zu ziehen, wie es das interessante äußere Erscheinungsbild hat vermuten lassen, fällt manchen Menschen so schwer, daß ihr Single-Dasein allein auf dieses Manko zurückzuführen ist.

Kommunikation sei erlernbar, meinen manche Volkshochschulen und bieten Kurse an, in denen frustrierte Singles wenigstens eines der Geheimnisse zwischenmenschlicher Anziehungskraft lüften und sich aneignen wollen.

Vor allem Frauen empfinden mangelnde Eloquenz ihres Gesprächspartners als unangenehm und reagieren mit Abweisung. Zumindest in unserem Flirtexperiment konnten wir den positiven Zusammenhang zwischen weiblicher Sympathie und männlicher Redefreudigkeit feststellen.

Männer, die sich in Gegenwart einer Frau gut auszudrükken wissen, haben auch häufigere Rendezvous. Die Frage, ob sie durch häufige Begegnungen mit Frauen allmählich größeres Geschick im Gespräch erwerben, oder ob Frauen ohnehin Männer bevorzugen, mit denen sie gut sprechen können und somit den weniger eloquenten Männern wenig Chancen einräumen, läßt sich nicht ohne weiteres klären und soll auch hier keine Rolle spielen.

Ein Forscherteam versuchte, diesem Zusammenhang von Beliebtheit und männlicher Eloquenz experimentell nachzugehen, wobei es seinen männlichen Probanden auf Tonband einen Dialog vorspielte, in dem ein Mann eine Frau zum Tanzen aufforderte und von dieser ein klares und schnelles »Nein« zu hören bekam. Die Versuchsteilnehmer hatten nun die Aufgabe, sich auf diese Abfuhr hin eine passende Antwort einfallen zu lassen.

In einer zweiten Testsituation arrangierten die Wissenschaftler ein persönliches Zusammentreffen ihrer Probanden mit einer Frau und stellten sie vor die Aufgabe, ihre Sympathie zu gewinnen. Die Frau indes war ein Lockvogel des Forscherteams und verfuhr nach der Anordnung, den Versuchspersonen gegenüber freundlich-neutral zu sein. In einer dritten Testsituation schließlich sollten die Versuchsteilnehmer telefonisch eine ihnen unbekannte Frau zu einem Date überreden.

Bei der Auswertung ihrer Versuchsreihen konzentrierten sich die Wissenschaftler vor allem auf das Sprachverhalten ihrer Probanden. In der ersten Testsituation zählten sie die Sekunden, bis den Versuchspersonen eine Antwort auf die Abfuhr einfiel, sowie deren Wortanzahl. Das persönlich geführte Gespräch der zweiten Versuchsreihe beurteilten vor allem Frauen, die Angaben darüber machten, ob sie der Gesprächsstil der jeweiligen Versuchspersonen ansprach. Darüber hinaus zählte man neben den Pausenlängen abermals die Anzahl der Wörter. Bei der telefonischen Unterhaltung interessierte, wie lange das Gespräch dauerte und wie umfangreich hierbei die männliche Wortgebung war.

Die Auswertung dieser Daten enthüllte, wie eng der Zusammenhang zwischen häufigen Rendezvous und männlichem Sprachverhalten ist. Männer mit zahlreichen Frauenbekanntschaften erwiesen sich als schlagfertiger und überzeugender und schneller mit ihren Antworten. Ihr Konversationsstil fand beim weiblichen Geschlecht wesentlich größeren Anklang als der von Männern mit wenigen Frauenbekanntschaften.

Die Fähigkeit, ein gutes Gespräch zu führen, verlangt aber auch die Berücksichtigung anderer Faktoren. Lange Pausen beispielsweise sollten vermieden werden, schließlich empfinden wir sie als unangenehm – es sei denn, wir befinden uns in einem besonders genießerischen Moment des Verliebtseins. Ebenso empfindlich reagieren wir auf ständige Unterbrechungen, mit denen der andere das Wort an sich reißen will. So balancieren wir stets zwischen einfühlsamem Zuhören und gleichzeitiger Fähigkeit, die Begegnung nicht in einem Monolog des Gegenübers enden zu lassen.

Ein weiteres, elementar wichtiges Element vor allem bei einer Erstbegegnung ist, von der Phase der phatischen Kommunikation abgesehen, der Gesprächsstoff selbst. Um eine Konversation vor dem »Ersticken« oder allzu starker Einseitigkeit bewahren zu können, suchen wir beim Gegenüber gerne nach Gemeinsamkeiten. Besonders bedeutungstragend ist der gleiche Sinn für Humor, denn, was am meisten verbindet, ist das gemeinsame Lachen.

Die anfängliche Euphorie ist schnell begraben. Florence steht immer noch vor jener Büste, deren Modell sie gewesen sein sollte. Nur aus Höflichkeit, vielleicht auch aus einer gewissen Verbissenheit heraus, doch noch eine Themenänderung zu bewirken, gibt sie sich als scheinbar andächtige Zuhörerin seinen langen und ausführlichen Beschreibungen hin. Er hat sich nämlich als ein Hobbykünstler entpuppt, der sich seit langem an einem ähnlichen Werk versucht, bislang aber scheiterte. Nun soll Florence erfahren, wel-

che Gründe hinter seinen mißlungenen Anläufen zu suchen sind: innere Unruhe, geringe Geduld und eine momentane allgemeine Lebenskrise, deren Lösung nächstes Wochenende hoffentlich ein Selbsterfahrungskurs in der Toskana herbeiführen wird. Schließlich ergeht er sich in fernöstlichen Philosophien und beschreibt ihr mit verklärtem Blick, auf welche Weise die Sympathie zwischen Mann und Frau hergestellt wird: »... Der tags gezeugte Mann hat seinen Energiefluß von der rechten zur linken Hand und vom linken Fuß zum rechten Fuß. Frauen sind wieder gegensätzlich. Frauen und Männer, die zur gleichen Zeit (Tageszeit und Sonnenstand) gezeugt sind, haben die gleiche Wellenlänge und damit den direkten Draht. Oder Liebe auf den ersten Blick! Ich nehme an, daß die Umschaltung abends von der negativen Erdenergie und morgens von der positiven Sonnenenergie bewirkt wird. Wir haben dabei auch die Umschaltung zwischen basisch und sauer. Andere haben angenommen, daß die Umschaltung durch das Sonnenlicht über Photonen bewirkt wird.

Liebe ist die Spannung zwischen positiv und negativ oder zwischen Gegensätzen. Mann und Frau, zur gleichen Zeit gezeugt, haben die gute Beziehung. Bei einer Verschiebung müssen die beiden sich immer wieder einstellen. Männer von der Nachtzeugung sind zu Männern von der Tagzeugung gegensätzlich, ebenso Frauen vom Tag zu Frauen der Nachtzeugung. Da alle Säugetiere diesem Prinzip unterliegen, dürfte es möglich sein, im Tierversuch die Sprungzeit festzuhalten und Polaritätsmessungen vorzunehmen, um den Zeitpunkt der Umschaltung zu ermitteln. Es ist möglich, daß Zwitter in der Schaltphase gezeugt wurden und Personen, die keinen Partner finden ..., eben in dieser Zeit gezeugt wurden, die nicht üblich ist ...«[126]

Obwohl er Florence durchaus ins Gespräch einzubeziehen weiß und einen von ihr befürchteten Monolog seinerseits unterbindet, merkt sie mit wirklich großem Bedauern – zu schön hat es begonnen –, daß »ihre Strahlungen in der Erdlaufbahn« schlicht und einfach nicht zusammenpassen. Zuwenig der Gemeinsamkeiten, zu eintönig und uninteressant das Gespräch. Sie wundert sich, wie sehr sie sich hat von seinem äußeren Erscheinungsbild in die Irre führen lassen. Sie ahnt jedoch, daß sich hier ein streßgeplagter Weltmann kurzzeitig in andere, künstlerisch-philosophische Sphären geflüchtet, sein Outfit aber beim alten gelassen hat.

Florence versucht, das Gespräch allmählich abzuwürgen, indem sie sich immer mehr zurückzieht. Ihre Blicke wandern im Raum umher. Er scheint doch nicht bar jeglichen Einfühlungsvermögens zu sein, denn schließlich steuert er in seinen Ausführungen dem Ende zu und schweigt. Florence genießt die angenehme Ruhe, ihr Unbehagen ihm gegenüber wächst. Nach einigen gescheiterten Anläufen, ein für beide gleichermaßen interessantes Thema zu finden, verabschiedet sie sich von dem kunstambitionierten Pseudophilosophen mit dem Hinweis, ihr Freund warte auf sie.

Diskothekenbesuch

Allmählich beginnt Florence an sich zu zweifeln – sind ihre Ansprüche zu hoch geschraubt? Zwar weist sie noch längst nicht jene bisweilen pathologischen Züge mancher Singles auf, deren quälendes Bedürfnis oft zu übersteigerten Wunschbildern führt.[127] *In romantischen Minuten jedoch malt sie sich tagträumerisch Liebe auf den ersten Blick aus, so, wie sie es aus unzähligen Filmen und Romanen kennt. Ihre bisherigen Erfahrungen verweisen sie aber immer wieder unweigerlich auf den Boden der Realität zurück. Man trifft den Traummann nicht auf der Straße, im Park, auch nicht in der Straßenbahn oder im Geschäft. Als ihr das Alleinsein und die frustrierenden Fehlschläge zuviel werden, entschließt sie sich, dort, wo der Partnermarkt stattfindet – nämlich in einer Bar oder Diskothek –, bewußt auf Partnersuche zu gehen. Hier sind die nötigen Voraussetzungen gegeben, der Alkohol verscheucht die Hemmungen, das schummrige Licht schmeichelt dem Gesicht, die Musik euphoriert – und man kann seinem Äußeren den erwünschten Appeal verleihen – aufregend, verwegen, verspielt oder verrucht.*

Florence geht ungern alleine aus, ihr mißfällt der Gedanke, »Freiwild« zu sein und womöglich gar unbeachtet und alleine in der Ecke zu stehen. Sie ruft daher eine Freundin an und verabredet sich für Freitagabend vor einer stadtbekannten Diskothek.

Jeder, der etwas auf sich hält, versucht hier Einlaß zu finden. Der streng selektierende Türsteher wird mit allerlei Tricks becirct. Während die Männer oft zielstrebig, vor »Selbstbewußtsein« nur so strotzend, in aufrechter Haltung die Türe regelrecht stürmen und den Eindruck erwecken, nichts könne sie aufhalten, versuchen es die schick aufgemachten Frauen mit einer gänzlich anderen Strategie: Sie appellieren ans Männerherz, als wollten sie Beschützerinstinkte wecken und stellen sich in erotisch-kindlicher Manier vor der Türluke zur Schau. Da wird gleichzeitig beschwichtigend und auffordernd gelächelt, der Kopf in eine aufreizend unterwerfende Seitenposition gelegt, das Haar mit ruckhaften Handbewegungen schwungvoll durch die Luft nach hinten geworfen.

Für Verhaltensforscher sind solche Situationen der Selbstdarstellung freilich von besonderem Interesse. Egal bei welcher Gelegenheit, wenn es darum geht, ein Höchstmaß an beeindruckender Ausstrahlung zu erreichen, werden mehr oder weniger bewußt Verhaltensweisen eingesetzt, die ansonsten gewöhnlich in Flirtsituationen vorherrschen. Männer wie Frauen sehen offensichtlich gerade in ihrem geschlechtsspezifischen Rollenverhalten die effektivste Strategie, um an ein Ziel zu gelangen. Vor allem Frauen, die die Hürde eines Türstehers überwinden wollen, versuchen den begehrten Einlaß mittels aufreizender Demut zu erlangen. Der Szenengorilla hinter der Luke sieht sich so allabendlich mit Scharen sich anbiedernder Frauen in kurze Flirts verwickelt, Situationen, die er, so läßt zumindest seine sonstige Ausstrahlung vermuten, nur in jenen Stunden genießen darf.

Florence wartet nun schon eine halbe Stunde. Das Szenario hat ihr zwar die Zeit auf angenehme Weise vertrieben, dennoch empfin-

det sie die Unpünktlichkeit ihrer Freundin allmählich als Zumutung, zumal sie mittlerweile als alleinstehende und durchaus attraktive Frau zum Blickfang der vom Türsteher zurückgewiesenen Männer geworden ist. Sie nämlich machen aus der Not eine Tugend. Sie spielen vor der Diskothek ihr eigenes Spiel, lachen und scherzen, als ob in der Diskothek noch ihr halbvolles Glas stünde und sie jetzt nur kurz Luft schnappen müßten.[128]

Florence hat genug gewartet. Sie ahnt, daß aus den visuellen Attacken der Männer bald ein plumper Anmachespruch wie »Kennen wir uns nicht von irgendwoher?« wird. Gerade als sie verärgert nach Hause aufbrechen will, sieht sie ihre unpünktliche Freundin auf sich zulaufen.

Zwei Frauen ohne männliche Begleitung finden ohne Schwierigkeiten Einlaß – schließlich gilt es, und das zeichnet einen guten Türsteher aus, aus der Diskothek eine Art Partnervermittlung zu machen. Vorzugsweise Pärchen werden vor der Tür abgewiesen, und »vielversprechende« Kunden dürfen eintreten. Florence taucht im lauten Dunkel der Diskothek unter. Die Musik läßt keinerlei Unterhaltung mit ihrer Freundin zu. So stehen beide mit einem Glas »Shooter«, dem momentanen Modegetränk, in der Hand an einer übersichtigen Stelle und beobachten das wilde Treiben auf der Tanzfläche. Eine Mischung aus Coolheit und Ausgelassenheit hat sich breitgemacht. Jeder versucht auf seine Weise auf sich aufmerksam zu machen – sendet Signale. Die Suche nach einem Partner scheint neben dem ersehnten Gefühl der Selbstbestätigung wichtigstes Motiv der meisten Besucher zu sein. Die Diskothek entpuppt sich beinahe als eine Art Single-Bar.

Nathalie Allon und Diane Fisher, zwei amerikanische Soziologinnen, haben sich zu Forschungszwecken nächtelang in solchen Einrichtungen umgesehen. Sie stellten ihre Beobachtungen in acht Bars im New Yorker Stadtteil Manhattan an und interviewten darüber hinaus über hundert Besucher sowie mehrere Barkeeper. Dabei begegneten sie überwiegend Männern, Frauen waren dort nur zu 35 Prozent vertreten. Das Alter der Besucher schwankte bei Frauen zwischen 22 und 30, bei Männern zwischen 25 und 40 Jahren. Die Mehrzahl war der sogenannten Mittelschicht zuzuordnen.

Die Frauen waren in erster Linie Lehrerinnen, Stewardessen und Sekretärinnen von Beruf. Die Männer hatten meist das College absolviert und waren Büroangestellte. In der Regel betraten die Männer die Bars alleine, Frauen hingegen erschienen in Begleitung einer oder gleich mehrerer Freundinnen. Sie fühlten sich auf diese Weise sicherer, gaben sie in den Interviews an.

Wir können davon ausgehen, daß die meisten Gäste einer Single Bar nach einem Partner Ausschau halten. Ihr Verhalten sollte infolgedessen auch Merkmale dieser Suche in sich tragen. Männer lassen sich vorzugsweise am Tresen nieder, hier kommen sie schnell und bequem an alkoholische Getränke. Frauen trinken bei weitem weniger, so die Wissenschaftlerinnen, und suchen die Theke daher nur dann auf, wenn sie einem bestimmten auserwählten »Opfer« näher sein wollen.

Wo auch immer man hinsieht, stets bietet sich das gleiche Bild. Da wird an den Kleidern herumgezupft, die Ärmel werden nach oben geschoben, und mit den Fingern wird durch die Haare gestreift – vor allem aber wird geschaut. Dieses Staring*, ein Spiel mit den Augen, ist, wie wir wissen, wesentliches Kennzeichen für allerhöchste Kontaktbereitschaft. Frauen sehen hier Männer länger und intensiver an, als sie es andernorts zu tun pflegen. Alles in allem herrscht das klassische Rollenbild vor. Frauen geben sich überfeminin, lassen sich Feuer reichen und zu einem Drink einladen. Männer kommen diesem Verhalten durchaus bereitwillig entgegen, sie rücken ihnen den Stuhl zurecht, bestellen und zahlen die Getränke und bieten Zigaretten an. Gerne über-

* to stare = anschauen anstarren

lassen die Frauen den Männern die Initiative für die Kontaktaufnahme, sie warten auf ihre Aufforderung.

Dieses »rollengemäße« Verhalten trete in solchen Bars ausgeprägter zum Vorschein als anderswo, meinen Allon und Fisher. Jeder weiß von der Partnersuche des anderen – der Wettbewerb ist daher verstärkt. Die innere Anspannung versucht man mit überlegenem und »coolem« Verhalten zu überdecken. Frauen geben sich dabei nach außen hin als das »spröde«, zurückhaltende Geschlecht, das »erobert« werden will. Männer hingegen demonstrieren ihr »Draufgängertum«, indem sie zwar auf kurze Blicksignale warten, dann jedoch aktiv zur Tat schreiten und den Kontakt mit einem Gespräch einleiten.

Für die Frauen, so erfuhren die Forscherinnen, sei der berufliche Status des Mannes von besonders großer Bedeutung – zumal sie weniger nach einem »one night stand«, also einer Kurzaffäre, Ausschau hielten, sondern in erster Linie auf der Suche nach einem festen Partner seien. Männer hingegen zeigen sich zunächst interessiert, (wo und) ob die Frau allein lebt – eine Konkurrenz also grundsätzlich ausgeschlossen werden könne.

Der Drink hat ihre Stimmung gehoben. Spielt der Diskjockey ein besonders gutes Stück, zieht es Florence auf die Tanzfläche, auf der sich jeder, meist für sich allein, der Musik hingibt.

Das »Ziel«, jemanden kennenzulernen, hat sie bis jetzt nicht erreicht. Den Großteil der kommenden und gehenden Männer hat sie zwar kurz gemustert. Begeisterung ist dabei jedoch nicht aufgekommen.

Besonders nach jener dummen »Anmache«, mit der irgend so ein Typ sein Glück bei ihr versuchte, hat sie es aufgegeben, daran zu glauben, ausgerechnet an diesem Abend »ihm« zu begegnen. Ihre Freundin ist gerade auf der Toilette verschwunden, als sie jemand fragt, ob er sie zu einem Drink einladen dürfte. Nun, dem ersten Anschein nach ist gegen ihn nichts einzuwenden – sie nimmt die durchaus freundliche Einladung an. Zunächst fragt er sie, ob sie alleine hier sei, dann fordert er sie zum Tanzen auf. Näher ins Gespräch kommen sie anschließend an der Bar. Er stellt sich mit dem Namen »Heinz« vor und erklärt ihr in einem Atemzug, er sei erst vor kurzem in die Stadt gezogen, weil er einem Ruf eines bekannten Sportvereins gefolgt sei. Er sei nicht nur ein ausgezeichneter Basketballspieler, sondern er könne sich zudem mit wahrer Perfektion auf Schiern bewegen. Sein Beruf ermögliche es ihm, ihr die »einmalige« Chance zu bieten, später in einem tollen Auto nach Hause gebracht zu werden. Florence ist binnen kürzester Zeit bestens über all seine persönlichen, sportlichen und beruflichen Vorzüge informiert, dabei fällt ihr auf, daß er während seines Redeschwalls selten ihre Augen sucht und meist im Raum umherblickt, so, als ob er nach etwas »Besserem« Ausschau halte. Als geduldige Zuhörerin kommt sie kaum selbst zu Wort.

Irgendwann zieht sie es vor, sich zu ihrer Freundin zu gesellen, die sich auf der Tanzfläche vergnügt. Der geeignete Moment ergibt sich, als er, den Monolog unterbrechend, sie nach ihrer Telefonnummer fragt, weil er sie im Laufe der Woche zum Kino einladen wolle. Florences Antwort ist ein schnelles und entschiedenes »Nein!« Sie wendet sich ab und verschwindet in der tanzenden Menge.

Männer, die sich vor Frauen in Eigenlob ergehen, stoßen selten auf Gegenliebe. Frauen reagieren überdies sensibler auf das Blickverhalten ihres Gesprächspartners als Männer. Dieser Geschlechtsunterschied läßt sich bereits bei Neugeborenen beobachten.[129] Fehlt Frauen die ihnen so wichtige visuelle Interessenbekundung, empfinden sie die Begegnung als unbefriedigend. Blickverweigerung deuten sie als Ausdruck von Desinteresse. Hätte der Basketballspieler Florence gebührend zu Wort kommen lassen, hätte er sich wirklich auf sie konzentriert und nicht gleichzeitig versucht, alle Geschehnisse in der Diskothek aufzunehmen, wäre der Abend für ihn mit großer Wahrscheinlichkeit anders verlaufen. Seine Art des Flirtens ist fehlgeschlagen. Frauen – das zeigten auch unsere Ergebnisse – sind wählerisch, Männer sollten daher in ihren Werbestrategien feste Regeln einhalten – eine davon lautet: Nicht zuviel des Guten!

Wie flirten Männer – mit welchem Erfolg?

Auf die Frage, was sie nicht leiden könnten, antworteten seine zwölfjährigen Konfirmandinnen: »angeberische Jungen«, berichtet Hans-Georg Wiedemann, ein Gemeindepfarrer, der eine Veröffentlichung zum Thema »Beziehungen zu Männern« herausgegeben hat.

Zu lesen ist weiter, daß seine »Jungs« hingegen den Wunsch hatten, »cool« zu sein, denn ihr Vorbild sei der einsame Cowboy. »So sehen sie es auf den Plakatwänden und in der Kinoreklame: Lässig steht er da, der Mann. Eigentlich braucht er niemanden. Mit knarriger Stimme sagt er ›Hallo Baby‹, und sie – natürlich einen Kopf kleiner – schmiegt sich an seine breite Brust.« Wiedemann zitiert in seiner Schrift auch eine Studie, in der 2340 Schüler zwischen acht und fünfzehn Jahren u. a. danach befragt wurden, was für sie typisch Mann sei. Ihre Antworten sind zwar wenig schmeichelhaft, aber irgendwie bezeichnend: »Glatze, Bierbauch, fremdgehen, saufen und herumbrüllen.«

Der Psychologe David Buss hat sich nicht nur mit Strategien der Partnerwahl, wie bereits erwähnt, sondern auch des Werbeverhaltens befaßt. Männliches Flirtverhalten unterscheide sich, davon ging er aus, stark vom weiblichen, denn biologisch gesehen müsse das »starke Geschlecht« vermehrt auf seine Kraft, seine Stärke, aber auch auf die Verfügung über »Ressourcen« verweisen. Seine Interviews mit 57 Frauen und 56 Männern im Alter von rund 18 Jahren sollten ihm recht geben: Ausgeprägte Selbstdarstellung kennzeichnet das männliche Werbeverhalten. In Gegenwart einer Frau, die sie begehren, gehen Männer großzügig mit Geld um. Sie erzählen ihr, wie unersetzlich sie bei ihrer Arbeitsstätte seien, sie tragen gern »sexy« Kleidung, um ihr zu gefallen, beispielsweise ein offenes Hemd, das die männliche Brustbehaarung zum Vorschein kommen läßt. Sie versuchen überdies provokativ erotisch zu wirken, indem sie sich entsprechend bewegen. Sie legen viel Wert auf eine möglichst gute Figur und sind topmodisch angezogen. Das goldene Kettchen, das so manche Männerhälse »ziert«, ebenso wie die Sorgfalt, mit der sie ihre Haartracht pflegen – ganz gleich, ob nun verwegen oder gestylt, beides sind nach Buss Strategien männlichen Werbeverhaltens. Sich vielerorts blicken lassen zu können ist schließlich ein Beweis für zahlreiche Bekanntschaften und große Beliebtheit, Partylöwendasein als Maßstab für sozialen Marktwert.

Kraft, Macht und Dominanz werden auch im körperlichen Verhalten demonstriert. Betritt ein Mann eine Bar, eine Diskothek oder sonst irgendeinen Raum und will er auf sich aufmerksam machen, scheint sein ganzer Körper sagen zu wollen: Platz da, jetzt komm' ich! Breitbeinig verharrt er vorzugsweise in der Mitte des Raumes, macht sich groß, indem er sich mit hocherhobenem Arm durch die Haare streift. Auch im Sitzen will er den Eindruck von Stärke nicht verlieren. Seine Beine sind selten geschlossen, und wenn möglich breitet er die Arme auf der Sitzlehne weit aus. Zahlreiche Verhaltensforscher[130] haben davon berichtet, und auch ich konnte – anläßlich der Münchener Filmfestspiele – ihre Beobachtungen voll und ganz bestätigen.

Wenn Männer dann mit Frauen direkt in Kontakt treten, so versuchen sie, laut Buss, um ihr Ziel zu erreichen, sich dem Interessengebiet ihrer Partnerin anzupassen. Sie geben sich schlau, intelligent, weltoffen und sportlich und stellen muskelstreckend ihre Kraft zur Schau. Angeberei hoch drei: Intelligenz, Weltoffenheit und Stärke erhalten damit unweigerlich einen unguten Beigeschmack.

Abb. 46: Das männliche Werbeverhalten ist vom Dominanzstreben und Imponiergehabe durchdrungen. Ein »Sichbreitmachen« vermittelt den Eindruck von »Platz da, jetzt komme ich!«

Um den Ergebnissen seiner bisherigen Interviews mehr Aussagekraft zu verleihen, führte Buss eine weitere Befragung durch, an der 54 Männer und ebenso viele Frauen teilnahmen. Jeder erhielt die Aufgabe, sich das Flirtverhalten eines engen (gleichgeschlechtlichen) Freundes in Gedanken zu vergegenwärtigen. An diesem konkreten Beispiel nun sollten die Versuchsteilnehmer überprüfen, wie oft bestimmte Flirtsignale, die durch vorangegangene Studien festgestellt wurden, dort vorkommen, und eine graduelle Einstufung vornehmen (»sehr häufig beobachtet«, »weniger oft«, »selten« und »nie gesehen«).

Buss sah seine Hypothesen nun endgültig bestätigt: Männer geben mehr an als Frauen. Hinweise auf hohes Einkommen, auf teure Wertgegenstände wie etwa ein tolles Auto – also auf Ressourcen vernehmen wir eher aus männlichem als weiblichem Munde.

Es stellt sich nun die Frage, ob solches Flirtverhalten auch tatsächlich effektiv ist. Denn: Wenn Männer »große Töne« spucken, heißt das noch lange nicht, daß sie damit am ehesten den erwünscht guten Eindruck vermitteln können.

Interessanterweise scheinen Männer zwar sehr wohl zu wissen, welches Auftreten bei Frauen ankommt, sie verhalten sich jedoch ihnen gegenüber völlig anders. Obwohl sie, wie amerikanische Studien herausfanden, übereinstimmend feststellen, »Angeberei« sei keine wirkungsvolle Strategie, klopfen sie in Gegenwart von Frauen allzugern große Sprüche, anstatt sich auf das zu konzentrieren, was *sie* zu schätzen wissen. Da wäre an erster Stelle die Fähigkeit zu nennen, ein Rendezvous einfallsreich und lustig zu gestalten. Aber auch die Bereitschaft, sich auf einfühlende Weise mit weiblichen Belangen, Sorgen und Problemen zu befassen, wird von Frauen sehr hoch geachtet. Es folgen in der Gewichtung anständige Manieren sowie der zeitliche Aufwand, den der Mann bereit ist, sich »ihr« zu widmen. Weit oben in der Liste der beim weiblichen Geschlecht bevorzugten männlichen Eigenschaften finden wir zudem die Hilfsbereitschaft, aber auch sämtliche das äußere Erscheinungsbild betreffenden Faktoren wie ein gepflegter, gesunder, durchtrainierter Körper und Kleidung, die von Geschmack zeugt. Neben Lächeln und häufigen auffordernden Blicken werden schließlich auch Einladungen zu einem Abendessen sowie Körperberührungen genannt. Den Abschluß aller wesentlichen effektiven Faktoren im Flirtspiel bildet schließlich die starke, eigene Meinung. Männer, die Frauen nach dem Munde reden, schlagen im Flirt den falschen Weg ein. Männer erweisen sich, das besagen zumindest diese Studien, als ungeschickte Strategen. Obgleich sie theoretisch erahnen, was Frauen anspricht, ist ihr Werbeverhalten oftmals von allzu starkem Imponiergehabe geprägt. Dominanz, soziale Überlegenheit, Kraft und Stärke können freilich auch auf anderem Weg als dem der ausgiebig praktizierten Selbstdarstellung vermittelt werden. So ließe sich etwa in der Fähigkeit, weiblichen Problemen zur Lösung zu verhelfen, durchaus auch eine Art von Stärke, sozialer Kompetenz und Überlegenheit sehen.

Lassen sich die Ergebnisse der amerikanischen Untersuchungen auch auf deutsche Verhältnisse übertragen? In unserem »Flirtprojekt« jedenfalls ließen sich die von Buss beschriebenen Tendenzen durchaus bestätigen. Frauen legen offensichtlich auch bei uns viel Wert auf das Interesse, das ihnen ein Mann entgegenbringt. Männer, die während der jeweils zehnminütigen Begegnung ihren Partnerinnen häufig Fragen gestellt und weniger über sich selbst gesprochen hatten, fanden bei unseren weiblichen Versuchsteilnehmerinnen besonders großen Anklang. Warren Jones konnte bei seinen Experimenten diesen Zusammenhang ebenfalls feststellen. Er filmte mit versteckter Kamera mehrere Begegnungen von Männern und Frauen, interviewte anschließend seine männlichen Teilnehmer, wobei er sich vor allem für die Häufigkeit ihrer Rendezvous interessierte, und konnte, nachdem er alle Fragen gezählt hatte, die die Männer ihren Gesprächspartnerinnen im Laufe der Begegnung gestellt hatten, eindeutig die Behauptung aufstellen: Männer, die (zumindest nach außen hin) kaum Interesse an einer bestimmten Frau bekunden, kommen bei dieser auch weniger gut an!

Was macht Männer schwach?

Männer machen es Frauen leichter – ein Vorurteil? Oder ist der Aufwand des weiblichen Geschlechts beim Flirt tatsächlich geringer? Die meisten Ratgeber zum Thema Flirt zumindest wenden sich an Männer – sie sind die Initiatoren, und vielleicht befolgen sie auch eher klar formulierte Tips aus Fachbüchern (etwa aus Constanze Elsners *Wie reiße ich eine Frau auf?*). Frauen, das haben umfangreiche Befragungen ergeben, legen es bei ihren Kontaktbestrebungen weniger auf ein »Aufreißen« an. Bereits beschriebene Experimente, wie etwa das von Walsh und Hewitt, zeigen auf, wie verhältnismäßig einfach Frauen Bekanntschaften schließen können – nämlich mittels Lächeln und Blickkontakt. Männer sind hier generell die »Unkomplizierteren«. Auch bei unserem Flirtexperiment kamen sie wesentlich bereitwilliger der Aufforderung zu einem Kinobesuch nach als Frauen.

Das heißt jedoch nicht, Männer seien gänzlich unwählerisch. Buss zufolge rangiert Humor an erster Stelle bei den Eigenschaften, die Männer bei flirtenden Frauen schätzen. Unter den elf begehrtesten Faktoren beziehen sich immerhin fünf auf das Aussehen. Frauen sollten gut gepflegt, adrett frisiert, geschmackvoll gekleidet, also alles in allem attraktiv zurechtgemacht sein, wenn sie männliches Interesse wecken wollen.

Es mag seltsam klingen, aber für Frauen, die sich auf ernstgemeinter Partnersuche befinden, ist eine Betonung ihrer erotischen Ausstrahlung eher hinderlich. Allein der Kleidungsstil vermag das Vorurteil von weiblicher Promiskuität heraufzubeschwören, lautet das Ergebnis einer Untersuchung, bei der Fotos mit unterschiedlich gekleideten Frauen Männern zur Beurteilung vorgelegt wurden.

Für die meisten Versuchsteilnehmer kamen ernsthaft als Freundin nur Frauen in Frage, deren Äußeres den Anschein erweckte, sie wären nicht für jedermann sexuell zugängig. Sexueller Leichtlebigkeit stünden sie zwar grundsätzlich nicht abgeneigt gegenüber, war zu vernehmen, betont erotisch zurechtgemachte Frauen kamen jedoch im Hinblick auf eine dauerhafte Beziehung nur selten in die engere Wahl.

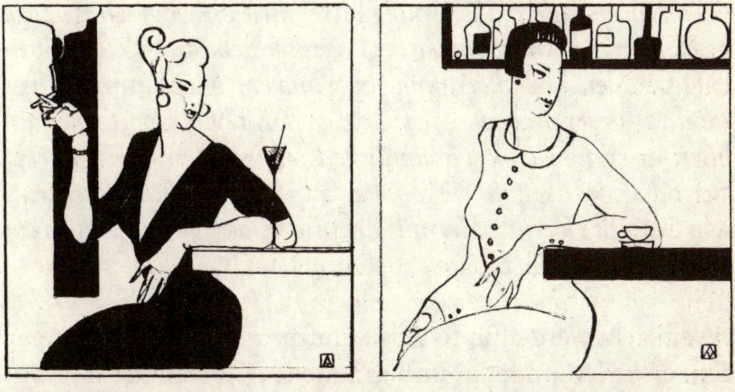

Abb. 47: Die sexy Frau für die Nacht, die gediegene für das Leben?

Heiratsannoncen

Die Partnersuche auf Papier hat bereits eine langjährige Tradition. Schon vor mehr als 300 Jahren tauchte in einer englischen Zeitschrift eine der ersten Heiratsannoncen auf. Mittlerweile avancierten die kleinen Wunschzettel, auf denen wenige Zeilen die ersehnten Eigenschaften des Traumpartners verraten, zu einer durchaus gängigen Methode der Partnersuche.

> **AHA! – Du suchst also auch!**
> Du riskierst nur eine Briefmarke für die Antwort einer sehr interessanten, attraktiven Sie ... Bildzuschriften unter ✉

Es bleibt ja anonym, niemand in ihrem Bekanntenkreis wird je erfahren, wer hinter der ... »sehr interessanten, attraktiven« Frau steckt. Florence hat mit diesen Zeilen, einem Gang zur Post und dem Kauf einer Briefmarke mittlerweile »Fanpost« von 37 Männern erhalten. Mit dem Eintreffen der ersten Briefe war das Gefühl des Alleinseins beinahe vergessen. Sie befindet sich nun unter gleichgesinnten »Leidensgefährten« und weiß, daß sie, wenn sie wollte, jeden Abend mit einem anderen Mann verbringen könnte.

Florence sortiert aus. Fotokopierte Briefe, deren Umschläge nicht einmal frankiert sind, legt sie sofort beiseite. Zuschriften hingegen, deren Inhalt, Aufmachung und Papier verraten, daß hier jemand weder Kosten noch Zeit und Mühe gespart hat, um Interesse zu wecken und männliche Konkurrenten »aus dem Feld zu schlagen«, beginnt sie genauer zu studieren. Schließlich entscheidet sich Florence, Herrn F. anzurufen, der handschriftlich ein originelles Gedicht zu Papier gebracht hat ...

»Wer sucht wen?« fragte sich Manfred Hassebrauck von der Universität Mannheim und sammelte 378 Heirats- und Bekanntschaftsanzeigen aus drei verschiedenen Zeitungen. Mit ihrer inhaltlichen Auswertung wollte er jene Ergebnisse auch im deutschsprachigen Raum bestätigt wissen, die seine Kollegen in den USA gewonnen hatten.[131] Dort nämlich beschreiten partnersuchende Singles diesen Weg so zahlreich, daß sich sogar einschlägige Zeitschriften etablierten, um der großen Nachfrage nachzukommen.

Sämtliche Auswertungen führten hüben wie drüben zu Ergebnissen, durch die insbesondere Soziobiologen ihre Erkenntnisse bestätigt sehen. Eine solche Annonce kann dann als gelungen betrachtet werden, wenn das Gesagte den Geschmack des Gegengeschlechts am ehesten trifft. Es ist daher kaum verwunderlich, wenn – gemäß der sexuellen Selektion – Frauen vorzugsweise ihr gutes Aussehen preisen, Männer hingegen mit Karriere und gesichertem Einkommen aufwarten.

Gutaussehend
Sie, 25, 174, sucht ihn, sportlich, spontan u. vertrauensvoll. Bitte nur Bildzuschr. unter ⊠

Attraktive, rassige Vollblutfrau
26, mit schlanker Traumfigur, intelligent, charmant, gebildet, mit vortrefflichem Geschmack, sucht einen Mann, der sie in allen Bereichen des Lebens verwöhnen möchte.
Bildzuschriften erbeten unter ⊠

Chefsekretärin
Mitte 38 (168) schlank, blond, sportlich-elegante Erscheinung, auslandserfahren, möchte niveauvollen erfolgreichen Unternehmer für eine glückliche Ehe kennenlernen. Zuschriften unter ⊠

Hassebrauck hat die einzelnen Aspekte von Heiratsannoncen, zu denen neben der Selbstdarstellung auch partner-

Männliche Schönheit
was bedeutet sie ohne finanz. Background!
Geschäftsmann, Ww., Dienstleistungsbranche, sucht himmlisches Wesen hier auf Erden für liebevolle u. dauerhafte Beziehung, bis 52 J./165 cm. Lieber Engel, ich tanze, laufe lang, schwimme, wandere und genieße jede Freizeit mit Dir, wenn Du mir Deine Tel.-Nr. vom Umraum 089 unter ✉ bekanntgibst.
Ein Rückruf ist Dir gewiß.

Universitätsprof., Dr., 39/180
ein blendend aussehender, erfolgreicher, dynamischer Tennis-, Ski-, Bergsport betreibender, interessanter Mann (oft in wissenschaftl. Sendungen im Fernsehen zu sehen), umgänglich, aufgeschlossen, gesellig, gutsituiert mit sehr schönem Haus- u. Grundbes., wü. junge kultiv. Frau zur Ehe und Familiengründung.

Erfolgr. Münchner Unternehmer,
35, sportlich-elegant, fantasievoll, wohlhabend u. gediegen, guter Skiläufer mit viel Sinn für gepflegte Häuslichkeit, Familie, Luxus und edlem Outfit, großzügige Lebensart, sucht schöne, junge, grazile »Sie« zwecks Ehe, aus gutem Hause, ca. 165 groß, Skiläuferin. Vielleicht schon für ein gemeinsames Weihnachten?
Näheres durch: ✉

orientierte Wünsche gehören, genauer unter die Lupe genommen und in entsprechende Kategorien unterteilt: Kategorie 1 sachlich persönliche Angaben wie Angaben zu Familienstand, Alter, Beruf oder Wohnort, Kategorie 2 das Aussehen betreffende Formulierungen wie »apart, weiblich, adrett, vorzeigbar . . .«, Kategorie 3 Merkmale von »expressiven Persönlichkeiten«, d. h. Eigenschaften wie »warm, sensibel, gefühlsbetont«, Kategorie 4 »instrumentelle Persönlichkeitsmerkmale«, d. h. Eigenschaften wie »strebsam, intelligent, aufgeschlossen«, Kategorie 5 »interaktionsrelevante Persönlichkeitsmerkmale«, d. h. Eigenschaften, die gemeinsame Aktivitäten und das Zusammenleben betreffen wie »häuslich« oder »unternehmenslustig«, Kategorie 6 Freizeitgestaltung und besondere Interessensgebiete, Kategorie 7 Statusmerkmale wie Bildung und materielle Aspekte, Kategorie 8 (wenn auch nur sehr selten vertreten) »negative Merkmale« wie beispielsweise Arbeitslosigkeit und schließlich Kategorie 9 »Leerformeln«, d. h. Aussagen, die zwar wirkungsvoll, jedoch nicht bedeutungstragend sind, wie etwa »kann noch träumen«.

Topf, w. 28 Jahre, sucht seinen passenden Deckel zum Pferdestehlen! Meine Hobbys: Reisen, Biergärten, Pferde, Lachen, Flohmärkte etc. Ich würde mich sehr freuen, falls Du mir schreiben würdest. Chiffre: ✉

Wunschzettel
Welches liebe Christkind ± 38 möchte sich herzen und verwöhnen lassen, bin ein fröhlicher Diplom-Weihnachtsmann (TU) 44/180/80 unternehmungslustig, etwas sportlich, etwas häuslich. Ich sehne mich nach einer Sternschnuppe, vom Himmel direkt nach München, extra für mich. ✉

Herumstreunen, draußen, Du kennst das?
Einfache Schätze finden,
AugenHändeMund. Zugedeckt von Wärme.
Klarheit, Verstand. Alltag normale,
das auch.
Insgeheim: Abenteurerin, 43, schöner als die Sonne,
klüger als Tausendundeine
okay fast.
Komm, jetzt trau' Du Dich. ✉

Auf diese Weise fand Hassebrauck heraus, daß der überwiegende Teil beider Geschlechter, nämlich 82 Prozent, in solchen Anzeigen das eigene Aussehen, selbstverständlich in schmeichelnder Weise, hervorhebt. Häufig erwähnt und damit auf Rang zwei befindlich sind sachliche Angaben zur eigenen Person (57,9 Prozent) – abermals unterscheiden sich hier die Geschlechter nicht. Als dritthäufigste Art der Selbstdarstellung erwiesen sich Aussagen, die einzig und allein ans Herz appellieren, sogenannte Leerformeln.

Sowohl für Männer als auch Frauen scheint das gemeinsame Hobby von großer Bedeutung zu sein, Angaben hierzu rangieren nämlich auf Platz vier, sie werden gefolgt von Aussagen zu interaktionsrelevanten, instrumentellen und expressiven Merkmalen. Persönliche Eigenschaften sind, wie die Ergebnisse der Auswertung zeigen, für beide Geschlechter wichtiger als Status- und Bildungsmerkmale. Letztere

Steckbrief eines einsamen Dicken. 49/188
(Typ Pavarotti)
Größe stimmt, Gewicht zu viel, Zärtlichkeit stimmt, Liebe & Ehrlichkeit stimmt, Geldbeutel stimmt.
Gesucht wird liebe zärtliche Frau, kleiner, auch älter kein Problem.
Zuschriften unt. ✉

NACHRICHT AN AUSSERIRDISCHE: Karrierefrau, nicht direkt schön, jung, blöd, herzig, aber interessant, erfahren, phantasievoll, dominant, derzeit wieder solo, ruft DICH, der ihr aus der Hand frißt und diese auch zärtlich halten dürfte. Zuschr. u. ✉

Holger, 39, sucht patentes, kluges Fräulein, dunkelhaarig, mit ausgeprägtem Damenschnurrbart u. wahnsinnig üppiger Armbehaarung, das für immer zu mir hält.
Chiffre: ✉

nehmen laut Hassebrauck Platz 8 vor der Rubrik »Sonstiges und negative Merkmale« ein.

Alles in allem gestalten beide Geschlechter ihre Selbstdarstellung auf ähnliche Weise – bis auf eine Ausnahme: Männer weisen eindeutig mehr auf ihre berufliche Karriere, Ausbildung, Einkommen und soziale Stellung hin als Frauen.

Interessante Geschlechtsunterschiede hinsichtlich des Partnerwunschbildes bestehen ebenfalls dort, wo wir sie erwar-

Er sucht Sie . . ., für die schönste Zeit des Lebens!
41 Jahre, 176 cm, 82 kg, mußte schon viele Haare lassen. Sehr liebevoll u. zärtlich, häusl. u. lebenslustig. Vermögend, z. B. Haus in Übersee, aber doch bescheiden. **»Meine Sie«** sollte sehr hübsch, nicht zu groß u. sportl. sein u. ein echtes liebenswertes Wesen haben. Wohlhabend wäre von Vorteil, absolute Unabhängigkeit Bedingung. Biete zum näheren Kennenlernen Urlaub in Florida. Bis auf den Flug übernehme ich alle Kosten. Schreib mir bitte, aber nur m. Bild u. ✉

Traummann
?
42 J., 178, erfolgreich (Akad., Manager), in München lebend, sportl.- attraktiver Typ, spontan, charm., mod., romantisch-verträumter Realist mag alles Schöne auf der Welt, z. B. Surfen, Ski, Tennis, Reisen, Freunde, Wohnen, Essen + Trinken u.v.m.
sucht
attraktive Frau
zwischen 25–34 J., mit schönem Äußeren, mod., charmant, lebendig, sportlich. Eine Frau mit Pfiff, die das Einfache als auch das Außergewöhnliche genauso liebt wie ich.
Eine Frau, die der Gedanke an eine Fam. begeistern kann.
Wenn Sie sich angesprochen fühlen, dann würde ich mich über Ihre Bildzuschrift unter ✉ freuen.

»Der Mann, der die Frauen liebte«
(groß, sportlich, jugendhaft und lebensbejahend, beliebt und erfolgreich, Anfang 40, Arzt) begeistert sich nicht nur für lange, reizvolle Beine, sondern sucht eine auf Dauer liebevolle Beziehung mit einer jungen Frau zwischen 27 und 33 Jahren, die durch ihre Erscheinung und Ausstrahlung besticht, sich einen großen Freundeskreis wünscht und auch bei offiziellen Anlässen selbstbewußt auftreten kann. Um sich ihren Ansprüchen stellen zu können, bittet er um Bildzuschrift u. ✉ (auch aus Raum 6).

ten: In Anzeigen von Männern wird der Wunsch nach einer attraktiven Partnerin wesentlich häufiger und ausdrücklicher angesprochen als umgekehrt in Anzeigen von Frauen.

Frauen sehnen sich ihren Inseraten zufolge überwiegend nach Partnern mit möglichst hohem Status. Schließlich kennzeichnet neben den sachlich persönlichen und interaktionsrelevanten Merkmalen auch der Wunsch nach positiven Eigenschaften wie Wärme, Freundlichkeit, aber auch Zuverlässigkeit und Intelligenz das Partnerwunschbild.

Attraktive, gutaussehende 30jährige, 1,67 m, schlank, blond, gefühlvoll und zärtlich, wünscht sich einen 35–45jährigen, gutsit., großzügigen, lieben Genießer. Nur Bildzuschr. erwünscht u. ✉

Hallo, lieber Weihnachtsmann,
komme doch auch zu mir, einer 57jährigen Witwe, dunkler, interessanter Typ, nicht ganz schlank, 160, NR und bringe mir doch einen **lieben, alleinstehenden Mann um die 60 J., aus dem Raum München** – Akademiker oder Geschäftsmann mit gehobenem Lebensstil, der sich gleich mir wieder nach Liebe und Geborgenheit sehnt.
Vertr. Bildzuschr. ✉

Vergleicht man die in den Anzeigen gebotenen Merkmale mit den erwünschten, so wird man feststellen, daß die Inserenten genau das suchen, was sie selbst zu bieten haben. Nach den Sternen wird damit selbst auf diesem anonymen Weg der Partnerwahl nicht gegriffen. Ein Mauerblümchen wird keinen Prinzen suchen.

Am Telefon klingt seine Stimme ganz sympathisch. Herr F. zeigt sich über Florences Anruf hocherfreut und besteht darauf, sie möglichst bald kennenzulernen. Es sei etwas besonders Aufregendes, so völlig spontan, ohne längeren telefonischen Informationsaustausch, ein Stelldichein zu vereinbaren, läßt er verlauten und schlägt ein ruhiges Lokal vor, wo man hervorragend essen könne.

Als Florence wenige Tage später mit großer Spannung zum verabredeten Treffpunkt eilt, haben sich bei ihr bereits bestimmte (hohe) Erwartungen manifestiert. Er spricht ohne Dialekt, seine Wortwahl ist gepflegt, er klang am Telefon humorvoll, die Stimme ist sonorig tief, einfach männlich – nicht langweilig, geradewegs interessant, wenn nicht gar aufregend.

Wollen Männer immer nur das eine?

Sie betritt das gemütliche Lokal und mustert mit schnellem Blick all die Männer, die alleine an einem Tisch sitzen. Sie kann ihn nicht sofort entdecken und verspürt dabei eine gewisse Erleichterung. Als Erkennungszeichen haben sie eine Zeitung vereinbart. Natürlich ist sie zehn Minuten zu spät gekommen, um nicht auf ihn warten zu müssen. Ihre Spannung wächst – womöglich hat er sie gar versetzt. Schließlich bemerkt sie dort, wo das Licht am schwächsten ist, ihr »blind date«.

Doch, er hat Manieren, ist zuvorkommend, denn er steht auf, nimmt ihr den Mantel ab, rückt ihr den Stuhl zurecht und begrüßt sie mit einem freundlichen Lächeln. Sie findet ihn sympathisch, alles an ihm scheint geradezu makellos, sein Aussehen, sein Verhalten, sein Humor, kurz, seine Art, mit Frauen umzugehen. Er bestellt den besten Wein, empfiehlt vorzügliche Speisen und erweist sich als aufmerksamer Mundschenk. Florence wird nach allen Regeln der Kunst verwöhnt. Sie beginnt sich allmählich zu wundern, warum ein Mann dieser Perfektion auf Zeitungsinserate reagiert, herausbekommen kann sie jedoch nichts. Sie kennt nur seinen Vornamen, verborgen bleiben ihr sein Beruf, sein Wohnort und sein Alter. Geschickt umgeht er ihre berechtigte Neugierde, indem er das Gespräch in die Hand nimmt, ihr unendlich viele Fragen stellt. Der ganze Abend konzentriert sich so auf Florence, auf ihre Bedürfnisse, ihre Wünsche und ihre Vorstellungen. Irgendwann verlassen sie das Lokal. Florence ist angeheitert, euphorisiert. Was geschieht weiter?

Wir wollen uns Vermutungen hingeben. Vielleicht bestellt er ihr ein Taxi, und sie versprechen einander, sich anzurufen. Vielleicht ist für ihn der Abend weniger zufriedenstellend verlaufen, und er beschließt, es bei diesem zu belassen. Vielleicht fahren sie gemeinsam in eine Diskothek oder Bar ... Wir wissen es nicht, aber die Wahrscheinlichkeit ist groß, daß es Florences Kavalier hin zu privaten, intimeren Örtlichkeiten drängt, um in trauter Zweisamkeit noch eine »Tasse Kaffee« zu trinken, denn ...

Sowohl Männer als auch Frauen, die unkompliziert und vor allem schnell auf sexuelle Kurzabenteuer aus sind, wählen nicht selten den Weg über Inserate. Eigene Interviews mit 38 Personen, die diese Art der Kontaktaufnahme seit vielen Jahren praktizieren, ergaben, daß in der »Branche« eine Art Geheimcode existiert. Beinahe allen Befragten zufolge versteckt sich hinter Anzeigen, in denen ausdrücklich das Bedürfnis nach Zärtlichkeit angesprochen wird, in Wahrheit die Suche nach Liebesabenteuern.

Es gibt aber auch Anzeigen, in denen offen und direkt zum Seitensprung aufgefordert wird oder sogar knallhart bestimmte sexuelle Vorlieben genannt werden.

Netter, natürlicher und fröhlicher Mensch (männlich) sucht nettes Mädel von 26 bis ? für gemütliche Haidhauser Kneipen, Winterspaziergänge und Kerzerlabende, vielleicht auch für Zärtlichkeiten ... Chiffre: ✉

Möchte interessante und liebevolle Frau kennenlernen, um das Leben richtig genießen zu können: Zärtlichkeit, Erotik, Kultur, Kochen, gutes Essen, Reisen, Sport, Gespräche, Spaß haben ... Mann (noch 32, 182) schlank, symp. Aussehen, ehrlich, mit Humor, Charme, Erfolg im Beruf, unternehmungsl., kritisch sucht zuverlässige, selbstbewußte Frau (24–34) mit Ausstrahlung für spannende Beziehung, in der es trotzdem Geborgenheit gibt. Bitte Bildzuschr. u. Tel.angabe unter ✉

Mann, 31, 183, stud., selbstbew., berufl. engagiert, offen, naturverbunden, zärtlich, sucht attr. Partnerin mit pos. Lebenseinstellung und viel Herz, für gemeinsame kulinarische Abende, Pulverschnee und Hüttenzauber und vielleicht noch viel mehr; ✉

Postfach oder der schriftliche bzw. telefonische Hinweis, man achte auf Diskretion, sowie allgemeine Zurückhaltung in der Offenlegung privater Angelegenheiten wie Nachname und Wohnort gelten als untrügliche Zeichen für gezielte Kurzaffären. Blind dates können daher für Unerfahrene oft zu Enttäuschungen führen.

Ernüchterung kann darüber hinaus auch durch einen anderen Faktor hervorgerufen werden, der ganz allgemein zwischengeschlechtliche Interaktionen belastet: dadurch nämlich, daß Männer schneller auf eine sexuelle Beziehung abzielen als Frauen. In entsprechenden Interviews beklagten immerhin 83 Prozent der befragten Frauen, sie seien selbst bei zunächst unverfänglichen Rendezvous aggressiv sexuell angegangen worden. In 32 Prozent der Fälle hätten die Män-

Ich, 30, 195, m, nicht ungebunden, suche niveauvolle, gut situierte Frau, bis 50 Jahre, die in der Ehe unerfüllt bleibt, für die Erotik, von der sie schon lange träumt. 100 % Diskretion, Bildzuschrift erwünscht. Schnelle Antwort garantiert. Chiffre: ✉

An alle unausgelasteten Ehe/Hausfrauen. Er, 27, gebunden, sucht Sie zu gelegentl. erotischen Treffs. 100 % Diskretion, kein finanzielles Interesse. Chiffre: ✉

Bei Dominus (Mitte 20, blond, 180 cm) dürfen sich devote Frauen bewerben. Auch Anfänger, TV und TS angenehm. Dauerbeziehung mit gegenseitigem Vertrauen und Sympathie wird angestrebt. Keine finanz. Interessen. Du solltest Interesse an leichter bis etwas härterer Erziehung, fesselnden und bizarren Spielen, High Heels, Leder und reizender Wäsche haben. Chiffre: ✉

ner auch erreicht, was sie wollten: den Beischlaf, wobei hiervon in 54 Prozent der Fälle seitens der Frauen keinerlei sexuelle Aufforderungen erfolgt seien.[132] Rund ein Viertel der männlichen Studenten räumte bei einer Umfrage ein, schon einmal in eine sexuell aggressive »Episode« verwickelt gewesen zu sein.[133] Eine derartige »Kosten-Nutzen-Rechnung« scheint dabei eine wesentliche Rolle zu spielen, denn: Mit finanziellen Auslagen, wie einer Einladung in ein gutes Restaurant oder dem Kauf eines Schmuckstücks, glauben Männer ihren Anspruch auf ein sexuelles Vergnügen mit der Beschenkten rechtfertigen zu können. Wer etwas gibt, erwartet selbstverständlich eine Belohnung, so einfach klingt das für manche Sozialpsychologen.[134] Auch hier begegnen wir, in anderer Form, dem Begriff des Investments.

Männer tendieren in den für sie »eindeutigen« Flirtsituationen überdies zu einer Fehlinterpretation des weiblichen Verhaltens. Wenn Frauen mit Männern flirten und dabei ihre

Körpersprache zur Geltung kommen lassen, haben Männer leicht den voreiligen und meist auch falschen Eindruck, sie bekundeten ein sexuelles Interesse.[135]

Sind Männer tatsächlich stärker sexuell orientiert als Frauen? Diese alte Streitfrage ist in biologischer, physiologischer und psychosozialer Hinsicht oft diskutiert worden. Eines steht fest: Männer sind nicht generell schneller und leichter sexuell erregbar als Frauen! Zumindest ergaben dies »neutrale« Testsituationen, in denen die Durchblutung der Vagina und des Penis während der Betrachtung von erotischem Bildmaterial gemessen wurde. Im Gegenteil, einige Untersuchungen weisen sogar auf eine stärkere Erregbarkeit der Frauen hin.[136]

Wo läßt sich die Suche nach möglichen Gründen für die sexuellen Interessenkonflikte zwischen den Geschlechtern noch ansetzen? Für Sozialpsychologen scheint der Fall relativ klar zu sein. Sexuelle Freizügigkeit unterliegt dem gesellschaftlichen Moraldenken, das, wie wir wissen, weibliche Promiskuität (leider) immer noch mit negativerem Beigeschmack versieht als männliches Draufgängertum. Die soziobiologische Sichtweise freilich weist auf all die uns bereits bekannten Faktoren hin und betont gleichwohl, daß sie auch die eben genannte doppelte Moral bestimmen.[137] Männer sollen – im Gegensatz zu Frauen –, um ihre Gentradierung zu optimieren, möglichst viele Geschlechtspartnerinnen haben. Ihre starke sexuelle Orientierung sei somit »naturgegeben«.[138]

Allein schon die Tatsache, daß der Penis zwischen dem 9. und 15. Lebensjahr um das Doppelte wächst, sei dafür verantwortlich, daß seine Länge im Konkurrenzkampf gerne als Gradmesser für Männlichkeit eingesetzt wird – so die Meinung von Wissenschaftlern, die Wert auf physiologische Komponenten legen. Auch sei der Penis für sexuelle »Manipulationen« leichter zugänglich als die weibliche Genitalregion, betonen andere. Aufgrund dieser frühen sexuellen

Orientierung sei auch später die Anzahl der Geschlechtspartnerinnen im Rahmen des männlichen innergeschlechtlichen Imponiergehabes bedeutsam.[139] Hier wertet sozusagen Sex die Männlichkeit auf!

Wie dem auch sei, Frauen sind – unabhängig von ihrem sexuellen Bedürfnis – in der ersten Phase einer Partnerschaft sexuell zurückhaltender als Männer. Ob diese abwartende Haltung nun auf einer eher gesellschaftlichen oder stammesgeschichtlichen »Erblast« bzw. auf beidem beruht, sei dahingestellt. Offensichtlich müssen Männer jedoch Sexualität nicht unbedingt in Verbindung mit einem Liebesgefühl erfahren. Eine Umfrage enthüllte gar, daß sie ihren ersten Beischlaf eher in Form eines »Quickys« oder mit einer Prostituierten erleben wollen, Frauen hingegen betonen die unabdingbare Liebe, die sie zu ihrem ersten sexuellen Partner verspüren möchten.[140] Wie anders lassen sich die Ergebnisse des folgenden Versuchs erklären? Was mag wohl in den Köpfen der Lockvögel vorgegangen sein, als sie im Auftrag der Wissenschaft auf die Straße gingen und dort wildfremde Personen mehr oder minder eindeutig zu sexuellen Abenteuern aufforderten. »Würden Sie mit mir zum Essen gehen?«, war sicher einfacher über die Lippen zu bringen als »ich würde Sie gerne in mein Appartement einladen«. »Ich würde gerne mit Ihnen schlafen« konnte wohl nur mit größter Überwindung ausgesprochen werden.

Erwartungsgemäß handelten sich die männlichen Lockvögel eindeutig mehr Abfuhren ein als die weiblichen. Zwar erklärten sich einige Frauen mit einem gemeinsamen Abendessen durchaus einverstanden, von den eindeutigeren Einladungen jedoch hielten alle Abstand. Männer hingegen kamen den Aufforderungen der weiblichen Lockvögel wesentlich bereitwilliger nach. Besonders verlockend erwies sich bei diesem Versuch die direkte Einladung zum Beischlaf, was niemanden verwundern dürfte, denn: Kein Aufwand, keine Bemühungen, kein Investment.[141] Wenngleich diese

Untersuchung weibliche Zurückhaltung und männliches Draufgängertum aufs härteste testete und bewies, so wurde etwas Wesentliches nicht berücksichtigt. Ich denke da an die Gefahr, in die sich Frauen begeben, die allein in ihrer kräftemäßigen Unterlegenheit begründet ist. Selbst wenn eine Frau sexuellen Kurzabenteuern gegenüber offen ist, so droht ihr immer noch die Gefahr eines gewalttätigen Übergriffs.

Die sexuelle Begierde stellt jedoch nicht unabdingbar die einzige Antriebsfeder des männlichen vorschnellen Drängens dar, denn Amors Pfeile treffen zuerst den Mann – dann die Frau.[142]

Die sprichwörtliche *Liebe* auf den ersten Blick gilt daher eher für ihn als für sie. Damit scheint selbst das Aufkommen von Liebesgefühlen soziobiologischen Thesen zu entsprechen.

Wenn Flirt zum Streß wird

Florences Singledasein dauert an. Kontaktanzeigen hat sie keine mehr aufgegeben, zu kalt ist ihr der Sprung ins Wasser. Zwar hat sie Blind dates stets mit Spannung entgegengesehen, mit der Zeit aber weicht die Hoffnung, auf diesem Wege »ihm« zu begegnen. Florence gesteht sich ein, daß auch ein zweites sie zu diesem Entschluß veranlaßt hat: Bezeichnen wir es allumfassend als »Streß«.

Die zahlreichen Verabredungen in Restaurants, vor Kirchen, Brunnen oder in diversen Läden haben ihren Reiz allmählich verloren, denn: Gefallen zu wollen ist anstrengend!

Mit zunehmender Häufigkeit der erfolglosen Anläufe beginnt sich Florence in der Gegenwart eines Mannes zu verkrampfen. Sie versucht, ihre Resignation zu verbergen, mal mit gezwungener Lässigkeit, mal mit vorgetäuschter Arroganz. So scheint sie, gleichsam neben sich stehend, ihr Verhalten von außen zu beobachten und sich selbst dabei ganz fremd zu werden.

Was ist geschehen? Ursprünglich automatisch ablaufende Verhaltensweisen werden plötzlich mehr oder weniger überlegt gesteuert. Oder anders ausgedrückt: Unbewußte Operationen werden zu bewußten Handlungen, so der Sprachwissenschaftler Gerd Kegel,[143] der zur Verdeutlichung dessen, was er meint, das Beispiel eines Fahrschülers anführt. Dieser müsse in der ersten Fahrstunde jede einzelne Handlung bewußt abrufen und gedanklich bestimmen. Kupplung treten – der erste Gang befindet sich vorne links –, dann langsam Gas geben – gleichzeitig den linken Fuß gleitend vom Pedal nehmen – das Lenkrad in die richtige Position drehen ... Allmählich aber gewinne er Routine, und nach einigen Fahrstunden laufe alles wie von selbst. Seine Hände, Füße und Augen werden wie von unsichtbarer Hand gesteuert, und er habe den Kopf frei für andere Dinge, für die Landschaft oder für die Musik, die er gerade höre ...

Diese auf unbewußter Ebene ablaufenden Tätigkeiten (Operationen) lassen sich aber auch wieder zurück ins Bewußtsein holen, nämlich dann, wenn Probleme auftauchen, etwa das Kupplungspedal klemmt. Der unerwartete Vorfall führt zu einer erhöhten Anstrengung. Müßten wir uns vor jeder roten Ampel genauestens überlegen, wie wir unser Auto bei Grünlicht wieder in Fahrt zu setzen haben, müßten wir jeden Verkehrshinweis, jedes Straßenschild bewußt verarbeiten, hieße das für Gehirn und Körper schon beinahe Schwerstarbeit leisten. Auch unsere Körpersprache, die Mimik und das Blickverhalten »funktionieren« in der Regel unbewußt. Ihnen geht normalerweise kein Lernprozeß voraus. Den nichtsprachlichen Kommunikationsprozeß bezeichnen wir daher als automatisch ablaufende Operation. Nun stelle man sich vor, jegliche Gefühlsäußerungen und innere Regungen wären unkontrollierbar beziehungsweise unzensiert nach außen erkennbar. Niemals könnten wir dann »gute Miene zum bösen Spiel machen« und damit konfliktträchtige zwischenmenschliche Situationen meistern. Kritische

Momente sind auch Kontaktanbahnungen, besonders dann, wenn häufige Mißerfolge die Betreffenden unsicher gemacht haben. Menschen, die bei der Partnersuche seit längerem gerade hieran scheiterten, empfinden jeden weiteren Annäherungsprozeß folglich immer stärker als Streß, schließlich lehrte sie die Erfahrung, wie sehr Ablehnung kränken kann. Ich vermute, daß die physiologischen Regungen, wie Herzrate, Puls und Hautwiderstand – wenn sie in solchen Situationen gemessen werden –, ähnliche Werte anzeigen würden wie bei Vorstellungs- oder Prüfungsgesprächen, wo auch die Befürchtung besonders groß ist, das angestrebte Ziel nicht zu erreichen.

Die Fähigkeit, willentlich bestimmte Regungen und Stimmungen vorzutäuschen, also der Wechsel von einer Operation zur Handlung, gehört zu den wesentlichen Grundvoraussetzungen für ein friedliches Zusammenleben.[144] Das Überspielen eigentlicher Gefühle und Empfindungen ist anstrengend und führt in Krisenmomenten zu Streß.

Ein zweiter Faktor kommt außerdem zum Tragen: Wenn sich zwei Menschen treffen, die einander unbekannt sind, so rufen das Ungewisse, das Unvertraute und Unvorhersehbare dieser Begegnung vielleicht aufgeregte Neugier hervor, aber auch gleichzeitig ein belastendes Gefühl von Unsicherheit.[145]

Bekanntlich orientieren wir uns in unserem Auftreten an dem Verhalten unseres Gegenübers – und umgekehrt. »Wie man in den Wald schreit, hallt es zurück«, besagt schon das bekannte Sprichwort treffend. Bei Anbahnungsversuchen im Rahmen einer Partnersuche steht dem Bedürfnis, eine Person kennenzulernen, die Frage gegenüber, ob es erwidert wird. In einem Gespräch entscheidet meist die Wechselwirkung sämtlicher Signale und Verhaltensweisen darüber, welchen Verlauf die Begegnung nehmen wird. Je genauer wir nun die betreffende Person einzuschätzen vermögen, desto vielversprechender lassen sich all die uns zur Verfügung stehenden Strategien einsetzen. Umgekehrt können wir uns, wenn uns unser Gegenüber noch weitgehend unbekannt ist und es uns daher schwerfällt, es zu durchschauen, nur auf unseren ersten oberflächlichen Eindruck verlassen und intuitiv vorgehen. Woher aber soll man zuverlässig wissen, auf welchen »Spruch« oder auf welche »Anmache« der Angesprochene reagiert?

Die Undurchschaubarkeit eines uns fremden Menschen, bei dem wir nie genau wissen können, wie er unser Verhalten aufnimmt und beurteilt, artet um so mehr in Streß aus, je mehr Erwartungen wir an die Begegnung knüpfen.

Schon ein falscher Spruch, ein unpassendes Wort, und die Kontaktanbahnung mißlingt und führt zum gefürchteten Gesichtsverlust.

Auf die Verkuppelungsversuche ihrer Freundinnen, die sich jedesmal als ein Flop entpuppten, reagiert Florence mittlerweile fast ebenso gereizt wie auf die ewig gestellte Frage, »ob sie denn endlich jemanden gefunden hätte«. Der mitleidige Unterton in all den wahrscheinlich gutgemeinten Ratschlägen ihrer Freundinnen, die selbst freilich glücklich gebunden sind, kränkt sie. Sie scheinen stets zu wissen, wer ein netter Kerl ist und was Florence nicht richtig macht. Sie ginge auf die falschen Feste, dieser oder jener Mann sei doch eigentlich ein guter Typ, nur sie sei einfach zu anspruchsvoll. Als sei es ein Armutszeugnis, Single zu sein. Ihre abendlichen Streifzüge lassen nach, und sie zieht es vor, sich mit Geist, Herz und Seele ihrem Studium zu widmen.

Kompensation, wie Vertreter der Psychologie dieses Phänomen bezeichnen, ist ein Hinweis für unbewältigte private Probleme; das weiß Florence, und dennoch begibt sie sich durchaus bewußt in jenen Circulus vitiosus. Denn: Beruflich stark involvierte Menschen haben weniger Möglichkeiten, sich nach einem Partner umzusehen – es liegt folglich weniger an ihren Qualitäten und Eigenheiten, daß sie Single sind. Nein, der ausschlaggebende Faktor ist die verfügbare Zeit.

Dieses Argument verleitet Florence dazu, ihre Vorbehalte Ehevermittlungsinstituten gegenüber, die in ihren Augen nur gut für Versager sind, neu zu überdenken. Nach einer kurzen Überwindung beschließt sie, es auf diesem Weg einmal zu versuchen.

Die Idee einer organisierten Partnervermittlung halte ich prinzipiell für durchaus gut und nützlich, denn die wesentlichen Hemmfaktoren entfallen hier mit einem Schlag: Mann und Frau haben die Möglichkeit, vor einem ersten Zusammentreffen Informationen auszutauschen. Die Kunden einer computergesteuerten Videovermittlung können sich darüber hinaus mittels Technik von vornherein ein verhältnismäßig genaues Bild vom Äußeren und Auftreten des möglichen Partners machen. Der eigentliche Vorteil dieser Art der Partnersuche ist die wesentliche Erleichterung der Kontaktanbahnung.

Um sich einen allgemeinen Überblick zu verschaffen, wendet sich Florence an verschiedene Vermittlungsstellen zunächst telefonisch. Die Entscheidung fällt ihr schwer, da sowohl die mangelnde Auskunftsbereitschaft bezüglich der Kosten als auch die leicht penetrante Art der Kundenwerbung sie erst einmal zurückschrecken lassen. So weisen die Vermittler nicht nur stets auf die unternehmerische Seriosität und die großen Erfolgsaussichten hin, sondern versuchen ihr zugleich psychische Verklemmtheit und Unentschlossenheit zu unterstellen, wenn sie ihrer Aufforderung, persönlich zu erscheinen, nicht gleich nachkommen will.[146] *Florence erhält keine Chance zu erfahren, mit welchen Kosten sie zu rechnen hat. »Das hängt davon ab, welche Vermittlungsverfahren Sie wählen«, lautet stets die gleiche Antwort. »Näheres erfahren Sie dann erst im persönlichen Gespräch.« Florence merkt schnell, unter welchem Konkurrenzdruck das Geschäft mit Singles betrieben wird. Mit allen erdenklichen Mitteln versuchen die freundlichen Damen am Telefon, Name und Adresse des Interessenten herauszubekommen – aus naheliegenden Gründen. Auf diese*

Weise kann der mögliche Kunde leicht im Computer gespeichert und später mit Informations- und Überzeugungsmaterial erneut angesprochen werden.

Die Praktiken der inzwischen rund 340 Partnervermittlungen* im Detail zu beschreiben würde den Rahmen des vorliegenden Buches sprengen. Das Erscheinungsbild der von mir zur Stichprobe telefonisch kontaktierten 45 Einrichtungen entspricht im wesentlichen den Recherchen der Stiftung Warentest.[147] Telefonische Auskünfte über Formalitäten sind meist spärlich. Der Anrufer gerät statt dessen in einen Sog von Überredungskünsten, die auf ein persönliches Gespräch unter vier Augen abzielen. Während bereitwillig über die finanziellen Forderungen der Konkurrenz aufgeklärt wird, hüllt sich die meist freundliche Stimme am anderen Ende der Leitung bezüglich eigener Kosten in Schweigen.

Dennoch wissen wir inzwischen, daß sich die Preise für eine Vermittlung in einer Höhe zwischen 70 und 14 000 Mark bewegen können. Auf eine Fragebogenaktion der Stiftung Warentest zum Preis-Leistungs-Verhältnis reagierten nur 25 Prozent der Vermittler. Offenbar haben sie Gründe für ihre Zurückhaltung. Die Kosten werden mit der umfassenden Kundenkartei vorwiegend reicher Heiratswilliger erklärt. Die hohe Gebühr zahle sich selbstverständlich durch die erfolgreiche Vermittlung sofort wieder aus.

Ebensoviel Geheimniskrämerei wird über die Anzahl der in der Kartei geführten Heiratswilligen gemacht, der Interessent wird mit dem lapidaren Hinweis beruhigt, es seien genügend vorhanden. Nur ein größeres Vermittlungsinstitut gab an, zwischen 20 000 und 40 000 Kunden zu betreuen.

Daß wesentlich mehr Männer als Frauen in den Dateien zu finden sind, überrascht nach allen soziobiologischen Erkenntnissen nicht. Einige Vermittlungsstellen, nach Stiftung

* Bundesrepublik (alte Bundesländer)

Warentest sind es etwa 30 Prozent, verzichten aufgrund dieses ungleichen Zahlenverhältnisses auf finanzielle Forderungen von Frauen, um so der zahlreicheren männlichen Kundschaft möglichst lukrative Angebote machen zu können. Die Frauen müssen sich natürlich im idealen Heiratsalter, also zwischen 25 und rund 35 Jahren, befinden.

Andere Institute nehmen weibliche Attraktivität als Zahlungsmaßstab. Mit sinkender Schönheit steigen die Kosten für die Vermittlung. »Claudia-Cardinale-Typen haben's leichter«, resümieren die Warentester. Da werden statt der fälligen 3500 nur noch 100 Mark verlangt.

Manche Institute warten mit recht aberwitzigen Überraschungen auf. So entpuppte sich ein im Branchenbuch verzeichnetes Vermittlungsbüro als ein Ein-Mann-Betrieb, und der Betreiber selbst stand in Partnernöten. Alle zehn von mir eingesetzten weiblichen Lockvögel erhielten zwar den bedauerlichen Hinweis, die Agentur habe mittlerweile geschlossen, der ehemalige Leiter (persönlich am Telefon) sei jedoch bei seiner Partneraktion selbst leer ausgegangen und bekunde nun ernsthaftes Interesse an allen partnersuchenden Anruferinnen.

Die einzelnen Vermittlungsbüros arbeiten nach unterschiedlichen Systemen. Bei den meisten liegen zahlreiche Fotos und Persönlichkeitsbeschreibungen sämtlicher Kunden vor. Telefonnummern werden erst dann preisgegeben, wenn beide Beteiligten mit einem gegenseitigen Kennenlernen einverstanden sind. Eingesessene Einrichtungen werben mit dem Hinweis, ihre Mitarbeiter seien mit allen Partnersuchenden persönlich bekannt und wären daher sogar in der Lage, sich auf ihre Intuition verlassend, »Partnervorschläge« zu geben. Ein anderes bekanntes Eheanbahnungsinstitut, welches vorzugsweise sozial höher gestellte und ältere Personen als Mitglieder anwirbt, versucht den Vermittlungserfolg dadurch zu fördern, daß der Erstkontakt in institutseigenen Räumlichkeiten stattfindet. Die Interessenten werden einander vorgestellt und »einfühlsam« in ein Gespräch verwickelt, das sie einander näherbringen soll. Wenn die Bemühungen dieses »Supervisors« Früchte tragen, verläßt er diskret den Raum. Die Idee, sich potentielle Partner auf Video anzusehen, stammt aus den USA und dürfte zu den interessantesten Angeboten dieses lukrativen Marktes zählen. Anstatt sich auf ein Risikorendezvous mit einem vom Computer oder einer Vermittlungsdame vorgeschlagenen und auf dem Foto kaum wahrheitsgetreu wiedergegebenen Blind date einzulassen, kann sich hier der Kunde ein genaues Bild machen.

Videodating ist im Gegensatz zu dem Fotowahlverfahren oder einer einfachen Persönlichkeitsbeschreibung wesentlich aufwendiger und daher für den Kunden kostspieliger. Eine wissenschaftliche Untersuchung der Wirksamkeit unterschiedlicher Praktiken im Vermittlungsgeschäft enthüllte indes, daß sich die Mehrkosten für eine Videovermittlung nicht unbedingt bezahlt machen. Einer Versuchsreihe von Stanley Woll und Chris Cozby zufolge ermöglichen Persönlichkeitsprofile zusammen mit Fotos (so wie es in dieser Branche mehrheitlich gehandhabt wird) eine annähernd so zutreffende Einschätzung wie die Videoclips. Der vermeintliche Vorteil der Partnerwahl über den Monitor sei vielmehr eine Selbsttäuschung. Obwohl die Versuchsteilnehmer bei allen Beurteilungsmethoden stets ähnlich (exakte) Einschätzungen abgaben, glaubten sie doch, bei den Videoclips die genauesten Eindrücke gewonnen zu haben.

Florence hat entschieden. Das Angebot eines großen Instituts für Partnervermittlung per Video erscheint ihr am verlockendsten. Einen Tag nach ihrem Anruf liegt ein Kuvert aus Hochglanzpapier mit einem Fragebogen zur Erstellung ihres »Persönlichkeitsprofils« in ihrem Briefkasten. Sie beantwortet Fragen zu ihrem Alter, Beruf, Hobbys, Einkommen und so weiter. Zwei Tage später, nachdem Florence den ausgefüllten Bogen zur Post gebracht hat, erscheint unangemeldet eine freundliche Dame vor der Tür, um, wie sie sagt, das Ergebnis des Profilbogens zu besprechen und sie über die allgemeinen Geschäftsbedingungen zu informieren.

Von Florence soll zunächst ein Video erstellt werden, in dem sie sich in einem zehnminütigen Gespräch mit einer psychologisch geschulten (!) Mitarbeiterin so geben kann, wie sie sich selbst sieht. Außerdem soll sie sich über ihre Vorstellungen von einem idealen Partner äußern.

Beim Gedanken, daß dann beliebig viele Männer gegen ein paar tausend Mark ihre gesamten Vorzüge und Nachteile gegen die vieler anderer »Konkurrentinnen« abwägen können, fühlt sich Florence nicht gerade wohl. Im verlockenden Gegenzug erkauft jedoch auch sie die Möglichkeit, bestens Bescheid zu wissen, mit wem sie es bei ihrer Wahl zu tun haben wird. Sie wird dann in aller Ruhe beurteilen können, ob ihr das äußere Erscheinungsbild, die Sprechweise oder die Körperbewegungen des betreffenden Mannes zusagen. Sie wird auch mit ungeschultem Blick erkennen, ob er tendenziell unsicher, arrogant, extrovertiert oder eher zurückhaltend ist.

Sie solle sich ausreichend Zeit nehmen und genauestens überlegen, mit welcher Art von Selbstdarstellung oder »impression management« sie beeindrucken wolle, erklärt ihr die Dame vom Institut, das sei nämlich so üblich bei Videodating. Es stünde ihr frei, mit ihrer Selbstdarstellung eine möglichst breitgefächerte Zielgruppe anzusprechen oder vielmehr nach der »looking for Mr. Right«-Strategie[148] *zu verfahren und nur jenen Typus anzusprechen, der ihr gefällt. Aber den größten Wert solle sie auf die richtige Wahl ihrer Garderobe legen. Frauen vermuten nämlich, in ihrer Attraktivität den wesentlichen Anziehungsfaktor zu besitzen. Ob sie sich sportlich, leger, lässig oder konservativ geben wolle …?*

Die üblichen Strategien der Selbstdarstellung bei Videodatings[149] bestätigen die soziobiologischen Aussagen über die Entscheidungskriterien bei der Partnerwahl aufs genaueste.

Wesentlich mehr Frauen als Männer meinen vor allem mit vorteilhaftem Aussehen auf »Partnerfang« gehen zu können. Männer hingegen sehen im Hinweis auf ihre finanziell gesicherte Stellung und die beruflichen Erfolge eine große Zugkraft. Einig sind sich beide Geschlechter in der Bedeutung von Intelligenz, Humor, Gefühlswärme, guter Erziehung, Sensibilität und Sportlichkeit. Mit der Frage, welche Art der Selbstdarstellung nun am besten wirken werde, befassen sich Männer intensiver und länger als Frauen. Beide Geschlechter versuchen sich möglichst so zu präsentieren, wie sie wirklich sind, und verfahren damit nach der selektiven Strategie. Das bedeutet, sie sprechen lieber nur eine kleinere Zielgruppe an, von der sie sich dafür auch eine entsprechende Resonanz erwarten.

Videodating kann auf zwei Arten ablaufen: Entweder wartet man darauf, bis man von einem anderen Kunden ausgewählt wird, oder man betrachtet sich die Videos von anderen und läßt das Vermittlungsbüro ein Treffen arrangieren.

Die selektive Vorgehensweise der Frauen wird auch bei Videodating sehr deutlich.[150] Sie warten tendenziell eher ab, bis sie ausgewählt worden sind, unterziehen dann den jeweiligen Mann per Video einer kritischen Betrachtung und wägen anschließend ihre Einwilligung nach strengen Kriterien ab. Sie bevorzugen Männer, deren Sprechweise sowie Ausdrucksverhalten lebhaft sind, Männer, die häufig lächeln und oft in die Kamera blicken. Dadurch fühlen sie sich direkt angesprochen.

Männer hingegen reagieren positiv auf Frauen, die seltener den Blick zum Zuschauer aufnehmen und auch in ihrem sonstigen Ausdrucksverhalten Zurückhaltung wahren – sich gleichsam schüchtern zeigen. Bei umgekehrten Wahlverfahren, wo der Mann auf die Wahl einer Frau zu reagieren hat, werden Frauen bevorzugt, die selbstsicher auftreten und ein starkes körperliches Ausdrucksverhalten, insbesondere häufigen Blickkontakt, zeigen. Das ist ein durchaus interessantes

Ergebnis, bestätigt es doch abermals die vom Mann gerne zugelegte Rolle der Dominanz. Wählt er eine Frau aus, dann läuft er Gefahr, von ihr zurückgewiesen zu werden – folglich vermeidet er das Risiko, indem er sich auf den Frauentypus beschränkt, bei dem er von vornherein glaubt, die dominantere Position einnehmen zu können. Wird jedoch er selbst zum möglichen Partner gewählt, fühlt er sich besonders dann geschmeichelt, wenn die Wahl eine selbstbewußte Frau getroffen hat.

Die Dame redet und redet und überhäuft Florence mit allen nur erdenklichen Vorteilen dieses Vermittlungsverfahrens. Ihren anfänglichen Bemühungen, etwas über die Kosten in Erfahrung zu bringen, weiß die gesprächsgeschulte Dame geschickt auszuweichen. Zu dem Punkt käme sie später, das hinge von vielen Faktoren ab …

Das Institut könne mit einer außergewöhnlichen Erfolgsquote aufwarten, fährt sie eifrig fort, denn das Vermittlungskonzept sei sensationell, der Computer wisse, wer zu wem passe. Er nämlich habe alle Daten gespeichert, die Menschen erfolgreich zusammenführen. Sein Motto laute ganz einfach: »Gleich und gleich gesellt sich gern.«

6
Gleich und gleich gesellt sich gern

B. J. Murstein ließ sich Anfang der siebziger Jahre mehrere Hochzeitsfotos kommen, schnitt diese in der Mitte auseinander, mischte die Hälften und bat Versuchspersonen, die Teile wieder passend zusammenzufügen. Anders als beim Puzzle, bei dem allein schon die Konturen der Stücke verraten, was wie zusammengehört, mußte man sich bei dieser Aufgabe rein vom Gefühl leiten lassen. Wer könnte wohl mit wem den »Bund fürs Leben« eingegangen sein?

Weder Hintergrund noch sonstige Beschaffenheit der Teilstücke gaben Aufschluß darüber, ob sie eventuell aneinander paßten, folglich konzentrierten sich die Testpersonen einzig auf Aussehen, Typ und Aufmachung der dargestellten Brautleute.

Ungeahnt der Dinge hielten sie sich bei ihrem Wahlverfahren an das Ähnlichkeitsprinzip und behielten Recht. Die meisten Ehepartner konnten einander richtig zugeordnet werden.

Heißt das im Klartext, daß sich Partner nach ihrem gleichen Aussehen orientieren? Würde man die statistische Aussagekraft dieses Experiments konsequent auf die Gesamtpopulation übertragen, käme man zu dieser Schlußfolgerung. Was auf den ersten Blick recht unglaubwürdig scheint, wird auf den zweiten bestätigt. Sieht man sich beispielsweise bei Fotografen die Sammlung von Hochzeitsbildern an, wird man bei den Abgelichteten eine verblüffende Ähnlichkeit bemerken. Wird der Bekanntenkreis ebenfalls unter die Lupe genommen, verschärft sich das Bild: Gleich und gleich gesellt sich gern!

Bei der Erforschung des Ähnlichkeitsphänomens konzentrierten sich die Wissenschaftler zunächst auf Ähnlichkeiten, die sich rein auf den Körper bezogen. Später dann verlagerte sich ihr Forschungsinteresse auf Merkmale, die für eine Partnerschaft auf Dauer weitaus bedeutsamer sind, wie die Ähnlichkeit des Charakters, die der Weltanschauung, der Intelligenz, aber auch des Alters, der Schulausbildung, der Religion oder sogar des Wohnorts.

Nachdem der Psychologe D. Buss die Ergebnisse von über fünfzig Jahren Forschung ausgewertet hatte, konnte er das im Volksmund kursierende Sprichwort »Gegensätze ziehen sich an« für wissenschaftlich absolut unhaltbar erklären. Abgesehen vom geschlechtlichen Unterschied sowie der jeweiligen Machtstruktur innerhalb einer Beziehung konnte man weder durch Experimente, Beobachtungen, Fragebögen noch durch Interviews irgendeinen (statistisch relevanten) Hinweis dafür finden, daß Gegensätzlichkeiten auf Dauer einer Beziehung guttun.

Einige Leser werden nun womöglich argumentieren, daß sich Ehepartner im Laufe ihres Zusammenlebens einander angleichen,[151] ihren Geschmack aufeinander abstimmen, zum selben Friseur gehen, zusammen die Kleidung wählen, ihre Weltanschauung aus denselben Zeitungen und Fernsehberichten beziehen und sich in ihren sonstigen Meinungen gegenseitig beeinflussen.[152]

Da ist sicherlich etwas Wahres dran. Paare, die sich in vielerlei Hinsicht ähnlich sind, bleiben länger zusammen, weisen eine geringere Scheidungsrate auf,[153] haben mehr Kinder und genießen insgesamt eine glücklichere Beziehung. Fraglich bleibt jedoch, ob hierbei nicht die Bereitschaft, sich gegenseitig anzupassen, eine tragende Rolle spielt.

Das Auswahlverfahren nach dem Ähnlichkeitsprinzip scheint mehreren Untersuchungen[154] zufolge zumindest während der letzten sechzig Jahre unverändert bedeutsam zu sein. Die wissenschaftlichen Antworten auf die Frage, warum Assortative mating* Partnerbindungen derart konsequent durchzieht, sind ebenso zahlreich wie einleuchtend. Vernachlässigen wir hier den biologischen Aspekt, auf den wir bereits an anderer Stelle eingegangen sind.

Der einen oder anderen These nun die schlagkräftigere Überzeugungskraft zuzuschreiben, steht mir fern. Alle Aspekte nehmen meines Erachtens ihren bedeutungstragenden Platz ein. Verhaltenspsychologen wie die Behavioristen meinen, Gleichheit funktioniere als eine Art »positiver Verstärker«. Das bedeutet, all unser Verhalten erfahre dadurch, daß wir es in ähnlicher Weise auch beim anderen bemerken, eine Art Bestätigung – und wer hat sie im Leben nicht nötig. So sinkt Unsicherheit zugunsten steigenden Selbstbewußtseins und gegenseitigen Verständnisses, wenn wir durch die Ähnlichkeit des anderen die Anerkennung unseres Selbst erfahren.[155]

»Assortative mating« wird daher auch gern mit »assortative narcissism« umschrieben[156]: Wir lieben am anderen, was wir an uns lieben. Psychoanalytisch gedacht, trifft Assortative mating genau ins Schwarze. Partnerwahl als Selbstliebe, als eine Fortsetzung des »Ichs«.

Sozialpsychologen indes verweisen auf mögliche soziokulturelle Gründe für das Gleichheitsphänomen. So schmälern allein schon berufliche oder ausbildungsbezogene Faktoren das menschliche Umfeld. Studenten treffen im Laufe ihres vier- bis sechsjährigen Studiums meist auf ihresgleichen in den Seminaren und Vorlesungen. Künstler bewegen sich vorzugsweise in entsprechenden Kreisen usw. Aber auch der Wohnort, ein bestimmtes Viertel der Stadt oder die

* engl. = passende Kombination oder Paarung

Abb. 48: Wer gehört wohl zu wem?

Abb. 49: Gleich und gleich gesellt sich gern. Das Aussehen des Partners messen wir am eigenen.

Dorfgemeinschaft haben auf die Partnerwahl unweigerlich Einfluß. Hält man sich die flächenmäßige Größe der USA vor Augen, ist es schon erstaunlich, daß die überwiegende Anzahl der Eheleute *vor* ihrer Hochzeit nicht weiter als durchschnittlich 177 Kilometer voneinander entfernt gewohnt haben.[157] Ein Wohnortsvergleich in Ohio zeigte gar, daß über die Hälfte der Verheirateten zum Zeitpunkt ihres ersten Zusammentreffens innerhalb derselben sechzehn Häuserblöcke wohnte.[158] In fast allen Ländern sind Stadtteile nach sozioökonomischem Status aufgeteilt. Reiche, Mittelständische und Ärmere suchen sich, ihren finanziellen Mitteln entsprechend, ihre »Nischen«. In Ländern, in denen diese Abgrenzung besonders intensiv und ehrgeizig, fast sogar feindlich aggressiv praktiziert wird, wie in den USA, durchzieht die topographische Grenzlinie unweigerlich auch das Gebiet der Partnerwahl.[159] Kein Wunder also, wenn Status und familiärer Hintergrund von Partnern eher gleich als verschieden sind. Auf den Punkt gebracht, stellt allein schon die Kontaktmöglichkeit einen wichtigen Bestandteil des Ähnlichkeitsphänomens dar.

Selbst wenn wir es nicht gerne wahrhaben wollen, so läßt es sich dennoch nicht von der Hand weisen, daß auch der soziale Druck eine Rolle spielt. Insbesondere in den bessergestellten Kreisen achtet man vorzugsweise auf einen »repräsentablen« Partner, auf einen, »mit dem man sich sehen lassen kann«. Nicht selten weiß der familiäre Widerstand eine Beziehung scheitern zu lassen. Vor allem jüngere Menschen, deren Abnabelungsprozeß nicht zu ausreichender emotionaler Selbständigkeit geführt hat, durchlaufen bisweilen qualvoll, was Richard Discroll den »Romeo-und-Julia-Effekt« genannt hat. Der Versuch, eine verzweifelte Liebe gegen den elterlichen Willen aufrechtzuerhalten, führte in Shakespeares gleichnamigem Drama zum Freitod der Liebenden. Die von Discroll befragten 140 Paare ließen zwar klar erkennen, daß elterliches Entgegenwirken ihre Beziehungen anfangs erst recht festigte (wie bei Romeo und Julia), unbeantwortet blieben hier jedoch die langfristigen Folgen der familiären Zwistigkeiten.

Um das Ähnlichkeitsphänomen empirisch zu bestätigen, bieten sich einerseits Befragungen und Interviews von verheirateten, aber auch unverheirateten Paaren an, andererseits bedient sich die Wissenschaft auch gewitzter Experimente, die den Faktor »Ähnlichkeit« für das Aufkommen von Sympathie geschickt hinterfragen. Es gäbe viel zu schreiben über das Phänomen der Ähnlichkeit, etwa der Größe, des Gewichts, der Augenfarbe, des Kinderwunsches, der Religion und der Sexualität. Ich möchte mich jedoch hier auf Bereiche beschränken, die mir persönlich am wichtigsten erscheinen. Der interessierte Leser kann der Literatur, die im folgenden zitiert wird, weitere, ausführlichere Informationen entnehmen. Beginnen wir mit den äußerlichen Ähnlichkeiten.

Die Attraktivität

Gewiß sehen sich nicht alle Paare ähnlich. Assortative mating der Attraktivität bezieht sich weniger auf die Ähnlichkeit der Gesichtszüge, der Haarfarbe oder der Mundkonturen, sondern vielmehr auf den Grad der Attraktivität. Liz Taylor, Audrey Hepburn, Grace Kelly, Brigitte Bardot und »pretty woman« Julia Roberts, sie alle gelten nach gängigem Geschmack als hochattraktiv, keine ähnelt jedoch der anderen. Unter sogenanntem Negative assortative mating versteht man nun Bindungen, in denen starke Gegensätzlichkeit bzw. Unähnlichkeit herrscht. Auf die Attraktivität bezogen, wäre als krasses Beispiel die Bindung von Rock Hudson und Betty Davis zu nennen. Eine Beziehung zwischen James Dean und Grace Kelly ließe sich hingegen als positives Assortative mating bezeichnen.

Die Mehrzahl der Studien, die sich mit dem Ähnlichkeitsphänomen befassen, konzentriert sich in der Hauptsache auf jüngere Menschen. Zumindest im Altersabschnitt unter dreißig Jahren spielt der ähnliche Attraktivitätslevel eine wichtige Rolle. So beispielsweise auch beim bereits erwähnten Computertanz, dessen teilnehmende Paare sich dann am sympathischsten fanden, wenn der Attraktivitätslevel in etwa gleich war. Richard Price gehört zu den Wissenschaftlern, die sich auch mit dem Assortative mating des Aussehens im höheren Alter befaßt haben. Er ließ die Attraktivität von fotografierten Paaren zwischen 34 und 61 Jahren beurteilen und konnte zeigen, daß sich auch in späteren Jahren die Partner im Aussehen ähneln. Abermals wird somit bestätigt, was bereits öfters angesprochen wurde: Wir finden anziehend, was für uns erreichbar scheint. Zum Glück, denn weniger im Aussehen begünstigte Menschen, deren Chancen auf einen attraktiven Partner statistisch gesehen geringer sind, wären bei ihrem Partnerleitbild mit einem (auf das Aussehen bezogenen) unerreichbaren Wunschbild belastet – und womöglich frustrierend erfolglos.

Daß beide Geschlechter mangelnde Attraktivität mittels finanzieller Mittel und hoher sozialer Stellung mit bestem Erfolg kompensieren können, wissen wir. Bekannt ist auch, daß vorzugsweise Männer mit gefülltem Geldbeutel und beruflichem und sozialem Erfolg sogenanntes Negative assortative mating betreiben können. Ungleichheit im Attraktivitätslevel unterliegt nämlich einer unterschiedlichen Wertigkeit. Daniel Bar-Tal wollte den Konsequenzen beziehungsweise Vorurteilen nachgehen, die wohlwollende Äußerungen wie »so ein *schönes* Paar« begleiten. Unattraktive Frau mit attraktivem Mann versus attraktive Frau mit unattraktivem Mann, ein allgemein »schönes Paar« und ein wenig begünstigtes Pärchen lagen dazu seinen Versuchsteilnehmern zur kritischen Begutachtung vor. Wie glücklich seien die verschiedenen Bindungen wohl einzuschätzen, wie stehe es mit dem sozialen Status des Mannes beziehungsweise der Frau?

Die Ergebnisse bestätigen nun, was man gemeinhin ahnt: Ein unattraktiver Mann mit einer attraktiven Frau läßt in vielen Köpfen das Vorurteil entstehen, daß *er* viel Geld hat und eine wichtige soziale Position einnimmt.

Geht ein attraktiver Mann eine Beziehung mit einer unattraktiven Frau ein, vermuten Bar-Tals Testpersonen in ihm einen Losertypen mit zahlreichen negativen Eigenschaften.

Geht hingegen eine unattraktive Frau eine Beziehung zu einem attraktiven Mann ein, kam sie in der Wertung seltsamerweise nicht gut weg.

Ebenso ungünstige Urteile bekamen attraktive Frauen, die mit einem unattraktiven Mann liiert waren, so als seien sie bloße Opportunistinnen.

Schön anzusehende Paare, also attraktiver Mann und attraktive Frau, wurden gemeinhin nur von Frauen als glücklich eingeschätzt.

Die männlichen Beurteiler vermuteten eher in weniger attraktiven Paaren Glück, Harmonie und Zufriedenheit. So zeigt sich abermals das ständige Konkurrenzdenken des männlichen Geschlechts: Schöne Menschen, insbesondere schöne Frauen, vergrößern den Wettbewerbsdruck unter Männern, was sich freilich auf die Partnerschaft auswirkt.

Männer können also mittels attraktiver Partnerin ihren Status positiv verändern, egal, wie ihr eigenes Aussehen beschaffen ist. Nicht so Frauen. Verfahren sie nicht nach dem Ähnlichkeitsprinzip, reicht es womöglich nur zu einem »Loosertypen«, oder aber sie haben sich schlicht »unter Preis« im wahren Sinn des Wortes »verkauft«.

Das Alter

Das Alter gehört zu dem umstrittensten Bereich des Assortative mating. Während die einen Vertreter dieses Forschungsgebietes der festen Überzeugung sind, Alter sei der signifikanteste Faktor des Ähnlichkeitsphänomens, betrachten andere die zunächst starke Eindeutigkeit der hier angeführten Zahlen mit Skepsis. Die Zusammenfassung von Spuhler zeigt, wenngleich sie älteren Datums ist, daß ähnliches Alter bei den Eheschließungen ein interkulturelles Phänomen sein dürfte. Eine neuere Statistik, nach der immerhin 81 Prozent der Ehepartner gleichen Alters sind[160], spricht dafür, daß Assortative mating des Alters auch heute noch zu gelten scheint. Wie kommt es aber nun zu der landläufigen Meinung, Männer bevorzugten jüngere Frauen und umgekehrt? Wo also liegen die Schwachstellen all dieser Statistiken, deren Zahlen doch so eindeutig scheinen?

Würden wir die Berechnungen auf eine bestimmte Altersgruppe beschränken, gäben sie mehr Sinn. Gleichheit im Alter trifft nämlich lediglich bei jüngeren Heiratskandidaten zu, unberücksichtigt blieben in den meisten Untersuchungen nicht nur Paare, die in sogenannter »wilder« Ehe leben, sondern auch solche, die zum zweiten- oder gar drittenmal verheiratet sind, also ältere Menschen. Hier indes lassen die Statistiken das Ähnlichkeitsphänomen von Bindungen stark ins Wanken geraten. Jene Personenkreise erhärten das Bild, das einer auflagenstarken deutschen Illustrierten[161] der »yellow press« Thema genug war, um mit dem Sensationstitel »Ich liebe einen Jüngeren« einen guten Verkauf zu erzielen. Was hier im umgekehrten Sinne als etwas Außergewöhnliches mit leicht negativem Beigeschmack den Leser in Bann ziehen soll, konnte als Titel nur deswegen wirken, da er ein Allgemeinurteil bestätigt: Ältere Männer mit jüngeren Frauen, das wird akzeptiert. Jüngere Männer mit älteren Frauen hingegen . . .!

Ohne dem gesellschaftlichen Naserümpfen Vorschub leisten zu wollen, biologisch gesehen sind diese unterschiedlichen Wertigkeiten durchaus sinnvoll.

Lassen Sie mich wieder beim Reproduktionsvermögen beginnen. Männer können bekanntlich biologisch länger Nachwuchs zeugen als Frauen, sie können es sogar, wenn sie wollten, bis ins hohe Alter hinein. Frauen hingegen, deren Eizellen bereits von Geburt an angelegt sind, läßt die Natur nach 25jähriger Gebärfähigkeit in die Menopause treten, um etwaigen genetischen Schäden bei den Kindern vorzubeugen. Das ist auch gut so. Die Wahrscheinlichkeit einer Chromosomenstörung beschreiben Mediziner bei einer 35jährigen (100 : 500) 5fach größer als bei einer 30jährigen Frau (1 : 100). Zwar wird neuerdings auch diskutiert, inwieweit das Alter des Mannes für genetische Defekte verantwortlich gemacht werden kann, einig ist man sich jedoch, daß das Ausmaß bei weitem nicht das gleiche sein kann. Für eine optimale Gentradierung müssen beide Geschlechter auf unterschiedliche Weise verfahren. Männer sollten, um rein rechnerisch gesehen »Höchstleistung« zu vollbringen, so früh wie es gesellschaftliche Regeln zulassen eine geschlechtliche Bindung mit einer möglichst jungen Frau eingehen. Kommt sie in die Wechseljahre, empfiehlt sich für ihn, rein biologisch gesehen, eine Bindung mit einer vergleichsweise jüngeren Frau. Für Frauen hingegen scheint die Natur eine gänzlich andere Strategie vorgegeben zu haben. Sie sollten ressourcenbezogen in eher monogamer Tendenz bei dem Mann bleiben, der ihnen auch nach der Menopause mit Unterstützung aufwartet, damit sie mit allen bestmöglichen Mitteln auf indirekte Weise ihren Genen weiterhelfen, als Großmutter beispielsweise. So treffen wir abermals auf die männliche Neigung, eine Art serielle Polygamie aus Fitneßgründen zu betreiben.

Ein Team von Wissenschaftlern begnügte sich nicht mit reinen Statistiken von Standesämtern, die ausschließlich Eheschließungen berücksichtigen. Vielmehr galt ihr Interesse den realen Begebenheiten, also Bindungen jeder Art.

Für ihr Großprojekt benötigten sie zunächst fünf trainierte Beobachter, die anhand einer annähernd 500maligen Erprobung gelernt hatten, das Alter von Menschen ziemlich genau schätzen zu können. Diese postierten sich nun morgens zwischen sieben und neun Uhr sowie nachmittags zwischen dreizehn und siebzehn Uhr vor größere Supermärkte in Seattle und Washington und konzentrierten sich auf alle gemischtgeschlechtlichen Paare, die dort ein und aus gingen. Nach etlichen Beobachtungsstunden waren im Computer Altersschätzungen von insgesamt 40 048 Paaren gespeichert. Um in ihrer Datenerhebung nicht auch Eltern-Kind-, also Vater-Tochter-Kombinationen aufzunehmen, ließen sie Paare, deren Altersunterschied auf mehr als achtzehn Jahre geschätzt wurde, außer acht.

Strenges Assortative mating, also ausnahmslos gleiches Alter bei Paaren, fanden Lockard und Adams nur bei der Altersgruppe unter 24 Jahren. Ab diesem Zeitabschnitt scheint der Altersunterschied in erster Linie für die männliche Auswahlstrategie bedeutsam zu werden. Obwohl Assortative mating bis zum 32. Lebensjahr des Mannes anzuhalten scheint, beginnt sich ab 27 Jahren bei etlichen Männern die Tendenz zu einer durchschnittlich drei Jahre jüngeren Partnerin einzuschleichen. Noch weiter klafft der Altersunterschied auseinander, wenn Männer zwischen 39 und 50 Jahre alt werden, dann nämlich lassen sie sich vorzugsweise mit durchschnittlich sechs Jahre jüngeren Frauen sehen.

Assortative mating des Alters scheint mehr dem weiblichen Geschlecht zu liegen. Zumindest vor den Supermärkten stießen Lockards Beobachter kaum auf Paare, bei denen die Frau älter war als der Mann. So deutet alles darauf hin, daß die »doppelte Moral«, die die altersspezifischen Auswahlkriterien durchdringt, zwar in der Tat biologisch begründbar ist, unser Denken jedoch auf untolerante Weise beeinflußt, denn: Was es selten gibt, fällt aus dem Rahmen, gehört sich nicht! Oder aber, hier ist etwas anderes im Spiel. Die eingangs erwähnte Zeitschrift, deren Auflagenstärke auf publikumswirksamen, meist bösen oder gar geschmacklosen Artikeln basiert, sah sich ebenfalls bemüßigt, nachdem immer mehr schillernde Prominente und Schickifrauen mit einem jüngeren Lebensgefährten gesichtet worden waren, »dem Volk« bzw. ihrem Leserkreis aus dem Herzen zu sprechen. Kein Wunder also, daß heute bei Beziehungen zwischen älteren Frauen und jüngeren Männern nach den irrsinnigsten Gründen gesucht wird: »Nein, das kann Männern nicht recht sein, daß sie auf einmal wie Lustobjekte gehandelt werden. Daß sich die Frauen plötzlich nicht mehr scheuen, von ihrer Lust auf einen jungen Männerkörper zu reden und von dem Glück, sich dabei wieder so jung zu fühlen. Das war doch immer das Vorrecht der Männer gewesen!« ... Ein in Ehren ergrauter Sechziger mit einer taufrischen Blondine am Arm gehörte zur Grundausstattung jeder Society-Party. *Sie* war einfach nur sexy, und *er* hatte einfach nur Kohle. Otto Normalverbraucher schüttelte fassungslos und angewidert (!) den Kopf, denn als eine wirklich berauschende Liebesnacht, die hier anscheinend für das einzig Elementare einer Beziehung gehalten wird, gilt nur das sexuelle Spiel eines blutjungen Mädchens und einem Supermacho, »der bestimmt, wo's langgeht«. Ob ein junger Geliebter der alternden Frau mehr Glück oder Tränen beschert, hängt indes von ihrem Reichtum und ihrer sozialen Stellung ab. Liz Taylor beispielsweise muß sich nicht um das Getuschel der Kollegen kümmern, auch plagt sie nicht der bange morgendliche Blick in den Spiegel, der ihr die Frage stellen könnte: »Mach' ich mich lächerlich?« Sie zehrt von ihrer rühmlichen Vergangenheit ...

Sinnlichkeit und Lustobjekt sind hier die Schlagworte, die Frauen (unter der Rubrik: Zeitgeist Ego-Mut) den Anstoß geben sollen, mit dem »Normklischee« aufzuräumen und sich an jüngere Männer zu wenden. Auf diese Weise fördern vorzugsweise Journalistinnen in den Vierzigern in autobiographischer Selbstaufarbeitung diese doppelte Moral, anstatt sie zu entschärfen. Denn Beziehungen, die sich einzig auf »schöne Körper und rauschende Liebesnächte aufbauen«, laufen sich schneller tot als Bindungen, deren

Stütze all die bereits erwähnten Faktoren einer Partnerwahl sind wie Ehrlichkeit, Freundlichkeit, Gefühlswärme oder Zuverlässigkeit. Kehren wir wieder zu mehr Sachlichkeit zurück.

Aufschlußreicher dürfte die Feststellung sein, daß sich Paare, deren Altersunterschied 25 und mehr Jahre beträgt, irgendwie mit dem Sterbealter in Verbindung bringen lassen. So werde der ältere Partner auf Kosten des jüngeren ganz einfach jünger, meinen zwei Wissenschaftler.[162] Verantwortlich sei dafür u. a. auch das gegenseitige Anpassungsbedürfnis, das in physischer und psychischer, damit auch in physiologischer Hinsicht an beiden Partnern nicht spurlos vorübergeht. Von einer jungen Frau verlangt der (um ein wesentliches ältere) Ehemann in Anbetracht seiner Vorstellungen einen Reifegrad in der Beziehung, der Unbeschwertheit und altersmäßige Natürlichkeit schwinden läßt. Umgekehrt, das ständig Junge um sich zu haben, motiviert in vieler Hinsicht, sportlich, geistig usw. »jung« zu werden bzw. zu bleiben. Um erkennen zu können, ob Männer – im Gegensatz zu Frauen – tatsächlich nach der sogenannten seriellen Polygamie verfahren und mit steigendem Alter vorzugsweise zu jüngeren Frauen wechseln, überprüften Lockard und Adams alle in Seattle und Washington in einem bestimmten Zeitraum angefallenen Eheschließungen und Scheidungen. Während Frauen meist dazu tendieren, einen Mann zu heiraten, der nicht mehr als drei Jahre älter ist, werden Scheidungen erwartungsgemäß auch mehrheitlich von gleichaltrigen Partnern vollzogen. Erst in einem späteren Lebensabschnitt, also zwischen 39 und 50 Jahren, tendieren Frauen nach der Trennung von ihrem gleichaltrigen Ehemann dazu, eine Bindung zu einem durchschnittlich drei Jahre älteren Mann einzugehen. In der Statistik war also kein Hinweis dafür zu finden, daß in irgendeinem Lebensabschnitt Frauen *signifikant* häufig Ehen eingehen, also serielle Polygamie betreiben. Gänzlich anders sieht es bei Männern aus. Ab ihrem 27. Lebensjahr orientieren sie sich nach der Trennung von der gleichaltrigen Partnerin altersmäßig meist nach unten. Dabei begnügen sie sich zunächst mit einem Unterschied von drei Jahren. Später, also wenn sie zwischen 39 und 47 Jahre alt sind, werden nach Trennungen von drei Jahre jüngeren Frauen Beziehungen zu sechs bis neun Jahre Jüngeren eingegangen. Männer bevorzugen in zweiter Ehe stets jüngere Frauen.

Kehren wir zurück zur Ausgangsfrage: Welchen »Nutzen« ziehen beide Geschlechter aus diesen altersspezifischen Auswahlkriterien? Tragen diese wirklich zu einer optimalen »Gentradierung« bei?, sollte sich der Soziobiologe an dieser Stelle fragen. Der Rekordhalter für serielle Polygamie, der um die Jahrhundertwende geborene Glynn Wolfe, ausgerechnet ein Geistlicher, ging im Laufe seines Lebens 26 Ehen ein und zeugte dabei 41 Kinder. Bei seiner »produktiven« Partnerwahl verfuhr er scheinbar nach streng soziobiologischen Regeln: Erst im höheren Alter, also mit 76, ehelichte er eine verhältnismäßig betagte, nämlich 38 Jahre alte Dame, zuvor betrug das absolute Höchstalter seiner Frauen lediglich 22 Jahre.

Lockards und Adams' Datenmaterial, die Geburtenrate der Städte nämlich, in denen sie ihre Supermarktobservationen anstellten, konnte freilich keine derart spektakulären Ausnahmefälle aufweisen, dennoch festigte seine statistische Auswertung ihre Ausgangshypothese. Das »fruchtbarste« Alter der Männer hinkt dem der Frauen um einige Jahre hinterher, das besagen zumindest die Zahlen. Im Altersabschnitt zwischen 15 und 29 Jahren sind Frauen »reproduktiver« als Männer, umgekehrt verhält sich das Ganze im höheren Alter. Zwischen 30 und 44 Jahren sind die Männer in dieser Hinsicht im Vorteil.

Lockards und Adams' Untersuchungen lassen freilich noch etliche Fragen zur Beantwortung oder Spekulation offen, für unseren Zweck sollen die hier erwähnten Zahlen und Fakten genügen, um mögliche soziobiologische Hintergründe bei Auswahlfaktoren – selbst denen des Alters – erkennen zu lassen.

Die mentalen Fähigkeiten, der Intellekt

Jones war der erste Wissenschaftler,[163] der die Intelligenz beziehungsweise die kognitiven Fähigkeiten von Ehepartnern verglich und das Vorurteil, der smarteste Mann heirate die dümmste, adretteste Blondine, ins rechte Licht rückte. Andere taten es ihm gleich und rundeten so das Bild des Assortative mating hinsichtlich sämtlicher mentaler Fähigkeiten ab. In zahlreichen, unterschiedlichen Intelligenztests wurden u. a. auch die sprachlichen, nichtsprachlichen und rechnerischen Fähigkeiten sowie visuelle und akustische Gedächtnisleistungen berücksichtigt. Der enorme wissenschaftliche Aufwand, der hinter diesem Forschungsbereich steckt, ist kaum vorstellbar. Man denke nur an die Auswertung all der zahlreichen Intelligenztests *vor* dem Zeitalter des Taschenrechners oder gar Computers.

Auch hier zeigt sich wieder: Ehepartner ähneln sich in ihren intellektuellen Fähigkeiten. Besonders deutlich ist die Übereinstimmung auf sprachlichem Niveau, also in der Ausdrucksfähigkeit. Einer Langzeitstudie des Forscherpaares Reed zufolge hatte die überwiegende Zahl ihrer 1866 verheirateten Versuchsteilnehmer bereits im Schulalter ähnliche Ergebnisse in Intelligenztests erreicht.

Einen historischen Trend für die Homogamie des Intellekts festzuschreiben ist schwer, zuwenig Daten aus früheren Jahren stehen der Wissenschaft zur Verfügung. Tendenziell aber scheint Assortative mating der Bildung seit den dreißiger Jahren etwas nachzulassen. Relative Stabilität indes stellte sich während der letzten dreißig Jahre heraus.[164] Auch wenn sich Partner in ihren intellektuellen Fähigkeiten ähneln, heißt das noch lange nicht, daß der Intellekt die Partnerwahl wesentlich bestimmt. In einer großen Studie, in der Tests und Fragebögen von 33 000 Familien ausgefüllt wurden, kam deutlich zum Vorschein, daß das Assortative Mating des Intellekts mehr oder weniger als Folge des ähnlichen Ausbildungsstandards anzusehen ist.[165]

Die Ausbildung

Die diskriminierende Ansicht, Frauen benötigten keine aufwendige und kostspielige Ausbildung, schließlich heirateten sie, bekämen Kinder und würden vom Manne versorgt, ist irgendwie immer noch nicht ganz aus den Köpfen vieler Menschen zu streichen. Die Realität sieht gottlob anders aus. Den meisten Untersuchungen zufolge wies der Ausbildungsstand von Ehepartnern sowie deren Eltern ein ähnlicheres Niveau auf als der zufällig kombinierter Paare. Vor allem Menschen, die eine exklusive Ausbildung genossen haben, erwarten von ihrem Partner ein angemessenes Niveau. In Norwegen untersuchten Forscher das Ähnlichkeitsphänomen bei Zwillingspärchen, deren Ehepartnern sowie den beiden vorangegangenen Generationen.[166] Wenngleich auch hier eine relative Stabilität des Assortative mating des Ausbildungsstandes in einem Zeitraum von über 35 Jahre hinweg bestätigt werden konnte, sehen andere Sozialpsychologen das Ähnlichkeitsphänomen zumindest auf diesem Gebiet nicht als eindeutig gegeben an. Es müsse die wachsende »soziale Mobilität«, unter der man grob gesagt die Möglichkeit des sozialen Aufstiegs versteht, berücksichtigt werden, argumentieren sie. Die Gelegenheit, mittels Ausbildung – und Geld – in eine gesellschaftlich gehobene Schicht »aufzusteigen«, ist in den USA vergleichsweise groß, zumindest größer als in Norwegen oder hierzulande, wo das Sozialsystem als relativ rigide zu bezeichnen ist, postulieren die einen, andere halten entgegen, »soziale Mobilität« stünde unter dem Einfluß derart vieler unterschiedlicher Faktoren, daß das Ähnlichkeitsphänomen in der Ausbildung wissenschaftlich nur schwer zu fassen sei.[167]

Leichter nachzuvollziehen und weniger umstritten hingegen ist die Erkenntnis, daß ein ähnlicher Bildungsstandard nicht nur glücklichere Beziehungen bewirkt, sondern auch größeren Kindersegen zur Folge hat[168], insbesondere bei Paaren mit hohem Ausbildungsniveau, wie Clyde Kiser statistisch beweisen konnte.

Auch wenn die Zahlen für assortative mating im Bildungsniveau sprechen, so sind dennoch deutliche Geschlechtsunterschiede festzustellen. Frauen legen bei ihrem Partner eindeutig mehr Wert auf guten Bildungsstand als Männer bei Frauen.[169]

Charakterliche Merkmale

Zweifellos lassen sich Charaktermerkmale beziehungsweise Persönlichkeitsstrukturen eines Menschen kaum treffend und allumfassend beschreiben. Folglich konzentriert sich die entsprechende Forschungsrichtung immer nur auf einen spezifischen Bereich, etwa das Temperament, die Selbstkontrolle oder die Ernsthaftigkeit. Die damit verbundene Vielseitigkeit dieses Forschungsgebiets mag wohl Grund für die zahlreichen Widersprüche sein, die den Statistiken zu entnehmen sind. Die meisten Untersuchungen sprechen zwar tendenziell *für* die Ähnlichkeit des Charakters bei Paaren, doch die Ergebnisse sind hier im großen und ganzen weniger aussagekräftig.

Der Vergleich von unterschiedlich harmonisch verlaufenden Ehen, in dem glückliche Paare unglücklichen sowie solchen, die kurz vor der Scheidung standen, gegenübergestellt wurden, zeigte, daß ein ähnliches Maß an Freundlichkeit, Rücksichtnahme, Aktivität und Energie bei Ehepartnern zu glücklichen Beziehungen beitragen kann. Weniger zufriedene Paare erleben in ihrer Ehe eine fehlende Balance vor allem in der emotionalen Stabilität, etwa durch einen zur Neurose oder Hysterie neigenden Partner. Aber auch ein unterschiedliches Gerechtigkeitsgefühl kann sich wie ein

Schatten über eine Beziehung legen. Vor allem für Ehen, die kurz vor der Trennung standen, machten Wissenschaftler Persönlichkeitsunterschiede der Ehepartner verantwortlich: Sie waren zumeist nicht im gleichem Maße begeisterungsfähig sowohl füreinander als auch für gemeinsame Erlebnisse.[170]

Sogar die Art und Weise, wie Ehepartner Konflikte angehen und ob sich auch hier Ähnlichkeiten nachweisen lassen, wurde wissenschaftlich untersucht. Introvertierte Menschen neigen bekanntlich eher dazu, Probleme allein zu bewältigen – sie »schlucken alles runter«. Extrovertierte hingegen tendieren zu sofortigen und bisweilen heftigen Auseinandersetzungen. Kein Wunder also, wenn starke Gegensätze auf Dauer einer Beziehung schaden. Tatsächlich läßt sich daher auch von einem Assortative mating der Streitlust sprechen![171]

Grundeinstellungen, Meinungen, Ansichten

Endlich ein Bereich, der in der Forschung keine hitzigen Grundsatzdiskussionen mehr auslöst. Unter Sozialpsychologen herrscht Einigkeit darüber, daß gleicher Meinung sein eine wesentliche Voraussetzung für das Entstehen von Sympathien ist. Folglich ist auch die Übereinstimmung in Grundeinstellungen ein bedeutsamer Faktor bei der Partnerwahl. Die hierzu durchgeführten Untersuchungen reichen von einfachen Fragebogenaktionen bis hin zu inszenierten Begegnungen zwischen Versuchspersonen und Lockvögeln. Solche Studien müssen, um möglichst große Effektivität zu erreichen, wohldurchdacht sein. Die Probanden dürfen von dem eigentlichen Ziel der Untersuchung nichts erfahren, damit sie nicht irgendwie voreingenommen sind. Man umgeht dies, indem man beispielsweise eine Fragebogenaktion zu einem aktuellen Thema (wie zum Thema »Ausländerfeindlichkeit«) vornimmt. Die ausgewählte Versuchsperson läßt man in einem geeigneten Raum auf einen (meist gegengeschlechtlichen) Lockvogel treffen, der scheinbar ebenfalls an der Umfrage teilnimmt und auf den Fragebogen wartet. Dieser beginnt nun ein Gespräch, das sich mit großer Wahrscheinlichkeit um das Thema des Fragebogens drehen wird. Während nun die eine Versuchsgruppe auf einen Lockvogel stößt, der gänzlich anderer Meinung ist und ständig widerspricht, erlebt die andere eine völlige Übereinstimmung mit ihrem Gesprächspartner. In dem Fragebogen, der den betreffenden Versuchsteilnehmern dann anschließend ausgehändigt wird, wird nun nicht nach den Ansichten zu dem ursprünglich angegebenen Thema gefragt, sondern nach der Sympathie, die die Versuchsperson dem Lockvogel entgegenbringt.

Was bereits in diesen experimentellen »Stranger-meets-stranger«-Situationen* ganz deutlich zum Ausdruck kommt, trifft auch auf intimere Beziehungen zu. Selbstverständlich wird es kaum ein Paar geben, das sich täglich von morgens bis abends gegenseitig bestätigt. Wer kann schon eine Beziehung nennen, von der er mit Bestimmtheit sagen kann, sie sei ohne Abstrich *das* Paradebeispiel für perfekte Harmonie. Konflikte und Streitigkeiten kommen gerade dann auf, wenn unterschiedliche Meinungen aufeinandertreffen, vor allem dann, wenn sie das alltägliche Zusammenleben betreffen, wenn es etwa um die Bereitschaft geht, den anderen verstehen zu wollen.

Warum sich nun gerade Menschen, die sich in ihren Grundeinstellungen ähneln, gegenseitig meist anziehen, erklären Psychologen auf unterschiedliche Weise. Einmal erlebten Menschen gerne eine Bestätigung ihres Weltbildes. Die eigene Sichtweise durch andere bekräftigt, führe zu einem allgemeinen Verstandenwerden – und somit zur Sympathie.[172] Diese Wechselwirkung von Zuneigung und ähnlicher Meinung, betonen andere Psychologen, hätten wir

* engl. Fremder trifft Fremden

gleichsam verinnerlicht.[173] Nun vermuten wir automatisch, wer uns versteht, mag uns auch. Wahrgenommene Zuneigung, um den Kreis zu schließen, führt dann auch bei uns zu Sympathie. Mit anderen Worten: Ich fühle mich um so stärker zu dir hingezogen, je mehr ich annehme, daß du mich auch magst.

Inwiefern gleiche Meinung auf die Partnerwahl beziehungsweise die spätere Partnerschaft harmonisierend wirkt, war ebenfalls Gegenstand mehrerer eingehender Studien. So interessierte bespielsweise, ob unter Partnern Einigkeit darüber herrschte, wer in den jeweiligen Lebensfragen die letzte Entscheidung zu fällen habe. Aber auch konfliktträchtige Bereiche, wie Kinderwunsch, Kindererziehung und Lebensstil wurden berücksichtigt.[174] Ähnlichkeiten in den wesentlichen Grundeinstellungen fördern nicht nur das Entstehen von Sympathien, sie zählen auch zu den wichtigen Voraussetzungen für eine harmonische Partnerschaft. Glückliche Ehepaare stimmten in wesentlichen Fragen des Lebens stärker überein als unglückliche, so ließe sich die Forschung auf diesem Bereich in wenigen Worten zusammenfassen.[175] Eine »Erkenntnis«, die nicht weiter verwunderlich ist.

7
Dominanz und Submission – die große Ausnahme

Die Frau soll herrschen
und der Mann regieren!
Kant

Doch eine Ausnahme ist zu nennen – jene Ausnahme, die die Regel bestätigt: Der Mann herrscht, die Frau ordnet sich ihm unter, so wollte es der Volksglaube bis vor kurzem wissen. Assortative mating der Macht gibt es nicht. Hier gesellt sich nicht gleich und gleich. In Beziehungen werde der Forschung zufolge von beiden Seiten nach unterschiedlicher Dominanz gestrebt, selbst wenn einer der Partner – meist die Frau – seine eigentliche Machtposition zugunsten des anderen verringere.[176] Zumindest in unserem Kulturkreis jedoch läßt sich die Machtstruktur einer Beziehung nicht mit einem eindeutigen »Herrschermann« und einem sich duckenden Weibchen beschreiben. Auch wenn die Frau meist zu »ihm« hinaufblicken muß, so liegt das nicht zuletzt oft an ihrem durchschnittlich zehn Zentimeter kleineren Körper. Nun schreiben wir im allgemeinen großgewachsenen Menschen mehr Macht zu. Körpergröße korreliert nach Morris[177] sogar mit beruflichen Erfolgsaussichten. So scheinen wir nach dem Motto »je größer, um so besser, um so wichtiger« zu urteilen. Diese Sichtweise teilen Erwachsene übrigens auch mit Kindern,[178] sogar emanzipierte Frauen sind geneigt, dem alten Rollenklischee entsprechend, Männer als groß, stark und aktiv, Frauen hingegen als klein, schwach und passiv einzustufen.[179]

Wenngleich körperliche Größenunterschiede, die freilich auch ein kräftemäßiges Ungleichgewicht mit sich bringen, für die eindeutige Dominanzstellung des Mannes sprechen mögen, auch wenn diese Machtposition gesetzlich, moralisch und gesellschaftlich vom starken Geschlecht mit allen Mitteln über Jahrtausende nach außen hin gefestigt worden ist, so läßt sich meines Erachtens heutzutage nicht definitiv sagen, wer zumindest hierzulande jeweils den dominanten Part für sich beanspruchen kann, denn: »Er liebt den Hausfrieden und unterwirft sich gern ihrem Regiment, um sich nur in seinen Geschäften nicht behindert zu sehen; sie scheut den Hauskrieg nicht, den sie mit der Zunge führt und zu welchen Behuf die Natur ihr Redseligkeit und affektvolle Beredtheit gab, die den Mann entwaffnen. Er fußt sich auf das Recht des Stärkeren, im Haus zu befehlen, weil er es gegen äußere Feinde schützen soll; sie auf das Recht des Schwächeren: vom männlichen Teile gegen Männer geschützt zu werden, und macht durch Tränen der Erbitterung den Mann wehrlos, indem sie ihm seine Ungroßmütigkeit vorrückt.«[180] Was in vielen Kulturen zu beobachten sei, spreche für eine Aufteilung der Machtstellung, meint auch die Anthropologin Polly Wiesner.[181] So nehme der Mann zwar im gesellschaftlichen Leben die führende Rolle ein, zu Hause, im intimen Familienleben, habe jedoch die Frau das Sagen. Ich denke, auch in unserem Kulturkreis ist die Dominanz ähnlich aufgeteilt. Um Dominanzstrukturen innerhalb von Beziehungen überhaupt weitgehend neutral beschreiben zu können, sollte die Betrachtungsweise so gut wie möglich von der grundlegenden Frage nach Gleichberechtigung im gesellschaftlichen, beruflichen und politischen Bereich abgekoppelt sein. Eine Frau, die ein noch so ausgeprägtes Karrierebewußtsein hat, beruflich erfolgreich und selbständig ist, muß ihre gesellschaftlich dominante Stellung nicht unbedingt auf ihre privaten Beziehungen ausweiten. Die Statistiken sprechen nämlich – auch hierzulande – bei beiden Geschlechtern für eine allgemein deutlich gewünschte Stärke des Mannes und eine gewisse Unterwerfungsbereitschaft der Frau. Eibl-Eibesfeldt[182] meint, diese unterschiedliche Rollenverteilung sei gar ein Teilbereich unseres archaischen Erbes. Zumindest in sexueller Hinsicht ist dieses Dominanz- Submissions-Verhältnis in fast allen Bereichen des Tierreichs zu beobachten. Psychotherapeuten wissen von weiblicher Unterwerfungsbereitschaft ebenso zu berichten wie etliche Fachbuchautorinnen, die die bisweilen erschreckenden tagträumerischen Phantasien ihrer auskunftswilligen Interviewpartnerinnen in publikumswirksamen Büchern zusammenfassen. Sexuelle Unterwerfung seitens der Frau will ich nicht in Frage stellen, zu deutlich, zu umfangreich ist hier das »Beweismaterial« – dieses Machtverhältnis jedoch auf sämtliche zwischengeschlechtliche Bereiche ohne weitere Reflexionen zu übertragen, halte ich für falsch. In den meisten Beziehungen hält jeder Partner einen kleinen Machtanspruch in den Händen. So verbirgt sich hinter dem gesellschaftlich geachteten »Herrn der Schöpfung« nicht selten eine vorantreibende und letztlich oftmals eigentlich dominierende Frau, die mit subtilen Mitteln ihn zu lenken weiß. Die Machtposition des Mannes steht somit auf wackeligen Füßen, zumal Frauen dazu fähig sind, den Herrn des Hauses vom Sockel zu stürzen, sobald seine Geldquelle versiegt. Frauen von arbeitslosen Männern, das besagt zumindest die Statistik, haben vor ihrem Mann weniger Achtung.

Ein wie gesagt heikles Thema, über das viel diskutiert und geschrieben wird. In unserem Fall soll die kurze Erörterung genügen, denn schließlich sollte nur eines klar gesagt sein: Im Streben nach allgemeiner Macht und Dominanz in einer Beziehung gesellt sich gleiches *nicht* zu gleichem!

Der Vertrag sei nun zu unterzeichnen, meint die Vermittlungsdame nach ihren ausschweifenden Erklärungen. Schließlich, nachdem sie in Florences Gesicht die langanhaltende Skepsis weichen sieht, gibt sie klare Auskunft darüber, wieviel die Aussicht auf einen »Traummann« kostet. Ein Institut, das über ein so umfang-

reiches Wissen, ein derart ausgetüfteltes Computerprogramm und eine solch vielschichtige Klientel verfüge, könne und müsse von seinen Kunden (zur allgemeinen Kostendeckung wohlgemerkt) einen Preis von 5000 Mark verlangen.

Der Preis ist hoch. Florence bittet um Bedenkzeit. Sie müsse es sich erst einmal genau überlegen, ob sie gewillt sei, so viel dafür zu investieren, meint sie. Nach einiger Zeit hartnäckigen Sträubens macht die Dame endlich Anstalten zu gehen, nicht ohne vorher die Zusage Florences erhalten zu haben, noch einmal persönlich vorbeischauen zu dürfen. Es ist später Nachmittag.

Florence muß sich beeilen, um ihre heutige Verabredung im Theater mit ihrer bekanntlich unpünktlichen Freundin einhalten zu können. Sie holt ihr rotes Kleid aus dem Schrank, das sie sich kürzlich in ausgelassener Stimmung gekauft hat: enganliegend, figurbetont, auffallend. Theaterabende reizen sie nicht nur wegen des kulturellen Ereignisses. Sie liebt es auch ganz besonders, sich selbst zur Schau zu stellen und sich schön zu machen, zu schminken und ausgefallenen Schmuck zu tragen. Der Spaß am Schönen, die selbstdarstellerische Verwandlung zum Optimum an Ausstrahlung, so denkt sie und färbt nochmals ihre Lippen mit tiefem Rot nach. Schließlich erkennt sie sich selbst kaum mehr, die Nägel sind lackiert, die langen Haare gewellt, ein Täschchen von Dior – ein Geschenk ihrer Großmutter – hält sie in der Hand. Warum nicht einmal diese Rolle spielen, denkt sie zufrieden bei ihrem Anblick im Spiegel.

Das Taxi hält vor einer schicken Bar neben dem Theater. Man solle den Abend entsprechend mit einem Glas Champagner einleiten, hat ihre Freundin gemeint und diesen Ort als geeigneten Treffpunkt vorgeschlagen. Florence begibt sich an die Theke. Daß die Freundin auf sich warten läßt, verwundert sie keineswegs. Sie bestellt ein Glas des edlen Getränks und blickt im Raum umher. Florence scheint nicht die einzige zu sein, die hier auf jemanden wartet, etlichen der Gäste geht es ganz offensichtlich ähnlich. Die Zeit schreitet voran, und Florence verspürt allmählich ein unruhiges Gefühl. Auf das tausendfache Versprechen ihrer Freundin, *rechtzeitig zu kommen, hätte sie sich wohl nicht verlassen sollen. Sie wird das nächste Mal die Theaterkarten selbst besorgen. In einer Viertelstunde bereits wird das erste Klingelzeichen die Theatergäste auffordern, ihre Plätze einzunehmen. Florence wird nicht dabeisein. Ihr erwartungsvoller Blick zur Tür wird immer wieder aufs neue enttäuscht.*

Florence bestellt ein weiteres Glas Champagner, das Theaterstück dürfte mittlerweile bereits begonnen haben. Ihre anfängliche Aufregung hat sich jetzt in Wut verwandelt. Sie zündet sich eine Zigarette an und beschließt, noch eine weitere Viertelstunde zu warten. Wieder blickt sie sich um. Nur noch wenige Gäste sitzen allein an ihren Tischen, auch die Bar hat sich inzwischen merklich gefüllt. Ganz hinten in einer Ecke bemerkt sie einen Mann, der mit einem Bier vor sich anscheinend Selbstgespräche führt. »Ein Höchstmaß an Einsamkeit«, denkt sie.

Neben ihr nimmt ein Pärchen auf den Barhockern Platz und turtelt miteinander. Ausgerechnet!

Abermals wirft sie einen schnellen Blick zur Eingangstür, jetzt müßte die Freundin doch endlich eintreffen. Das Lokal ist indes von einem Mann betreten worden, der arrogant und breitbeinig in der Nähe des Eingangs stehen bleibt. Florence wendet sich ab und mustert sich kurz im Barspiegel, der nicht nur ihr fremdes gestyltes, aber doch schönes Abbild widerspiegelt, sondern auch den Blick auf den neuen Gast frei gibt.

Er scheint jemanden zu suchen, denn seine Augen wandern schnell hin und her. Anfangs denkt Florence, sein Blick verweile aus purem Zufall auf ihr, schließlich aber ahnt sie, daß sie zu seinem Blickfang geworden ist.

Teuer gekleidet, gutaussehend, arrogant, ein Mann auf Jagd, aus auf ein kleines Abenteuer, nicht mit mir, denkt Florence, die sich aber doch geschmeichelt fühlt, seine Aufmerksamkeit erregt zu haben. Sie streift sich durch die Haare und nippt an ihrem Glas. Offensichtlich ist er hier bekannt, womöglich einer, der auf allen Festen tanzt, ein Partylöwe, vermutet sie, denn die Kellner begrüßen ihn aufs freundlichste. Einer, der viel Trinkgeld gibt, ein Ange-

ber, sind ihre weiteren Gedanken, denn es entgeht ihr nicht, wie er einen auffallenden Schlüsselanhänger auf die Theke neben die goldene Geldspange legt. Nein, der erste Eindruck rät ihr ab, irgendein Zeichen, ein »come-on« zu senden, das ihm als Anstoß für eine Annäherung dienen könnte. Sie wendet sich ab und kramt in ihrer Tasche nach Zigaretten. Tief im Inneren gibt sie zu, daß sie, auch wenn der Verstand abrät, eine gewisse Neigung zu jenen Männern verspürt, deren vielseitiger Erfolg in jeder Hinsicht erkennbar ist. Während sie nach dem Feuerzeug sucht, fällt ihr (mit Verzücken) auf, daß er in ihrer unmittelbaren Nähe ebenfalls an der Theke »Stellung bezogen hat«.

Der Herr, der sich direkt neben ihr befindet, bemerkt trotz des angeregten Gesprächs mit seiner Begleiterin, was Florence fehlt.

Sie bläst den Rauch in die Luft, bedankt sich mit einem freundlichen Lächeln bei dem Kavalier und läßt bei der Gelegenheit, wie zufällig, ihren Blick zu dem vermeintlichen Casanova schweifen – dieses Vorurteil hat sich zumindest in ihrem Kopf festgesetzt. Als die Unerreichbare, die Herausfordernde bereitet sie dem nun endlich zustande gekommenen Blickkontakt ein schnelles Ende, wie anders wäre es zu erwarten gewesen.

Dieses Hin und Her zwischen Anziehung und Abwehr, dieses Prickeln, diese Unsicherheit hält eine Weile an, bis Florence die Spannung durch ein plötzliches Verschwinden bewußt nochmals erhöht. Als er sich gerade wegdreht, um den Kellner zu rufen, begibt sie sich auf die Toilette. Warum ausgerechnet er? Angeberisch wirkendes Auftreten läßt doch bei ihr normalerweise keine Begeisterung aufkommen. Warum kann gerade er bewirken, daß sie das Theaterstück, ja selbst die Freundin vergißt? Wie kommt es, daß sie sich diesen Abend nicht reizvoller vorstellen kann? Solche Gedanken schießen ihr durch den Kopf.

Florence macht sich etwas frisch und kehrt zurück an ihren Platz, an dem nun – wie originell – zwei gefüllte Gläser und eine entkorkte Flasche Champagner stehen.

Es genügen einzig das bekannt verlegene Lächeln sowie der flüchtige Blickkontakt, und alsbald beginnt Florence inständig zu hoffen, ihre Freundin möge heute die Verabredung tatsächlich vergessen haben. Denn er folgt der Aufforderung, gesellt sich zu seinem Glas und prostet ihr mit einem entwaffnenden Lächeln zu. »Du und keine andere« lauten seine ersten Worte. Diese (für uns mittlerweile verständliche) Spontaneität und typisch männliche Unglaubwürdigkeit lösen bei Florence ein (für uns ebenso verständliches) schallendes Gelächter aus, das kaum enden mag.

Es wird spät. Die meisten Gäste sind bereits gegangen, und Florence weiß, daß heute abend genau das passiert ist, worauf sie so lange vergebens gewartet hat. Wenn nicht gerade auf den ersten, so kam sie doch auf den zweiten Blick, die Zuneigung. Ihre Empfindungen Liebe zu nennen, wäre zu voreilig, das widerspräche dem statistischen Durchschnitt, denn Frauen warten ab, lassen zappeln, als souffliere ihnen Friedrich Schiller »Drum prüfe, wer sich ewig bindet!«

Florence zählt zu den letzten Gästen, als sie gemeinsam mit ihm das Lokal verläßt. Beim Hinausgehen sieht sie, daß jener einsame Mann immer noch alleine in der Ecke sitzt. Ein kurzes mitleidiges Lächeln entrückt ihr, bevor sich die Tür hinter ihr schließt.

Anmerkungen

1 Diese Richtung war nicht die einzige. Eine gute Übersicht über die Geschichte der Anthropologie bietet Mühlmann (1986).
2 Vgl. Mühlmann (1986)
3 Vgl. dazu die vorbildliche Monographie von Bischof (1989).
4 Lévi-Strauss (1981), S. 118 (Hervorhebung des Autors).
5 Dieses Modell stammt von Georg Peter Murdock. Vgl. Bischof (1973), Bischof (1989)
6 Wilson (1980), S. 10.
7 Lumsden/Wilson (1984), S. 142 f.
8 Vgl. Bischof (1989), S. 519–560.
9 Hernegger (1989), S. 176.
10 Eibl-Eibesfeldt (1988), S. 19.
11 Eibl-Eibesfeldt (1988), S. 18 f.
12 Vgl. Vajda (1985), S. 25.
13 Vgl. Wickler/Seibt (1990), S. 158.
14 Vajda (1985), S. 84.
15 Aristoteles, Politik. Erstes Buch, 2; zit. n. Stopczyk (1980), S. 23.
16 Plato, Menon 3., zit. n. Stopczyk (1980), S. 20.
17 Xenophon, Oikonomikos 7, 10 und 7, 22; zit. n. Preiser in: Völger (Hg.) (1985) S. 233 f.
18 Lukian (1982), Erstes Hetärengespräch.
19 Catullus (1987), S. 83.
20 Vgl. Goody (1986), S. 261.

21 Weber-Kellermann (1976), S. 29.

22 Die Darstellung folgt im wesentlichen den Argumenten von Schröter (1990).

23 Katharina II., S. 170 ff.

24 Breit (1991), S. 60 f.

25 Rousseau, Emile ou L'Education, zit. n. Stopczyk (1980), S. 121.

26 Bloch (1959), S. 687.

27 Vgl. Rosenbaum (1981), S. 251–452.

28 Günther (1940)

29 Beck/Beck-Gernsheim (1990), S. 26.

30 U. Beck/Beck-Gernsheim (1990)

31 Nietzsche, Also sprach Zarathustra.

32 Wickler (1967)

33 Lorenz (1961)

34 Eibl-Eibesfeldt (1986 b), S. 40.

35 Wilson vernachlässigte bei seinen Überlegungen offensichtlich die sogenannte Abschlagkultur, die vor etwa 100 000 Jahren vor unserer Zeitrechnung einsetzte und in der durch den Homo erectus die erste planmäßige Werkzeugherstellung geschah – von der Werkzeugbenutzung von nichtmenschlichen Primaten wie den Schimpansen ganz abgesehen.

36 Eibl-Eibesfeldt (1986 b), S. 152.

37 Daly/Wilson (1986)

38 Eibl-Eibesfeldt (1986 a)

39 Barkow (1986), S. 74.

40 Dawkins (1986)

41 Eibl-Eibesfeldt (1986 b)

42 Eibl-Eibesfeldt (1986 b)

43 Siehe Engen (1982)

44 Eibl-Eibesfeldt (1986 b)

45 Übersicht zu dieser Thematik, siehe Brody (1975)

46 Russell, M. J. (1976)

47 Russell, M. J. (1976)

48 Kirk-Smith u. a. (1978)
49 Kirk-Smith/Booth (1980)
50 Nachdem ein amerikanisches Forscherteam in der Vagina von Rhesus-Affen das Vorkommen von Pheromonen – Copuline genannt – und deren stimulierende Wirkung nachgewiesen hatte, fanden wenige Zeit später Kollegen auch beim Menschen Spuren dieses Duftstoffes. Siehe Michael u. a. (1975)
51 Walster (1965)
52 Dutton/Aron (1974)
53 Dutton (1979)
54 Milgram (1963)
55 Siehe Hatfield/Rapson (1987)
56 Eine experimentelle Reizung dieser tiefen Gehirnbereiche wird beim Menschen ausschließlich zur Ermittlung von Lokalisationen abnormer Hirnaktivitäten vorgenommen.
57 Lorenz (1963)
58 Kommentkämpfe erfolgen nach strengen Regeln, durch die lebensbedrohliche Verletzungen verhindert werden.
59 van Hooff (1969)
60 Eibl-Eibesfeldt (1972)
61 Eibl-Eibesfeldt (1972), S. 155.
62 Eibl-Eibesfeldt (1986 b), S. 318
63 Bischof (1989)
Eine Übersicht zu dieser Thematik, siehe Bischof (1989) oder Wickler/Seibt (1990)
64 Wickler/Seibt (1990)
65 Fisher, R. A. (1930)
66 Wickler/Seibt (1990), S. 136.
67 Buss (1987), S. 339.
68 Unter »Partnerschaft« wird im folgenden stets die Bindung von Mann und Frau verstanden.
69 Siehe Sommer (1987)
70 Wickler/Seibt (1990), S. 136.

71 Harcourt u. a. (1981)
72 Kant (1991), S. 650.
73 Diamond (1985)
74 BGB 1591 und 1594
75 Morris (1968)
76 Weghorst, S., siehe Daly, M., Wilson, M., Weghorst, S. (1982)
77 Lagache, siehe Daly, M., Wilson, M., Weghorst, S. (1982)
78 Schull/Neel (1965)
79 Rao/Inbaraj (1979)
80 Bischof (1989)
81 Rushton (1988)
82 Thiessen/Gregg (1980)
83 Rushton (1989)
84 Thibaut/Kelley (1959)
85 Das Projekt fand in den Jahren 1985 bis 1990 an der Forschungsstelle für Humanethologie der Max-Planck-Gesellschaft in Andechs (Oberbayern) unter der Leitung von Karl Grammer in Zusammenarbeit von uns beiden statt. Siehe Doermer-Tramitz (1990)
86 Fauss (1986)
87 Cunningham (1986)
88 Stini (1981)
89 Gallup (1982)
90 Elsner (1963)
91 Knussmann (1965)
92 Keating/Mazur/Segall (1981)
93 Berry/Zebrowitz/McArthur (1985)
94 Siehe Eibl-Eibesfeldt (1986 b)
95 Cunningham (1989)
96 Zit. in Beck/Ward-Hull/McLear (1976)
97 Moore/Stuckard/Srole (1962)
98 Siehe Beck/Ward-Hull/McLear (1976)
99 Buss (1989)
100 »In sum, with the exception of the Spanish sample, the

predicted sex difference for mates with good earning potential was found across widely varying cultures, typically at a high level of statistical significance.« (Buss [1989], S. 5)

101 »Thus, the hypothesis that males value physical attractiveness in potential mates more than females do is strongly supported by these cross-cultural data.« (Buss [1989], S. 11)

102 Für die Bundesrepublik (alte Länder) wurde dieser Geschlechtsunterschied von Vagt u. a. (1985) ermittelt.

103 Rosenwasser u. a. (1983)

104 McCormick/Jesser (1983)

105 Cook (1981)

106 Eibl-Eibesfeldt (1986 b), S. 233.

107 Eibl-Eibesfeldt (1973)

108 Hass (1970)

109 Dion/Stein (1978) und Adams (1977)

110 Die verschiedenen Flirtphasen sind D. Givens (1978) entnommen.

111 Eibl-Eibesfeldt (1986 b)

112 Moore (1985)

113 Eine exakte Beobachtung dieser Verhaltensweise kann jedoch nur unter Berücksichtigung der Bewegung des Kopfes erfolgen. Ausführliches siehe hierzu Grammer u. a. (1988).

114 Zuckerman u. a. (1976)

115 Muehlenhard u. a. (1983)

116 Walster u. a. (1973)

117 Walster u. a. (1966)

118 McCormick/Jesser (1983)

119 Münchner Stadtmagazin, Heft 15/91

120 Schleidt, pers. Mitteilung

121 Heslin u. a. (1983)

122 Suomi (1977)

123 Kendon (1975)

124 Nach Goffman (1967)
125 Berg/Peplau (1982)
126 Zitate stammen aus einem Leserbrief.
127 Allon/Fishel (1981)
128 Diese Beobachtungen konnte ich vor mehreren großen Münchner Diskotheken an zahlreichen Abenden machen.
129 Kagan/Lewis (1965)
130 Wex (1979), Goffmann (1976)
131 Lynn/Shurgot (1984)
132 Kanin/Parcell (1977)
133 Kanin (1967)
134 Blau (1967), Gouldner (1960)
135 Abbey (1982), Muehlenhard u. a. (1988)
136 Hatfield (1982)
137 Hinde (1984)
138 Symons (1979)
139 Gross (1978)
140 Hinde (1984)
141 Hatfield (1982)
142 Hatfield (1982)
143 Nach Tätigkeitstheorie von Rubinstein, siehe Kegel/Tramitz (1991)
144 Eibl-Eibesfeldt (1986 b)
145 Berscheid/Graziano (1979)
146 Diese Behauptung stützt sich auf Erfahrungen, die ich aufgrund von Telefonaten mit 45 Instituten machen konnte.
147 Heft 11, 1990
148 Nach Woll/Cozby (1987)
149 Woll/Young (1989)
150 Woll/Cozby (1987)
151 »Indeed, negative assortative mating in human populations has never been reliably demonstrated with the single exception of sex.« (Buss/Barnes [1986], S. 47)

152 Die Forschung hat, um das Ähnlichkeitsphänomen allumfassend zu beschreiben und Ähnlichkeiten als Anziehungsfaktor verifizieren zu können, auch Paare beobachtet, die sich gerade erst zusammengefunden haben, beziehungsweise untersucht, wie Unbekannte aufeinander reagieren.
153 Kiser (1968)
154 Siehe Watkins/Meredith (1981)
155 Byrne/Nelson (1965)
156 Thiessen (1979)
157 Spuhler/Clark (1961)
158 Clarke (1952)
159 Eckland (1968)
160 Folkes (1981)
161 Bunte, Heft 25, 1991
162 Klinger-Vartabedian/Wispe (1989)
163 Garrison u. a. (1968)
164 Überblick zu dieser Thematik: s. Watkins u. a. (1981), sowie Zondermann u. a. (1977)
165 Warren (1966)
166 Heath/Berg (1985)
167 Heath (1987)
168 Garrison u. a. (1968)
169 Überblick hierzu siehe Green u. a. (1984), sowie Rubin (1973)
170 Siehe Pickford u. a. (1966), Kirkpatrick (1937), Himes (1949)
171 Buss (1984)
172 Byrne (1971)
173 Aronson (1966)
174 Siehe Booth u. a. (1978)
175 Katz (1965), Kirkpatrick (1937)
176 Turk/Bell (1972)
177 Morris (1978)
178 Züblin (1983)

179 Mrazek (1984)
180 Kant (1991), S. 649.
181 Persönliche Mitteilung
182 Eibl-Eibesfeldt (1972)

Bildquellenverzeichnis

1	May'scher Bilderbogen, Frankfurt a. Main
2	Bildarchiv Preußischer Kulturbesitz
3	© C. H. Beck'sche Verlagsbuchhandlung. In: Ingeborg Weber-Kellermann, Frauenleben im 19. Jahrhundert, München 1983, S. 102.
4	© Mitchell Beazley. In: The Mitchell Beazley. Atlas of the Body and the Mind, London 1976
5	(Nach Eibl-Eibesfeldt) Karsten Molesch, Frank Niedertubbesing, Bielefeld 1992
6	© Herlinde Koelbl. In: Herlinde Koelbl, Männer, München 1984
7–9	Mak Aleeva, München 1992
10–11	Modearchiv Loschek
12	Mode-Woche-München, Pressestelle, 1990
13	Historisches Museum, Frankfurt a. Main
14–17	Mak Aleeva, München 1992
18	(Nach Hückstedt) Karsten Molesch, Frank Niedertubbesing, Bielefeld 1992
19–21	Mak Aleeva, München 1992
22	Christiane Tramitz
23	Ullstein Bilderdienst, Berlin
24	(Nach Cunningham) Karsten Molesch, Frank Niedertubbesing, Bielefeld 1992
25–27	Barbara Schweder, Wien
28	Ullstein Bilderdienst, Berlin
29, 30	Carlsen Verlag, Reinbek bei Hamburg 1989

31	Mak Aleeva, München 1992
32	Ullstein Bilderdienst, Berlin
33	Carlsen Verlag, Reinbek bei Hamburg 1987
34	Ullstein Bilderdienst, Berlin
35, 36	Mak Aleeva, München 1992
37–42	Anna Yermin, München; Foto: Gert Elfering
43	Mak Aleeva, München 1992
44	Anna Yermin, München; Foto: Gert Elfering
45	(Nach Heslin et al.) Karsten Molesch, Frank Niedertubbesing, Bielefeld 1992
46	Mak Aleeva, München 1992
47	Mak Aleeva, München 1992
48,49	Fotostudio Dörr, Jacobi und private Fotos.

Literaturverzeichnis

Abbey, A. (1982): Sex differences in attributions for friendly behavior: Do males misperceive femals' friendliness? Journal of Personality and Social Psychology. 42. S. 830–838.

Adams, G. R. (1977): Physical attractiveness research. Human Development 20. S. 217–239.

Alexander, R. D. (1980): Darwinism and human affairs. Pitman Publishing.

Alexander, R. D., Noonan, K. M. (1979): Concealment of ovulation, parental care and human social behavior. In: Chagnon, N. A., Irons, W. (eds.): Evolutionary biology and human social behavior. Mass. North Scituate.

Allon, N., Fishel, D. (1981): Singles' bars as examples of urban courting patterns. In: Stein, P. (ed.): Single life. Unmarried adults in social context. N. Y. St. Martin's Press.

Altmann, J. (1980): Baboon mothers and infants. Cambridge. Harvard University Press.

Amelang, M., Ahrens, H. J., Bierhoff (Hg.) (1991): Partnerwahl und Partnerschaft. Göttingen. Hogrefe.

Arkowitz, H., Lichtenstein, E., McGovern, K., Hines, P. (1975): The behavioral assessment of social competence in males. Behavior Therapy. 6. S. 3–13.

Aronson, E., Worchel, S. (1966): Similarity versus liking as determinants of interpersonal attractiveness. Psychonomic Science. 5. S. 157–158.

Asendorpf, J. (1988): The expression of shyness and embarrassment. In: Crozier, R. (ed.): Shyness and embarrass-

ment: Perspectives from social psychology. Cambridge. Cambridge University Press.
Barkow, J. (1986): Central problems of sociobiology. Commentary, s. Vining Barkow, J., Burley, N. (1980): Human fertility, evolutionary biology, and the demographic transition. Ethology and Sociobiology. 1. S. 163–180.
Bar-Tal, D., Saxe, L. (1976): Perception of similarity and dissimilarity attractive couples. Journal of Personality and Social Psychology. 33. S. 772–781.
Bateman, A. J. (1948): Intra-sexual selection in Drosophila. Heredity. 2. S. 349–368.
Beck, S. B., Ward-Hull, Ch., McLear, P. M. (1976): Variables related to women's somatic preferences of the male and female body. Journal of Personality and Social Psychology. 34. S. 1200–1210.
Beck, U., Beck-Gernsheim, E. (1990): Das ganz normale Chaos der Liebe. Frankfurt/Main, Suhrkamp.
Berg, J., Peplau, A. (1982): Loneliness: The relationship of self-disclosure and androgyny. Personality and Social Psychology Bulletin. 8. S. 624–630.
Berry, D., Zebrowitz L., S., McArthur, L. (1985): Some components and consequences of a babyface. Journal of Personality and Social Psychology. 48. S. 312–323.
Berscheid, E., Graziano, W. (1979): The initiation of social relationships and interpersonal attraction. In: Burgess, R., Huston, T. (eds.): Social exchange in developing relationships. Academic Press. N. Y., San Francisco, London.
Bischof, N. (1973): Die biologischen Grundlagen des Inzesttabus. In: Reinert, G. (Hg.): Bericht über den 27. Kongreß der Deutschen Gesellschaft für Psychologie. Kiel 1970. Göttingen. Hogrefe.
Bischof, N. (1989): Das Rätsel Ödipus. München. Piper.
Black, S. L., Biron, C. (1982): Androstenol as a human pheromone: No effect on perceived physical attractiveness. Behavioral and Neural Biology. 34. S. 326–330.

Blau, P. M. (1967): Exchange and power in social life. New York. Wiley and Son.
Bloch, E. (1959): Das Prinzip Hoffnung. Frankfurt/Main. Suhrkamp.
Boag, P. T., Grant, P. R. (1978): Heritability of external morphology in Darwin's finches. Nature. 274. S. 793–794.
Booth, A., Welch, S. (1978): Spousal consensus and its correlates: A reassessment. Journal of Marriage and the Family.
Breit, S. (1991): »Leichtfertigkeit« und ländliche Gesellschaft. Voreheliche Sexualität in der frühen Neuzeit. München. Oldenbourg.
Brody, B. (1975): The sexual significance of axillae. Psychiatry. 38. S. 278–289.
Buss, D. (1984): Marital assortement for personality dispositions: Assessment with three different data sources. Behavior Genetics. 14. S. 111–123.
Buss, D. M. (1987): Sex differences in human mate selection criteria: An evolutionary perspective. In: Crawford, C., Smith, M., Krebs, D. (eds.): Sociobiology and Psychology: Ideas, Issues and applications. Hillsdale, N. Y. Erlbaum.
Buss, D. M. (1988): The evolution of human intrasexual competition: Tactics of mate attraction. Journal of Personality and Social Psychology. 54. S. 616–628.
Buss, D. M. (1989): Sex differences in human mate preferences: Evolutionary hypotheses tested in 37 cultures. Behavioral and Brain Sciences. 12. S. 1–49.
Buss, D. M., Barnes, M. (1986): Preferences in human mate selection. Journal of Personality and Social Psychology. 50. S. 559–570.
Byrne, D. (1971): The attraction paradigm. Academic Press. N. Y.
Byrne, D., Nelson, D. (1965): Attraction as a linear function of proportion of positive reinforcement. Journal of Personality and Social Psychology. 1. S. 659–663.

Carroll, J., Volk, K., Hyde, J. (1985): Differences between males and females in motives for engaging in sexual intercourse. Archives of Sexual Behavior. 14. S. 131–139.

Catullus (1987): Sämtliche Gedichte. München. dtv.

Clark, R., Hatfield, E. (1989): Gender differences in receptivity to sexual offers. Journal of Psychology and Human Sexuality. 2. S. 39–55.

Clarke, A. C. (1952): An examination of the operation of residental propinquity as a factor in mate selection. American Sociological Review. 17. S. 17–22.

Cook, M. (1981): Social skill and human attraction. In: The basis of human attraction. London, N. Y. Academic Press.

Cunningham, M. (1986): Measuring the physical attractiveness: Quasiexperiments on the sociobiology of female facial beauty. Journal of Personality and Social Psychology. 50. S. 925–935.

Cunningham, M. (1989): Journal of Personality and Social Psychology, Bd. 59, S. 61 ff.

Dabbs, J., Stokes, N. (1975): Beauty is power: The use of space on the sidewalk. Sociometry. 38. S. 551–557.

Daly, M., Wilson, M. (1978): Sex evolution and behavior. Mass. Duxbury Press.

Daly, M., Wilson, M. (1986): A theoretical challenge to a caricature of Darwinism. Commentary, s. Vining, D. R. (1986).

Daly, M., Wilson, M., Weghorst, S. (1982): Male sexual jealousy. Ethology and Sociobiology. 3. S. 11–27.

Daucher, H. (1967): Künstlerisches und rationalisiertes Sehen. Gesetze der Wahrnehmung und des Gestaltens. Schriften der Pädagogischen Hochschule Bayerns. München. Ehrenwirth Verlag.

Dawkins, R. (1986): Wealth, polygyny, and reproductive success. Commentary, s. Vining, D. R. (1986).

DeVore I. (ed.) (1965): Primate behavior. N. Y. Holl, Rinehart and Winston.

Diamond, J. (1985): Everything else you always wanted to

know about sex. But that we were afraid you'd never ask. Discovery. 6.

Dion, K., Stein, S. (1978): Physical attractiveness and interpersonal influence. Journal of Experimental Social Psychology. 14. S. 97–108.

Discroll, R., Davis, K. E., Lipetz, M. E. (1972): Parental interference and romantic love: The Romeo and Juliet Effect. Journal of Personality and Social Psychology. 24. S. 1–10.

Doermer–Tramitz, C. (1990): Auf den ersten Blick. Opladen. Westdeutscher Verlag.

Doty, R. L. (1976): Reproductive endocrine influences upon human nasal chemoreception: A review. In: Doty, R. L. (ed.): Mammalian olfaction, reproductive processes and behavior. N. Y, London. Academic Press.

Duck, S. (1977): Tell me where is fancy bred: Some thoughts on the study of interpersonal attraction. In: Duck, S.: Theory and practice in interpersonal attraction. N. Y. London. Academic Press.

Dutton, D. G. (1979): The arousal-attraction link in the absence of negative reinforcement. Paper presented at the meeting of the Canadian Psychological Association. Quebec City. Canada.

Dutton, D. G., Aron, A. P. (1974): Some evidence for heightened sexual attraction under conditions of high anxiety. Journal of Personality and Social Psychology. 30. S. 510–517.

Eckland, B. K. (1968): Theories of mate selection. Eugenics Quarterly. 15. S. 71–84.

Eibl-Eibesfeldt, I. (1972, 5. Aufl.): Liebe und Haß. München, Piper.

Eibl-Eibesfeldt, I. (1973): The expressive behavior of the deaf-and-blind born. In: Cranach, M. v., Vine, I. (eds.): Social communication and movement. London. Academic Press.

Eibl-Eibesfeldt, I. (1976): Menschenforschung auf neuen Wegen. Wien. Molden.

Eibl-Eibesfeldt, I. (1986 a): Intelligence and selection. Commentary s. Vining, D. R.

Eibl-Eibesfeldt, I. (1986 b, 2. Aufl.): Die Biologie des menschlichen Verhaltens. München, Zürich. Piper.

Eibl-Eibesfeldt, I. (1988): Der Mensch, das riskierte Wesen. München, Zürich. Piper.

Elias, J., Elias, V. (1979): Dimensions of masculinity and female reactions to male nudity. In: Cook, M. und Wilson, G. (eds.): Love and attraction: An international Conference. Oxford. Pergamon Press.

Elsner, R. W. (1963): Skinfold thickness in primitive peoples native to cold climates. New York Academy of Science Anals. 110. S. 503–514.

Engen, T. (1982): The perception of odors. N. Y. Academic Press.

Fauss, R. (1986): Zur Bedeutung des Gesichtes für die Partnerwahl. Homo. 37. S. 188–201.

Fisher, R. A. (1930): The genetical theory of natural selection. Oxford. Clarendon Press.

Fisher, E. A. (1987): The four year inch. Natural history. 96. S. 22–33.

Folkes, V. S. (1981): Forming relationships and the matching hypothesis. Personality and Social Psychology Bulletin. 8. S. 631–636.

Gallup, G. G. (1982): Permanent breast enragement in human femals: A sociobiological analysis. Journal of Human Evolution. 11. S. 597–601.

Garrison, R. J., Anderson, V. E., Reed, S. C. (1968): Assertitive marriage. Eugenics Quarterly. 15. S. 113–127.

Givens, D. (1978): The nonverbal basis of attraction: Flirtation, courtship, and seduction. Psychiatry. 41. S. 346–359.

Goffman, E. (1967): Interaction ritual. Chicago. Aldine.

Goffman, E. (1976): Gender advertisements. Stud. Anthropol. Visual Commun. 3, 2.

Goody, J. (1986): Die Entwicklung von Ehe und Familie in Europa. Berlin. Reimers.
Gouldner, A. W. (1960): The norm of reciprocity. American Sociological Review. 25. S. 161–178.
Grammer, K., Schiefenhövel, W., Schleidt, M., Lorenz, B., Eibl-Eibesfeldt, I. (1988): Patterns on the face: The eyebrow flash in crosscultural comparison. Ethology. 77. S. 279–299.
Green, S. K., Buchanan, D. R., Heuer, S. K. (1984): Winners, loosers, and choosers: A field investigation of dating initiation. Personality and Social Psychology Bulletin. 10. S. 502–511.
Grice, J. (1990): Das Geheimnis der erotischen Ausstrahlung. Bergisch Gladbach. Bastei Lübbe.
Gross, A. (1978): The male role and heterosexual behavior. Journal of Social Issues. 34. S. 87–107.
Günther, M. (1940): Gattenwahl zum ehelichen Glück und erbliche Ernüchterung. München.
Guthrie, R. D. (1970): Evolution of human threat display organs. Evolutionary Biology. 4. S. 257–302.
Hadjiyannakis, C. (1969): Les tendences contemporaines concernant la Répression du délit d'Adultère. Thessalonika: Association Internationale de Detroit. Zitiert in: Daly/Wilson/Weghorst.
Hamilton, W. D. (1964): The genetical evolution of social behavior. Journal of Theoretical Biology. 7. S. 1–52.
Harcourt, A. H., Harvey, P. H., Larson, S. G., Short, R. V. (1981): Testis weight, body weight and breeding system in primates. Nature. 293, S. 55–57.
Harrison, R., Montagna, W. (1969): Man. Applecton-Century-Crofts.
Hass, H. (1970): The human animal. N. Y. Putnam's.
Hassebrauck, M. (1990): Wer sucht wen? Eine inhaltsanalytische Untersuchung von Heirats- und Bekanntschaftsanzeigen. Zeitschrift für Sozialpsychologie. S. 101–112.

Hatfield, E. (1982): What do women and men want from love and sex. In: Allgeier, E. R., McCormick N. B. (eds.): Changing boundaries: Gender roles and sexual behavior. Palo Alto. Mayfield Publishing.

Hatfield, E., Rapson, R. (1987): Passionate love. Advances in personal relationships. 1. S. 109–139.

Hatfield, E., Traupmann, J., Sprecher, S., Utne, M., Hay, J. (1984): Equity and intimate relations: Recent research. In: Ickes, W. (ed.): Compatible and incompatible relationships. N. Y., Berlin, Heidelberg, Tokio. Springer Verlag.

Heath, A. C., Berg, K. (1985): Effects of social plicy on the heritability of educational achievement. In: Berg, K. (ed.): Medical genetics: Past, Present, Future. Riss. N. Y.

Heath, A. C., Eaves, L. J., Nance, W. E., Corey, L. A. (1987): Social inequality and assortative mating: Cause or consequence? Behavior Genetics. 17. S. 9–17.

Hendrick, S., Hendrick, C., Slapion-Foote, M. J., Fote, F. H. (1985): Gender differences in sexual attitudes. Journal of Personality and Social Psychology. 6. S. 1630–1642.

Hernegger, R. (1989): Anthropologie zwischen Soziobiologie und Kulturwissenschaft. Die Menschwerdung als Prozeß der Selbstbestimmung und der Selbstbefreiung von den Determinismen der Gene und Umwelt. Bonn.

Heslin, R., Nguyen, T. D., Nguyen, M. L. (1983): Meaning of touch from a stranger or same person. Journal of Nonverbal Behavior. 7. S. 147–157.

Hess, E. H. (1977): Das sprechende Auge. München. Kindler.

Hill, E. M., Nocks, E. S., Gardner, L. (1987): Physical attractiveness: Manipulation by physique and status displays. Ethology and Sociobiology. 8. S. 143–154.

Himes, N. E. (1949): Personality as the chief determiner of a successful and happy marriage. International Journal of Sexology. 2. S. 217–224.

Hinde, R. A. (1984): Why do the sexes behave differently in

close relationships? Journal of Social and Personal Relationships. 1. S. 471–501.
Hooff, J. A. van (1969): The facial display of the Catarrhine monkeys and apes. In: Morris, D. (Hg.): Primate Ethology. N. Y. Garden City.
Hrdy, S. B. (1986): Empathy, polyandry, and the myth of the coy female. In: Bleier, R. (ed.): Feminist approaches to science. N. Y. Pergamon Press.
Hückstedt, B. (1985): Experimentelle Untersuchungen zum Kindchenschema. Zeitschrift für experimentelle und angewandte Psychologie. 12. S. 421–450.
Irons, W. (1986): Social and reproductive success: Useful data but rethink the theory. Commentary, s. Vining, D. R.
Johnson, R. C., Nagoshi, C. T., Ahern, F. M. (1987): A reply to Heath et al. on assortative mating for educational level. Behavior Genetics. 17. S. 1–7.
Jones, H. E. (1929): Homogamy in intellectual abilities. American Journal of Sociology. 35. S. 369–382.
Jones, W., Hobbs, S., Hockenbury, D. (1982): Loneliness and social deficits. Journal of Personality and Social Psychology. 42. S. 683–689.
Kagan, J., Lewis, M. (1965): Studies of attention in the human infant. Merrill-Palmer Quarterly. 2. S. 95–122.
Kanin, E. J. (1967): An examination of sexual aggression as a reponse to sexual frustration. Journal of Marriage and the Family. 29. S. 428–433.
Kanin, E. J., Parcell, S. R. (1977): Sexual aggression: A second look at the offended female. Archives of Sexual Behavior. 6. 67–76.
Kant, J. ([8]1991): Schriften zur Anthropologie in pragmatischer Hinsicht. Werkausgabe Bd. 12 Frankfurt a. Main Suhrkamp.
Katharina II. (1988): Memoiren. 2 Bde. München. Beck.
Katz, M. (1965): Agreement on connotative meaning in marriage. Family Process. 4. S. 64–74.

Keating, C. F., Mazur, A., Segall, M. H. (1981): A cross-cultural exploration of physiognomic traits of dominance and happiness. Ethology and Sociobiology. 2. S. 41–48.

Kegel, G., Tramitz, C. (1991): Olaf, Kind ohne Sprache. Opladen. Westdeutscher Verlag.

Kendon, A. (1975): Some functions of the face in a kissing round. Semiotica. 15. S. 299–334.

Keverne, E. B., Levy, F., Poindron, P., Lindsay, D. R. (1983): Vaginal stimulation: An important determinant of maternal bonding in sheep. Science. 219. S. 81–83.

Kinsey, A. C., Pomeroy, W. B., Martin, C. E., Gebhard, P. H. (1953): Sexual behavior in the human female. Philadelphia. Saunders.

Kirkpatrick, C. (1937): Factors in marital adjustement. American Journal of Sociobiology. 43. S. 270–283.

Kirk-Smith, M., Booth, D. A. (1980): Effect of Androstenon on choice of location in others's presence. In: Starre, H. van der (ed.): Olfaction and Taste. VII. London. IRL Press.

Kirk-Smith, M., Booth, D. A., Carroll, P. (1978): Human social attitudes by Androstenol. Research Communications in Psychology, Psychiatry and Behaviour. 3. S. 379–384.

Kiser, C. V. (1968): Assortative mating by educational attainment in relation to fertility. Eugenics Quarterly. 15. S. 98–112.

Klinger-Vartabedian, L., Wispe, L. (1989): Age differences in marriage and female longevity. Journal of Marriage and the Family. 51. S. 195–202.

Klopfer, P. (1971): Mother love: What turns it on? American Scientist. 59. S. 404–407.

Knussmann, R. (1965): Das Partnerleitbild des Menschen in vergleichend biologischer Sicht. Stud. Gen. 18. S. 38–49.

Krebs, J., Davies, N. (1989, 2. Aufl.): An introduction to behavioral ecology. London. Blackwell Scientific Publications.

Lavrakas, P. J. (1975): Female preferences for male physiques. Journal of Research in Personality. 9. S. 324–344.
Lévi-Strauss, C. (1981): Die elementaren Strukturen der Verwandtschaft. Frankfurt/Main Suhrkamp.
Lockhard, J. S., Adams, R. A. (1981): Human serial polygyny: Demographic, reproductive, marital, and divorce data. Ethology and Sociobiology. 2. S. 177–186.
Lorenz, K. (1961): Phylogenetische Anpassung und adaptive Modifikation des Verhaltens. Zeitschrift für Tierpsychologie. 18. S. 139–187.
Lorenz, K. (1963): Das sogenannte Böse. Wien. Borotha-Schoeler.
Low, B., Alexander, R. D., Noonan, K. M. (1988): Human hips, breasts and buttocks: Is fat deceptive? Ethology and Sociobiology. S. 249–257.
Lukian (1982): Hetärengespräche. Frankfurt/Main Insel.
Lumsden, C. J., Wilson, E. O. (1984): Das Feuer des Prometheus. Wie das menschliche Denken entstand. München.
Lynn, M., Shurgot, B. (1984): Responses to lonely hearts advertisements: Effects of reported physical attractiveness, physique, and coloration. Personality and Social Psychology Bulletin. 10. S. 349–357.
MacDonald, K. (1983): Production, social controls, and ideology: toward a sociobiology of the phenotype. Journal of Biological Structure. 6. S. 297–317.
Malinowski, B. (1963): The problem of meaning in primitive languages: In: Odgen, C., Richards, I. (eds.): The meaning of meaning. London. Kegan Paul, Trench, Trubner.
McClintock, M. C. (1971): Menstrual synchrony and suppression. Nature. 229. S. 244–245.
McCormick, N. B., Jesser, C. J. (1983): The courtship game: Power in the sexual encounter. In: Allgeier, E. R., McCormick, N. B. (eds.): Changing boundaries. Palo Alto. Mayfield Publishing Company.
Michael, R. P., Bonsall, R. W., Warner, P. (1975): Human

vaginal secretions: Volatile farry acid content. Science. 186. S. 1217–1219.
Milgram, St. (1963): Behavioural study of obediance. Journal of Abnormal and Social Psychology. 67. S. 372–378.
Moore, M. E., Stuckard, A., Srole, L. (1962): Obesity, social class, and mental illness. Journal of the American Medical Association. 181. 962–965.
Moore, M. M. (1985): Nonverbal courtship patterns in women: Context and consequences. Ethology and Sociobiology. 6. S. 237–247.
Morris, D. (1968): Der nackte Affe. München. Droemer-Knaur.
Morris, D. (1978): Der Mensch, mit dem wir leben. München. Knaur.
Mrazek, J. (1984): Die Ver-Körperung des Selbst: Ergebnisse der Psychologie-heute-Umfrage. Psychologie heute. 2.
Muehlenhard, Ch. L., Hollabaugh, L. (1988): Do women sometimes say no when they mean yes? The prevalence and correlates of women's token resistance to sex. Journal of Personality and Social Psychology. 54. S. 872–879.
Muehlenhard, Ch., Miller, C., Burdick, C. (1983): Are high-frequency daters better cue readers? Men's interpretations of women's cues as a function of dating frequency and SHI scores. Behavior Therapy. 14. S. 626–536.
Mühlmann, G. P. (1967): Ethnographic atlas. Pittsburgh. University of Pittsburgh Press.
Murstein, B. I. (1970): Stimulus-value-role: A theoretical theory of marital choice. Journal of Marriage and the Family. 32. S. 465–481.
Murstein, B. I. (1972): Physical attractiveness and marital choice. Journal of Personality and Social Psychology. 22. S. 8–12.
Murstein, B. I., Christy, P. (1976): Physical attractiveness and marriage adjustement in middle-aged couples. Journal of Personality and Social Psychology. 34. S. 537–543.

Nietzsche, F. (1988): Also sprach Zarathustra. Ein Buch für alle und keinen. Stuttgart. Kröner.

Niketta, R. (1989): Das eigene Geschlecht mit den Augen des anderen Geschlechts sehen: Gibt es bei Attraktivitätseinschätzungen geschlechtsspezifische Unterschiede? Zeitschrift für Sozialpsychologie. S. 103–110.

Parsons, P. A. (1965): Assortative mating for a metrical characteristics in Drosophila. Heredity. 20. S. 161–167.

Perper, T., Fox, J. (1985): Sex signals: The biology of love. Philadelphia. iSi Press.

Pickford, J. H., Signori, E. I., Rempel, H. (1966): Similar or related traits as a factor in marital happiness. Journal of Marriage and the Family. 14. S. 190–192.

Preiser, G. (1985): Eheunterweisung im alten Griechenland, s. Völger (1985).

Price, R., Vandenberg, S. G. (1979): Matching for physical attractiveness in married couples. Personality and Social Psychology Bulletin. 5. S. 398–401.

Ragan, J. M. (1982): Gender displays in portrait photographs. Sex Roles. 8. S. 33–43.

Rao, P. S., Inbaraj, S. G. (1979): Trends in human reproductive wastage in relation to long-term practice of inbreeding. Annals of Human Genetics. 42. S. 401–413.

Reed, E. W., Reed, S. C. (1985): Mental retardation: A family study. Saunders. Philadelphia.

Riedl, B. I. M. (1990): Morphologisch-metrische Merkmale des männlichen und weiblichen Partnerleitbildes in ihrer Bedeutung für die Wahl des Ehegatten. Homo. 41. S. 72–85.

Rosenbaum, H. (1981): Formen der Familie. Frankfurt a. Main. Suhrkamp.

Rosenwasser, S. M., Adams, V., Tansil, K. (1983): Visual attention as a function of sex and apparel of stimulus object: Who looks at whom? Social Behavior and Personality. 11. S. 11–15.

Rubin, Z. (1973): Liking and loving: An invitation to social psychology. N. Y. Holl. Rinehart. Winston.
Rubinstein, S. L. (1971, 8. Aufl.): Grundlagen der allgemeinen Psychologie. Berlin (Ost).
Rushton, J. P. (1988): Genetic similarity, mate choice, and fecundity in humans. Ethology and Sociobiology. 9. S. 329–333.
Rushton, J. P. (1989): Genetic similarity in male friendships. Ethology and Sociobiology. 10. S. 361–373.
Rushton, J. P., Nicholson, I. R. (1988): Genetic Similarity theory, intelligence, and human mate choice. Ethology and Sociobiology. 9. S. 45–58.
Russell, M. J. (1976): Human olfactory communication. In: Nature. 260, S. 520–522.
Schull, W. J., Neel, J. V. (1965): The effects of inbreeding on Japanese children. N. Y. Harper and Row.
Schröter, M. (1990): »Wo zwei zusammenkommen in rechter Ehe . . .«. Sozio- und psychogenetische Studien über Eheschließungsvorgänge vom 12. bis 15. Jahrhundert. Frankfurt a. Main. Suhrkamp.
Scott, J. (1962): Critical periods in behavioral development. Science. 138. S. 949–958.
Simon et al. 1972, s. Carroll
Sommer, V. (1987): Die Wissenschaft vom außerehelichen Sex. In: Albertz, H.: Die zehn Gebote, Stuttgart. Radius.
Spuhler, J. N. (1968): Assortative mating with respect to physical characteristics. Eugenics Quarterly. 15. S. 128–140.
Spuhler, J. N., Clark, P. J. (1961): Migration into human breeding population of Ann Arbor. Michigan 1900–1950. Human Biology. 33. S. 222–236.
Stini, W. A. (1981): Body composition and nutrient reserves in evolutionary perspective. World Review Nutrition and Dietetics. 37. S. 55–83.

Stopczyk, A. (1980): Was Philosophen über Frauen denken. München. Matthes und Seitz.
Sütterlin, C. (1989): Universals in apotropaic symbolism: A behavioral and comparative approach to some medieval sculptures. Leonardo. 22. S. 65–74.
Suomi, S. (1977): Development of attachment and other social behaviors in Rhesus monkeys. In: Alloway, T. et al. (eds.). Attachment behavior. N. Y. Plenum Press.
Symons, D. (1979): The evolution of human sexuality. Oxford. Oxford University Press.
Teismann, M. W. (1975): Jealous conflict: a study of verbal interaction and labeling of jealousy among dating couples involved in jealousy improvisations. Ph. D. dissertation. University of Connecticut. Zit. in Daly, Wilson u. Weghorst.
Thibaut, J., Kelley, H. (1959): The social psychology of groups. N. Y. Wiley.
Thiessen, D. (1979): Biological trends in behavior gentics. In: Royce, J. R. et al. (eds.): Theoretical advances in behavior genetics. Alphen aan den Rijn. Sijthoff u. Noordhoff.
Thiessen, D., Gregg, B. (1980): Human assortative mating and genetic equilibrium: An evolutionary perspective. Ethology and Sociobiology. 1. S. 111–140.
Trivers, R. L. (1972): Parental investment and sexual selection. In: Campbell, B. (ed.): Sexual selection and the descent of man 1871–1971. Chicago. Aldine.
Turk, J., Bell, N. (1972): Measuring power in families. Journal of Marriage and the Family. 34. S. 215–222.
Twentyman, C., Boland, T., McFall, R. M. (1981): Heterosocial avoidance in college males: Four studies. Behavior Modification. 5. S. 523–553.
Uher, J. (1990): Die Ästhetik von Zick-Zack und Welle, Aspekte der Wirkung linearer Muster. Dissertation a. d. LMU, München.

Vagt, G., Engelstädter, T., Schröder, N., Veltrup, C. (1985): Einflüsse der Schulzugehörigkeit und des Geschlechts auf die Einstellung zu Aussehensfragen. Psychologische Beiträge. 27. S. 277–282.

Vajda, L. (1985): Polygynie und Polyandrie. Zwei Formen der Vielehe, s. Völger.

Vine, I. (1989): The sociobiology of beauty: Are ideals of female beauty cultural artefacts or human universals shaped by evolutionary selection? Paper presented at the International Conference on Human Ethology. Edinburgh.

Vining, D. R. (1986): Social versus reproductive success: The central theoretical problem of human sociobiology. The Behavioral and Brain Sciences. 9. S. 167–216.

Völger, G. (ed.) (1985): Die Braut. Geliebt, verkauft, getauscht, geraubt. Zur Rolle der Frau im Kulturvergleich (Zweibändige Materialiensammlung zu einer Ausstellung des Rautenstrauch-Joest-Museums in Köln), Köln.

Walsh, D., Hewitt, J. (1985): Giving men the come-on: effect of eye contact and smiling in a bar environment. Perceptual and Motor Skills. 61. S. 873–874.

Walster, E. (1965): The effect of self-esteem on romantic. Journal of Experimental Social Psychology. 1. S. 184–197.

Walster, E., Aronson, V., Abrahams, D., Rottman, L. (1966): Importance of physical attractiveness in dating behavior. Journal of Personality and Social Psychology. 4. S. 508–516.

Walster, E., Walster, W., Piliavin, Schmidt, L. (1973): Playing hard to get: Understanding an elusive phenomenon. Journal of Personality and Social Psychology. 26. S. 113–121.

Warren, B. L. (1966): A multiple variable approach to the assortative mating phenomenon. Eugenics Quarterly. 13. S. 285–290.

Watkins, M. P., Meredith, W. (1981): Spouse similarity in newlyweds with respect to specific cognitive abilities, so-

cioeconomic status and education. Behavioral Genetics. 11. S. 1–21.
Weber-Kellermann, I. (1976): Die Familie. Geschichte. Geschichten und Bilder. Frankfurt/Main.
Wex, M. (1979): »Weibliche« und »männliche« Körpersprache als Folge patriarchalischer Machtverhältnisse. Hamburg. Verlag M. Wex.
Wickler, W. (1967): Vergleichende Verhaltensforschung und Phylogenetik. In: Heberer, G. (ed.): Die Evolution der Organismen. Stuttgart. Fischer.
Wickler, W., Seibt, U. (1990): Männlich, weiblich. München. Piper.
Wiedemann, H. G. (1988): Ein Mann und ein Mann. In: Pflüger, P. M. (ed.): Das Paar. Mythos und Wirklichkeit. Olten. Walter-Verlag.
Wiggins, J. S., Wiggins, N., Conger, J. (1968): Correlates of heterosexual somatic preference. Journal of Personality and Social Psychology. 10. S. 82–90.
Wiley, R. H. (1983): The evolution of communication: Information and manipulation. In: Halliday, Slater: Communication, Oxford. Blackwell Scientific Publications.
Wilson, E. O. (1975): Sociobiology: The new synthesis. Cambridge. Harvard University Press.
Wilson, E. O. (1980): Die Biologie als Schicksal. Berlin. Ullstein.
Wilt, G. M. (1974): Toward an understanding of the social realities of participating in homicides. Ph. D dissertation. Wayne State University.
Woll, S. B., Cozby, C. (1987): Videodating and other alternatives to traditional methods of relationship. Advances in Personal Relationships. 1. S. 69–108.
Woll, S. B., Young, P. (1989): Looking for Mr. or Mrs. Right: Self-presentation in videodating. Journal of Marriage and the Family. 51. S. 483–488.
Zivin, G. (1977): Facial gestures predict preschoolers' en-

counter outcomes. Social Science Information. 16. S. 715–730.

Zonderman, A. B., Vandenberg, S. G., Spuhler, K. P., Fain, P. R. (1977): Assortative marriage for cognitive abilities. Behavior Genetics. 7. S. 261–271.

Zuckerman, S. (1932): The social life of primates. London. Routledge.

Zuckerman, M., Hall, J., DeFrank, R. S., Rosenthal, R. (1976): Encoding and decoding of spontaneous and posed facial expressions. Journal of Personality and Social Psychology. 34. S. 966–977.

Züblin, W., (1983): Das schwierige Kind. Stuttgart. Thieme.

Personenregister

Sachregister